# ベーシック 流通と商業

## 第3版

現実から学ぶ理論と仕組み

原田英生・向山雅夫・渡辺達朗［著］

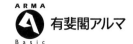

ARMA
Basic
有斐閣アルマ

　本書の初版は 2002 年に刊行され，2010 年には新版を刊行し，そしてその後 11 年を経て今回第 3 版に改訂することになった。初版を刊行して以来，流通・商業分野でもブームと呼ぶことができるほど多数の教科書が刊行されてきた。「自分の学問体系を確立するまでは教科書を書いてはならない」といわれた時代からは，隔世の感がある。こうした教科書乱立の時代において，本書は想定をはるかに上回る評価を受け，同分野での定番教科書として販売実績を積んできた。流通・商業を学ぶ人たちに対して，長きにわたって何らかの貢献を続けることができたことを誇りに思うと同時に，皆さんに心から感謝する次第である。

　競争が激しいなか，なぜ本書はロングセラーになりえたのか。「初版はしがき」には，他と比較した本書の特徴が 4 つ示されている。もちろんそれらが有効に機能したことはいうまでもないが，おそらくそれだけではないだろう。その原因は，既存の流通・商業理論を強固な基礎にしていること，さらに時代の最先端現象をも取り上げながら，できる限り理論的な説明を心がけたことにある。時代のトピックス（一時的な流行現象）を"紹介する"ことを回避したことによって，「初学者に手軽な教科書でありながら，お手軽な教科書ではなかったこと」が，長く読まれている最大の理由ではないかと考えている。

　さて，新版を刊行してからの約 10 年間で，流通・商業に影響を与えるいくつかの動きがみられた。経済面ではリーマン・ショック

による大不況から 2012 年を底として景気は徐々に回復期に入り，流通・商業の分野はインバウンド需要に沸き，オーバーツーリズム（観光公害）のリスクすら叫ばれていた。それが一転，2020 年に始まるコロナ禍の影響で，実質 GDP はリーマン・ショック時を超えて一気に低下し，元の水準に戻るには今後数年を要するといわれている。2011 年の東日本大震災では，災害と流通の関係性として，効率的でありすぎることによる脆弱性と，回復力（レジリエンス）と冗長性（リダンダンシー）の重要性が，阪神・淡路大震災被災時に次いで注目されたが，コロナ禍のもと，感染症と流通との関係性においても同様の問題に直面した。また，コンビニの成長とともに重要性が増した物流が，人手不足・ネット小売成長による小口荷物の急増などが原因で機能不全に陥り，それが流通・商業成長の足枷になりかねない状況になっている。さらにグローバルにみれば，かつての先進国から新興国に向けての流通・商業革新の流れは，逆行の可能性を見せ始め，たとえばすでに中国はネット小売先進国であり，電子決済先進国ともなっている。

こうした動きに加えて，新型コロナ感染拡大が求める「新しい生活様式」のもとで，これまでとは異なる商品・サービスの提供方法の開発が求められる一方で，今注目されている持続可能な開発目標（SDGs）の実現，DX（デジタル・トランスフォーメーション）や ESG（環境・社会・ガバナンス）への取組みが求められるなど，おそらくこれまで以上に，これからの流通・商業には激動の時代が待っているに違いない。

生産と消費の両面から規定される流通・商業にとって，10 年は変化するのに十分すぎる期間である。上記の動きは，始まったばかりであったり，あるいは今後ますます顕在化するであろうと予想されるものである。しかし，すでに新しい変化は生まれているのであ

り，そうした点に光を当て，今回 11 年ぶりの改訂を行った。ただし，定番教科書としての性格上，新しい変化とその影響については正確に反映しているものの，一時的な現象や用語を誇張したり，将来を軽々に論じたりすることは避けている。この点ご理解いただき，将来については皆さんとともに考察を続けていきたいと考えている。

ところで，この改訂は著者 2 名の手で行われた。本書の企画リーダーであった原田英生先生が数年の闘病生活の後，2019 年 1 月に逝去されたからである。いうまでもなく本書の特徴や秘訣は，リーダーとしての原田さん（彼はわれわれが"先生"と呼ぶのを許さず，"さん"付けされることを好んだ）の強い意志に基づいている。そのため原田さん抜きでの改訂は，われわれ 2 人にとってまったくの考慮の外であり続けた。原田さんが本書にとりわけ深い思い入れを抱いていたことを知っているからこそ，なおさらわれわれは 躊躇した。その重い腰をあげさせたのは，有斐閣編集部の柴田守氏の度重なる勧めであった。それなくして，本改訂はなかったことは間違いない。かなりの作業量となったこの改訂が完了した今，あらためてその献身的な助言と刺激に対して，お礼を申し上げたい。また，今回の改訂について快くご了解いただいたご遺族に，あらためて感謝申し上げたい。

そして原田さん，企画の意図は崩れていませんよね？　第 3 版をあなたに捧げます。ともに，本書の長命を祈ってください。

2021 年 1 月

向　山　雅　夫

渡　辺　達　朗

　本書の初版を刊行してから8年近くが経過した。この間，流通・商業の標準的テキストとして広く活用していただいたことは，われわれ著者一同にとってこのうえない喜びである。

　初版のはしがきに，「流通・商業に限らず，現代は激変の時代である。そのため，今日優良事例として取り上げたものも，数年を経ずして変わってしまう可能性もある。できるだけ現実の変化に合わせて改訂していく予定」であると記したが，その時に想定した以上に，この8年間の変化は激しかったように思う。

　経済全般について言えば，少なくとも企業業績に関しては，1990年代の不況から脱したと判断されるようになったと思ったら，2008年9月に発生した，いわゆるリーマン・ショックによる世界規模での大不況に巻き込まれ，90年代よりひどい状況になってしまった。

　流通・商業に関してみるならば，不況を脱したといわれる時にも，消費者の可処分所得は実質的には低下していたから，消費は伸び悩み，その結果として，小売業の売上の対前年伸び率もマイナスを続けていた。とくに，それまでわが国小売業の核となっていた百貨店や総合スーパー・総合量販店はまったくの不振に陥っていった。そのためもあって，両業界ともに，大々的な再編成が進みつつある。

　たとえば，わが国小売業のトップであったダイエーが行き詰まり，破綻したマイカルとともに，イオンの傘下に入った。西友は，世界最大の小売企業ウォルマートの子会社となった。百貨店業界でも提携・統合が進み，西武とそごうが経営統合した後にセブン＆アイ（旧イトーヨーカ堂）グループ入りし，三越と伊勢丹も経営統合する

などしている。さらに，海外の大手小売企業の日本進出も活発化した。もっとも，世界第2位のカルフールなど，進出したものの，なかなかうまくいかず，短期間で撤退したものもある。

　こうした業界再編の進行もあって，この間，企業名・グループ名を変更したケースも数えきれないほどである。それをどのように表記するかということは，われわれが苦労したところである。わかりやすくかつ誤りがないよう統一したつもりであるが，もしおかしいところがあったらお許しいただきたい。

　他方，国による政策も大きく転換しているが，とくに2000年の大規模小売店舗立地法施行によって，大規模小売店の郊外出店が加速した。そうした規制緩和・自由化が進む一方で，環境の保全，食等の安全確保という立場から小売業や流通を評価しようという動きも強まりつつあり，その面からの規制は強まる可能性がある。

　こうしたドラスティックな変化はまさに進行中であり，2009年末時点で述べたことがいつまで続くのか，正直に言ってわからない。ただ，2002年時点とは大きく変わってしまったため，現時点での修正をするべきであろうと思い，章によっては全面的ともいえる改訂を行った。次の改訂がいつになるかお約束できないが，それまでの大きな変化については，初版のはしがきにも記したように，「新聞や雑誌等のニュースやレポートなどで補う努力をしてほしい」。

　最後になってしまったが，初版の時と同様，有斐閣編集部の柴田守氏にいろいろとお世話をいただいた。厚くお礼申し上げる。

　　2009 年 12 月

著 者 一 同

　私たちは，毎日，スーパーかコンビニ，あるいは CD ショップや
衣料品店で買い物をしている。私たちの生活にとって，買い物は絶
対に欠かせないものである。なぜなら，どこかの店で買ってきたも
の（商品）がなければ，ほとんど生活が成り立たないだろうから。

　そのため，私たちは毎日の買い物を通じて，スーパーとコンビニ
がどう違うのかといった理屈はともかく，小売店に関して漠然とし
た知識はもっている。しかし，加工食品であれ，ファッション衣料
であれ，その商品が，小売店までのどのようにしてたどり着くのかと
いうことについて知っている人は少ないだろう。ここで，「どのよ
うにして」といったのは，トラックで運ばれるのか，他の手段で運
ばれるのかということだけをいっているのではない。それも考えな
ければならないが，もっと重要なのは，生産から小売までの間にど
のような人たちが関与しているのか，それぞれの人はどのような働
きをしているのか，ということである。そのことを勉強するのが，
流通論や商業論という分野である。本書は，そうした流通論や商業
論をはじめて勉強する人たちのための入門書である。

　本書は，出版社は異なるが，本書の著者 3 人のうち 2 人が執筆に
かかわった『ゼミナール流通入門』（日本経済新聞社，1997 年）の姉
妹編という意図ももって企画したものである。というのは，同書を
出版した後で，「まさに流通論の標準的なテキストといえるが，入
門書としてはやや難しすぎる」という声を多数いただいたからであ
る。そこで，大学に入学したばかりの新入生にも，流通や商業に関

心をもってもらうとともに，必要最低限のことは理解してもらうことをめざして，本書をまとめることにした。

　そうした目的から，できるだけわかりやすくということを，最大限に心がけたつもりである。そのため，難しい理屈はなるべく避けた。用語の概念にしても，論理の展開にしても，あまり厳密にすると，入門者にとっては混乱し，かえってわかりにくくなってしまう場合がある。そこで，本書では，表現などをできる限り易しくするだけでなく，厳密さも80％程度にとどめることにした。100％の厳密さを追い求めるがゆえに，かえってわかりにくいテキストになってしまったとしたら，元も子もないと判断したからである。ただし，いい加減な記述があるということでないのはもちろんである。論理展開などを少し省略したということである。これが，本書の第1の特徴であるが，本書で流通や商業のあらましがわかったら，より厳密な概念等について，『ゼミナール流通入門』などでさらに進んだ勉強をしてほしい（巻末「文献案内」参照）。


　さて，流通や商業は，生産と消費とを結びつける活動なのだから，生産や消費の側が変化すれば，それに合わせて変化せざるをえない。また，流通・商業はそれ自体がネットワークであるから，情報ネットワーク化が進展すれば，そのあり方も変わらざるをえない。

　そこで，本書では，まず流通・商業の概念など一般的な説明をしたうえで，情報システム化・情報ネットワーク化など，流通・商業に大きな影響を及ぼす技術変革について概観し，さらに生産側・消費側の変化，とくにメーカーによるマーケティングの変化についても述べ，そのうえで，流通の中心をなす小売業・卸売業について詳しく見ていくことにした。このように，まず流通・商業を取り巻く環境の変化についてかなり説明し，それを受ける形で小売や卸につ

いて述べていくという論述の仕方は，他のテキストにはあまり見られない，本書の第 2 の特徴といっていいだろう。この方が，現在大きく変化しつつある小売・卸のダイナミズムがわかると思ったからである。

　本書は 3 部で構成されているが，第 3 部の後に「流通・商業を考える視点」という終章をおいた。流通や商業は，社会的な経済活動の一部である。しかし，経済活動以外の側面も担っている。社会において，じつに多面的な役割を果たしている。そうした見方を是非もってもらいたいと思い終章を設けたわけだが，この視点は本書全体を通じているものでもある。これが，本書の第 3 の特徴である。
　第 4 の特徴は，できるだけ具体的な企業や事例に触れることで，読者の興味と理解を深めようとしたことである。ただし，流通・商業に限らず，現代は激変の時代である。そのため，今日優良事例として取り上げたものも，数年を経ずして変わってしまう可能性もある。できるだけ現実の変化に合わせて改訂していく予定だが，読者も新聞や雑誌等のニュースやレポートなどで補う努力をしてほしい。

　われわれ 3 人は，大学の学部時代から流通や商業を専門に勉強していたわけではない。それが，いずれもひょんなことから，流通や商業を研究するようになった。研究し始めてみると，これが結構おもしろい。たぶん，経済合理性といったものだけで動いているのではない，論理だけでは割り切れない人間的な行動，そうした行動が集合した現実社会というものを研究対象としているからなのだと思う。そうしたおもしろさが，本書を通じて少しでも読者に伝えられ，1 人でも多くの読者が流通や商業に興味と関心をもってくれたらと願っている。

最後に，本書の企画・編集にあたった有斐閣書籍編集第2部の伊藤真介氏，とくに柴田守氏に心から感謝したい。生来の怠惰な性格のためか，それとも多忙のゆえか，なかなか作業がはかどらないわれわれ3人に対し，いつもニコニコと笑顔を絶やさずに優しく接してくれながら，いつのまにか執筆作業に駆り立てられていたように思う。もし，おふたりがいなかったら，本書の出版は大幅に遅れていただろうし，そもそも日の目を見ることはなかったかもしれない。著者3人の間の調整等といった，編集もうまくいかなかったことだろう。改めて，おふたりにお礼申し上げる。

　2002年1月

著 者 一 同

## 著 者 紹 介

**原 田　英 生**（はらだ　ひでお）　　　　　担当：第1章〜第4章，終章

1949年　埼玉県大宮（現さいたま）市生まれ

　74年　東京大学理学部卒業

　　　　㈶流通経済研究所研究員，流通経済大学経済学部教授等を歴任

2015年　流通経済大学名誉教授

2019年1月22日　逝去

専　攻　流通論，流通政策論

主　著　『ゼミナール流通入門』（共編著）日本経済新聞社，1997年

　　　　『ポスト大店法時代のまちづくり』日本経済新聞社，1999年

　　　　『アメリカの大型店問題』有斐閣，2008年


**向 山　雅 夫**（むこやま　まさお）　　　　担当：第6章，第8章〜第9章

1955年　大阪府東大阪市生まれ

　79年　和歌山大学経済学部卒業

　85年　神戸大学大学院経営学研究科博士後期課程単位修得

　　　　武蔵大学経済学部専任講師，流通科学大学商学部助教授等を経て

現　在　流通科学大学商学部教授，博士（商学）（神戸大学）

専　攻　流通システム論，マーケティング論

主　著　『ピュア・グローバルへの着地』千倉書房，1996年

　　　　『シリーズ流通体系〈3〉小売企業の国際展開』（共編著）中央経済社，

　　　　　2009年

　　　　『21世紀中小企業論（第3版）』（共著）有斐閣，2013年


**渡 辺　達 朗**（わたなべ　たつろう）　　　　担当：第5章，第7章，第10章

1959年　神奈川県川崎市生まれ

　83年　横浜国立大学経済学部卒業

　85年　横浜国立大学大学院経済学研究科修士課程修了

　　　　㈶流通経済研究所研究員，新潟大学助教授，流通経済大学助教授等を

　　　　経て

現　在　専修大学商学部教授，博士（商学）（大阪市立大学）

専　攻　流通論，流通政策論

主　著　『流通チャネル関係の動態分析』千倉書房，1997年

　　　　『流通チャネル論』（共編）有斐閣，2011年

　　　　『商業まちづくり政策』有斐閣，2014年

　　　　『流通政策入門（第4版）』中央経済社，2016年

# 目　次

## 第1部　流通と商業を考える

### 第1章　流通と商業のはたらき　2

**1　流通とは** …………………………………………3
●生産者と消費者を結びつける
朝食のテーブルにて（3）　　分業化社会（4）　　流通の役割（5）
売買および商品とは（6）　　直接流通と間接流通（7）

**2　アソートメントと商業** …………………………9
●不可欠な商業者の存在
アソートメントの必要性（9）　　商業の役割（10）　　商業によ
るアソートメントの形成（12）　　商業の社会性（13）

**3　卸売業と小売業** …………………………………15
●商業内部での分業
購買費用と商圏（16）　　商品類型と商圏（17）　　地理的分業
（18）　　商品別分業（19）　　商店街（21）　　垂直的分業（22）

**4　流通・商業の機能**…………………………………24
●流通と商業が果たす社会的役割
需給接合機能（24）　　物流機能（26）　　その他の機能（27）

**5　流通チャネル** ……………………………………29
●生産者と消費者を結びつける仕組みとルート
経済活動の動脈（29）　　流通機構（30）

### 第2章　発展する商業　35

**1　商業の歩み** ………………………………………36
●経済成長とともに発展してきた商業
商業の始まり（36）　　卸売業と小売業の分化（37）　　卸売業の
発展（38）　　小売業の発展（39）

**2　小売業態の発展** …………………………………41
●多様な小売業態の発生と融合

デパートメント・ストアの誕生と発展（41）　通信販売（カタログ販売）（43）　チェーン・ストア（45）　スーパーマーケット（49）　計画的ショッピング・センター（52）　コンビニエンス・ストア（54）　小売業態発展の理論（55）

**3　わが国における小売業態発展** ‥‥‥‥‥‥‥‥‥‥‥‥‥‥57
◦欧米の模倣から独自の発展へ
百貨店（57）　流通革命（59）　スーパーの成長とわが国小売業の変貌（60）

**4　発展と停滞の卸売業** ‥‥‥‥‥‥‥‥‥‥‥‥‥‥‥‥‥‥64
◦卸売業が果たした役割
流通革命と問屋無用論（64）　問屋無用論以後の卸売業（65）

## 第3章　流通・商業とそれを取り巻く環境　　69

**1　流通・商業と外部環境** ‥‥‥‥‥‥‥‥‥‥‥‥‥‥‥‥70
◦生産・消費，社会制度，技術からの影響
生産・消費と流通・商業（70）　社会制度と流通・商業（73）技術と流通・商業（75）

**2　マーケティングと流通・商業** ‥‥‥‥‥‥‥‥‥‥‥‥‥77
◦商業者とメーカーの微妙な関係
マーケティングとは（77）　流通系列化（79）　マーケティング・チャネルの類型（81）　「商業の社会性」の否定（83）大手メーカーと大規模小売組織の協調と対立（84）

**3　消費者と流通・マーケティング** ‥‥‥‥‥‥‥‥‥‥‥‥87
◦消費者の変化による影響
消費行動の変化（87）　購買行動の変化（89）


## 第2部　流通と商業の現在

## 第4章　システム革新と流通・商業　　94

**1　情報システム化の進展と流通・商業** ‥‥‥‥‥‥‥‥‥95
◦流通・商業における情報のシステム化・ネットワーク化
情報システム化・ネットワーク化の進展（95）　POS システム（96）　EOS と EDI（100）

**2　物流システム化とロジスティクス革命**　･････････････････105
　◉物流のシステム化と外部化
　　物流とロジスティクス（105）　　サードパーティ・ロジスティク
　　ス（107）

**3　システム革新と流通・商業の再編成**　･････････････････108
　◉商業者の活動領域は拡大するか，縮小するか
　　機能・活動の再編成（108）　　流通チャネルの再編成（110）

---

第5章　　進展する流通チャネルの再編成　　　　　　115
　　　　　　　　　　　　メーカー・卸・小売の垂直的関係の変容

**1　消費の変化の流通への影響**　････････････････････････116
　◉小売へのパワーシフトの前提
　　小売業界の構造変化（116）　　消費のサービス化の進展（117）
　　EC利用の拡大（119）

**2　流通におけるパワー関係の変化**　･･･････････････････121
　◉大規模小売組織へのパワーシフト
　　大規模小売組織の成長・上位集中化（121）　　メーカー側から小
　　売側へのパワーシフト（124）　　取引依存度の量的側面と質的側
　　面（125）　　メーカー主導型流通チャネルの変容（127）

**3　大規模小売組織主導の流通再編成**　･･･････････････････129
　◉メーカーのチャネル戦略転換
　　加工食品業界の流通チャネル（129）　　流通再編成の進展（130）
　　パワー関係変化へのメーカーの対応（131）

**4　製配販連携による新しいチャネル関係**　････････････････133
　◉協働的業務プロセスの構築とPB共同開発
　　"囚人のジレンマ"状況（133）　　製配販連携の進展（135）
　　QRとECRの取組み（136）　　サプライチェーン・マネジメン
　　トの展開（137）　　流通BMSの普及（139）　　垂直統合と
　　SPA（140）　　"全体最適化"の難しさ（141）　　PBの共同開
　　発（143）

---

第6章　　激変する小売業　　　　　　　　　　　146

**1　環境と小売業者**　･･････････････････････････････････147
　◉環境の重要性

　　　小売業者を取り巻く環境（147）　　環境変化と小売業者の対応
　　　（148）

**2　中小小売商の苦境** ………………………………………150
　●激変する環境に適応できない中小小売商
　　　小売商店数の動向（150）　　業種動向（152）　　商店街の景況
　　　（156）

**3　大規模小売企業の不振** ……………………………………158
　●百貨店と総合スーパーの苦悩
　　　百貨店の窮状（158）　　総合スーパーのリストラ（161）

**4　新業態の成長** ………………………………………………163
　●競争激化するコンビニと専門店
　　　コンビニ（163）　　専門店（165）

**5　小売企業成長の原動力** ……………………………………170
　●成長には何が必要か
　　　伝統型小売業者停滞の原因（170）　　新・専門店成長の駆動力
　　　（171）

第7章　存在意義を問われている卸売業　　176
　　　　　　　　　　　　「機能強化」に向けた卸売業者の取組み

**1　新しい問屋無用論** …………………………………………177
　●問い直される卸売業の役割
　　　「卸中抜き」の危機？（177）　　大規模小売組織と卸との関係変
　　　化（177）　　新たな問屋無用論の登場（180）

**2　構造変化が進む卸売業** ……………………………………181
　●厳しい経営環境に置かれる卸売業者
　　　変化の趨勢（181）　　規模構造の推移（184）　　卸売業の業種構
　　　造（184）　　卸売業の財務指標（187）

**3　大手卸主導の業界再編成** …………………………………189
　●合併・買収・提携による上位集中化の進展
　　　食品卸売業界の動向（189）　　総合商社の積極的関与（190）
　　　日用雑貨卸売業界の動向（191）　　上位と中下位との規模格差拡
　　　大（193）　　上位集中化の進展状況（194）

**4　卸売業の機能強化の課題と方向** …………………………195
　●大規模小売組織への対応を主眼にした機能強化

卸売業が期待される役割の縮小（195）　販売ネットワークとアソートメントの拡充（198）　ICT活用による機能強化（200）機能強化の4つの方向（201）　機能強化の焦点：ロジスティクス（203）　小売本部機能の補完・代替：提案力と開発力の強化（204）


# 第3部　これからの流通と商業

## 第8章　時空間を超えるニュービジネス　　　208
ネット小売の世界

### 1　ネット小売市場の急成長 ………………………………209
◉ネット人口の急増とネット小売業者
ネット人口の推移（209）　ネット・ビジネス市場の成長（211）ネット小売業者の諸形態（212）

### 2　商業の発生とネット小売 ………………………………215
◉ネット世界と商業世界
商業以前の世界とインターネット（215）　市の機能とネット世界（216）　リアル世界とネット世界（218）

### 3　ネット小売の特徴 …………………………………………219
◉リアル世界とネット世界の違い
商圏の制約（219）　店舗規模の制約（222）　機能の制約（225）　買い物時間の制約（226）

### 4　ネット小売の展望と課題 ………………………………228
◉ネット商人は登場するか
ネットとリアルの融合化（228）　ネット世界の越境化（231）ネット商人誕生の可能性（233）


## 第9章　流通活動空間の広がり　　　236
国際化の進展

### 1　流通の国際化 ………………………………………………237
◉流通の空間的拡大
国際化とグローバル化（237）　活動領域の拡大（238）

### 2　国際化する消費者 …………………………………………240
◉目が肥える消費者たち

消費者の海外進出（240）　消費者の目覚め（241）　情報入手の同時性（242）

**3　海外商品の流入** ……………………………………………243
●国際商品調達の本格化
製品輸入の増加（243）　小売企業の海外委託生産（244）　国際ネット調達網の登場（246）　欧米有名ブランドの直営店化（247）

**4　日本企業の海外出店** …………………………………248
●進出と撤退の歴史
海外出店の歩み（248）　日本企業の弱み（250）　世界のなかの日本小売企業（252）

**5　流通外資の進出** ………………………………………258
●外資小売企業のねらいと日本市場
なだれ込む外資小売企業（258）　外資小売企業の特徴（258）
流通外資の動向と日本市場の特性（260）

**6　流通を変える国際化** …………………………………262
●流通のグローバル・スタンダード
消える流通主体間の壁（262）　国際化の将来展望（264）

**第10章　流通・商業と社会**　　269
SDGs との関連を中心に

**1　流通・商業と地球環境問題** …………………………270
●SDGs が加速する取組み
コンプライアンスと外部性への対応（270）　「消費者ニーズへの対応」に潜む問題（271）　「社会的ジレンマ」としての環境問題（272）　SDGs と流通・商業（273）　循環経済型社会のための制度と活動（274）　活発化する食品ロス削減の取組み（277）　地球環境問題への取組みの意義（280）

**2　まちづくりと小売業** …………………………………281
●地域商業の衰退と「まちづくり」関連法制
都市にとっての小売業の役割（281）　地域商業の衰退と都市問題（283）　まちづくり関連法制の整備（284）　都市再生とまちづくり（286）

**3　流通・商業と公正競争** ………………………………291
●バイイング・パワー問題を中心に

公正競争と独占禁止法（291）　　不公正な取引方法の禁止（292）
優越的地位の濫用（294）　　「優越的地位の濫用」の適用範囲拡
大（296）　　表示に関する規制（298）


| 終　章 | 流通・商業を考える視点 | 301 |

1 流通・商業活動とコスト …………………………………302

2 効率ということ …………………………………………303

3 有効性という視点 ………………………………………307

4 公正・公平という視点 …………………………………309

5 文化・コミュニティの担い手としての商業 ………………311


文献案内：より進んだ学習のために …………………………315

索　引 ……………………………………………………322

*Column* 一覧

① W/R 比率：流通経路の長さを測る尺度 ……………………………31
② 大規模小売組織という呼び方 ……………………………………61
③ 戦前期におけるマーケティング実践 ……………………………85
④ 生鮮食料品流通の情報システム化と 007 ………………………104
⑤ もう１つのパワー関係の規定因：パワー源泉 …………………126
⑥ 小売企業の成長と環境変化 ………………………………………149
⑦ 生鮮品の卸売市場の役割と課題 …………………………………196
⑧ 商圏制約の克服 ……………………………………………………221
⑨ グローバル・スタンダードと流通 ………………………………263
⑩ めざすべき都市像としてのコンパクト・シティ ………………289

第 **1** 部
# 流通と商業を考える

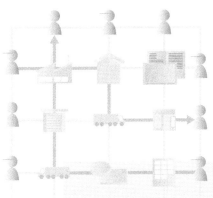

第 **1** 章
流通と商業のはたらき

第 **2** 章
発展する商業

第 **3** 章
流通・商業とそれを取り巻く環境

# 第1章 流通と商業のはたらき

**✛イントロダクション**

　現代社会では生産と消費とが分離している。これをスムーズに結びつけなければ，生産活動も消費活動も継続できない。そのための活動が流通である。流通には，生産者と消費者が直接結びつく直接流通と，両者の間に第三者が入る間接流通とがある。この第三者のことを商業者といい，彼らの行っている活動を商業という。一見すると，商業者が入ることによってむだなコストがかかっているようだが，実際にはコストを節約していることが多い。

　まず，消費活動のためにはいろいろな商品を組み合わせる必要がある。しかし，そのすべてをつくっている生産者はいない。そこで多くの生産者のものを集める必要があるが，消費者が自分ですべての生産者と直接取引していたら，そのための時間と費用は莫大なものとなってしまう。商業者が多くの生産者のものを揃えておくことによって，消費者が負担しなければならない時間と費用は大幅に削減される。

　ただ，商業者も1人ですべての生産者の商品を扱うことはできない。地域的あるいは商品別に分業している。さらに，消費者に直接販売する小売商と小売商等に販売する卸売商に，垂直的にも分業している。また，流通活動には商業者以外にも，物流を担当する人，決済にかかわる人など，多くの人が参加している。そうした多くの参加者によってつくられた仕組が流通機構である。流通機構のなかで，需給接合，物流など，多くの流通機能が遂行されている。

# *1* 流通とは

◉生産者と消費者を結びつける

朝食のテーブルにて

私たち人間が生活していくうえで，流通や商業という活動は不可欠である。そのことを具体的に理解するために，私たちの生活のある一コマを思い描いてみよう。どのようなシーンでもいいのだが，人間にとってもっとも重要な食事の場面，それもできるだけ単純化するために，朝食の光景を想定しよう。

朝食を洋風にしている人のテーブルには，トースト，バター，ハムエッグにトマトとレタス，そしてコーヒーか紅茶が並んでいるかもしれない。和風好みの人の食卓には，ご飯，塩ざけ，のり，納豆に卵，そして温かい味噌汁が並んでいることだろう。

さて，こうした食べ物のなかに，自分たちでつくったものは一体いくつあるだろう。ここで自分でつくったという意味は，ハムと卵からハムエッグをつくるとか，米からご飯をつくったり，油揚げと大根で味噌汁をつくるということではない。ハムや卵，米，油揚げなどの，調理の材料そのものをつくることである。

農家なら米をつくっているだろう。大根もつくっているかもしれない。しかし，つくっていないものの方がずっと多いはずである。これは朝食に限らず，夕食においても同じである。つまり，私たちの食事は，ダレかよその人，たぶんそのほとんどは名前も顔も知らない人たちがつくった材料によって成り立っているのである。もし，昼食をファストフードなどで外食にしたとしたら，材料だけでなく調理もよその人がやってくれたことになる。

名前も顔も知らない人がつくったもので成り立っているというの

は，食事だけではない。

　着ているものを考えてみよう。自分で編んだり周りの人が編んでくれたセーターなどを除けば，着ているもののほとんどすべては，どこか知らないところで知らない人たちがつくったものだろう。自分か周囲の人が編んだセーターにしたって，素となる毛糸，さらにその素となる羊毛は，知らないところ，たぶん海外でつくられたはずである。

　衣食だけでなく，娯楽や勉強も含めて，私たちの生活は，どこかよそで他人がつくったもの，それもおびただしい種類のものによって成り立っているのである。

**分業化社会** 歴史の授業で習ったことがあるかもしれないが，5000年ないし1万年以上昔，人々は集団で生活し，衣食住などに必要なものの大半は，その集団内でつくっていた。いわゆる自給自足の社会である。

　そうした自給自足の社会は，時代が進むにつれて崩れていく。それに代わって出現してくるのが，分業化社会である。

　いうまでもなく，自給自足の社会では，パンもバターも，ハムもトマトも，さらにシャツもパンツも，すべて自分（たち）でつくらなければならない。それに対し，ある人はパンばかりつくり（パンの素となる小麦ばかりつくる人もいる），別の人はハムだけつくる，また別の人はシャツばかりつくる（それとは別の人が綿布をつくり，また別の人がその素となる綿糸をつくり，また別の人が綿花をつくる），という社会が分業化社会である。

　なぜ自給自足の社会が分業化社会に変わってきたのだろうか。もっとも大きな理由は生産性，すなわち効率の問題である。たとえば，ここに10人いたとしよう。この10人が，それぞれ米，パン（の原料の小麦），バター，ハム，卵，トマト，さけ，のり，油揚げ，大根

のすべてをつくるよりは，Aは米，Bは小麦，Cはバター，Dはハムといったように専門化した方が，10人全体での生産数量は多くなる。これは，各人が多種類のものをつくろうとすれば，ある1つのもの（たとえば，米）の生産に関する知識や経験が希薄化する。しかし，もし特定のもの（米）の生産に特化するなら，ほかのものについての知識・経験は皆無となるけれども，米づくりについての知識・経験はじつに豊富になるので，いろいろな工夫や対処ができるようになるからである。

このように，分業化すればするほど社会全体での生産量は増大する，すなわち生産性・効率は上昇するが，そこには大きな問題が発生する。生産者と消費者（使用者）の乖離，つまり生産者と消費者が無関係の別人となってしまうという問題である。

自給自足の社会では，自分（たち）でつくって自分（たち）で消費していた。しかし，分業化社会では，つくったものを自分（たち）で消費することはあるにしてもごく一部である。大半のものはまったく別の人たちが消費する。逆に，消費する立場からいうと，消費するもののほとんどは知らない他人がつくったものである，ということになる。

### 流通の役割

こうした生産者と消費者との乖離・隔たりは，確実かつスムーズに解消されなければならない。そうでなければ，米づくりに特化してたくさんつくっても，できた米がむだに野ざらしにされることになってしまう。逆に，ハムづくりに特化して，米は他の人がつくったものをあてにしていた（米の）消費者は，必要な米が入手できないことになってしまう。

分業化社会において，乖離した生産者と消費者とを結びつける活動が流通である。流通が確実になされるようになってはじめて，分業化が進展し，社会全体の生産能力を高めることができるようにな

ったのである。

ところで，米をつくっているA君からBさんに米が手渡されたとする。それで，生産者と消費者の乖離は解消したのだろうか。Bさんは，その米を勝手に食べていいのだろうか。

そうではない。その米の所有権がA君からBさんに移転しなければならない。ここで，所有権とは，対象となるもの（米）を自由にしてよいという権利のことである。その権利をもっていない限り，食べるにせよ捨てるにせよ，自由にすることはできない。

通常，最初の所有権はそれを生産した人がもっているから，流通のもっとも大きな役割は，生産者から消費者に所有権を移転させることにある。いろいろなものの所有権が消費者に移ってはじめて，消費者はそれらのものを使った生活ができるようになるわけである。

### 売買および商品とは

所有権の移転の方法にはいろいろある。クリスマスやバレンタイン・デーでの贈り物も，れっきとした所有権の移転方法である。

ただ，近代社会以降においてもっとも一般的な所有権の移転方法は売買である。売買とは，あるもの（米）をもっているA君と貨幣（お金）をもっているBさんが，ものと貨幣を取り換えあうことである。つまり，A君からすると相手にものを渡して貨幣を受け取ることであり，Bさんからすると貨幣を渡してものを受け取ることである。このA君の立場からの行為，すなわちものを渡し貨幣を受け取ることを販売という。逆にBさんの行為，貨幣を渡してものを受け取ることを購買（購入）という。そして，両者を合わせて売買と呼ぶ。

いうまでもなく，販売と購買は別々に存在することはない。必ず一緒に現れる。というか，1つの現象をいずれの立場からみるかということだといってもよい。

分業化社会においては，すでに述べたように，生産者は自分で消費するために生産しているのではなく，誰か別の人（消費者）のために生産している。しかし，社会奉仕として生産しているわけではない。生産したものを貨幣と交換する，すなわち販売することを目的につくっているわけである。そうした販売を目的にして生産されるものを商品と呼ぶ。

　現代の社会においても，商品以外のものが存在する。たとえば，家庭菜園でつくられた野菜とか，愛する人のための手づくりのセーターとかいったものである。それらが生産者から消費者に手渡されるという，売買以外の流通形態もないわけではない。しかし，私たちが日常の生活で食べたり使ったりしているもののほとんどは商品であり，貨幣との交換で購買してきたものである。

　そこで，以下，本書で考えていく流通は，とくに断らない限り，生産者から消費者に売買という形で商品が移動していくことに限定する。

**直接流通と間接流通**　生産者と消費者を結びつける流通の仕組みには，大きく分けて2種類ある。図1-1のように，1つは，生産者から消費者に直接販売される仕組みである。もう1つは，生産者と消費者との間に別の第三者が介在し，まず生産者から第三者に販売がなされ，その第三者から（場合によると第2，第3の第三者を経由して）消費者に販売される仕組みである。前者を直接流通，後者を間接流通という。また，生産者と消費者の間に介在する第三者のことを，商業者と称する。そして，流通のうちで商業者が担当している部分を商業という。

　さて，私たちの日常を考えてみると，農家から直接野菜や果物を買ったり，インターネットで生産者から直接ゲームソフトを購入するといったように，直接流通も皆無ではない。しかし，大半の商品

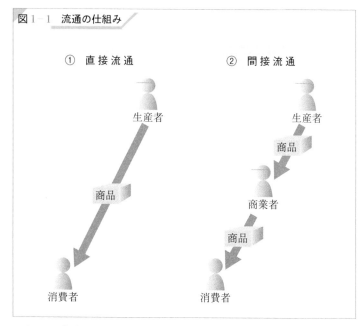

図1−1 流通の仕組み

①　直接流通

生産者

商品

消費者

②　間接流通

生産者

商品

商業者

商品

消費者

はどこで購入しているだろうか。

　スーパーやコンビニエンス・ストア，あるいは本屋やドラッグストアなどなどといった，生産者ではないところから購入しているケースがほとんどだろう。つまり，私たちが通常消費している商品のほとんどは，スーパーやコンビニエンス・ストアなどという商業者を経由した間接流通となっている。

　一見すると，生産者と消費者が直接結びついた直接流通の方がコストが少なくてすみそうである。つまり，消費者が購買する価格（消費者価格）が安くなり，消費者にとってよさそうである。にもかかわらず，大半の商品で間接流通となっているのはなぜだろうか。

# 2 アソートメントと商業

## ●不可欠な商業者の存在

アソートメントの必要性

冒頭の朝食について，さらに考えてみよう。たとえば，ハムエッグ。卵とハムからつくられるが，つくるためにはフライパンと油，さらにコンロも必要である。できたハムエッグを載せる皿もなければならないし，塩か醤油をふりかけるかもしれない。トマトとレタスをつけ合わせれば，ドレッシングも欲しくなるだろう。食べるためには，ナイフとフォークか箸が欠かせない。

このように，ハムエッグの1皿を取り上げてみても，じつに多種類の商品を組み合わせない限りできあがらない。さらにトーストにバターやジャムを組み合わせ，コーヒーを味わうためにはコーヒー豆とミルク，砂糖，カップにスプーンが必要となる。これらがすべて揃ってやっと朝食となる。ここで，ハムに卵，トマト，パン，バターなど，朝食を摂ろうとする消費者にとって意味のある，有益な集合，組合せのことをアソートメントという。

もちろん，ご飯に塩ざけとのりという和風の朝食を摂ろうとしている人にとって，ハムと卵の組合せは意味がない。さらに，すでに朝食を食べ終わり，これから遊びに行くのに何を着ていこうかと悩んでいる人にとっても，ハムと卵の組合せは当面関心の外であろう。その人にとっては，シャツとジャケット，それにパンツかスカートが意味のある集合，すなわちアソートメントである。

このように，アソートメントとは，人それぞれで異なるし，同じ人にとっても食事をしようとしているのか遊びに行こうとしているのかという，場面ごとで違ってくる。だから，この世には商品の無

数の組合せ，アソートメントが存在する。

商業の役割　私たちが，あるきわめて簡単な行動をしようとした場合でも，1つの商品を使用するだけですむというケースはまずない。つまり，私たちは，意識するかしないかはともかくとして，絶えず多数の商品の組合せ，アソートメントをつくりながら消費行動をしているのである。

そこで問題となるのは，分業化社会において，アソートメントを形成する商品をすべて単独でつくっている生産者は存在しないということである。ハムエッグという簡単な例でのハムと卵，さらに塩や醤油という調味料などをすべてつくっている生産者は皆無である。

なぜなら，ハムと卵，塩や醤油では，生産するために必要な知識も設備も違うため，それぞれ専門化して分業した方が生産性が高くなるからである。もし，1人の人（もしくは同一の会社）がハムも卵もつくるのだとしたら，それは分業化社会ではなく，自給自足の社会に戻った状態というべきだろう。

このように，アソートメントを形成するための商品1つずつの生産者が別々だとすると，消費者はそれらをどのようにして集めればいいのだろうか。ハムエッグを食べるために，ハム，卵，フライパン，油，調味料などを，それぞれの生産者から直接購入すべきなのだろうか。

もし，それぞれの生産者が消費者の家のすぐそばにいるのなら，直接購入するとしてもそう大きな問題はないだろう。しかし，消費者にとってはハムエッグがすべてではない。いろいろなものを食べたいし，着るものも欲しい。音楽も聴きたいし，本も読みたい。そうした多様な要求，そのためのアソートメントをつくりだすためには，それこそ世界中の生産者の商品が必要となるだろう。その場合，必要とする商品を，日本中あるいは世界中に分散している生産者か

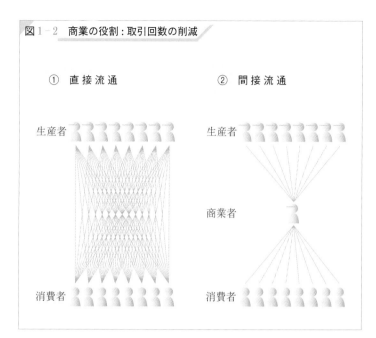

図1-2　商業の役割：取引回数の削減

①　直接流通　　　　　　　②　間接流通

生産者

商業者

消費者

ら消費者が直接購入しようとしたら，商品を揃えるだけで時間がなくなってしまうし，購入のための往復にかかる交通費だけでも莫大になってしまうだろう。

　ここで，生産者と消費者の間に商業者がいて，消費者のアソートメント形成を手助けしてくれるとしたら，消費者にとってこんな楽なことはない。たとえば，ハムエッグをつくるときに，ハム，卵，調味料をそれぞれの生産者から集めてきて揃えておいてくれるところがあったなら，消費者はそこ1カ所へ行きさえすれば，必要なものをまとめて購入することができる。これが，商業の役割である。

　わかりやすく表すならば，図1-2のようになる。

　図から明らかなように，消費者が別々の生産者から直接購入する直接流通よりも，生産者と消費者の間に商業者が介在する間接流通

の方が，消費者が必要とする購入回数が少なくてすむ。これは，個々の消費者にとって，購買のための交通費等の費用と時間の節約をもたらすだろう。社会全体にとっても，費用の節約となるはずである。これを，（商業による）取引数削減の原理と呼んでいる。

**商業によるアソートメントの形成**

このように，商業者は多数の商品を取り揃えて，消費者のアソートメント形成の手助けをする。いうまでもなく，商業者は商品を何でもいいから漫然と並べているのではない。消費者が必要とする商品を揃えるのに便利となるように揃えているはずである。

ここで，消費者が便利になるというのには，2つの意味がある。

第1は，関連する商品を同時に購入できるかどうかということである。いままでの例でいえば，異なる生産者がつくったハムと卵，あるいはパンとバターを一緒に購入できるかということである。ある商品（ハム，パン）を消費するときに，同時に消費する可能性が強い商品（卵，バター）のことを補完商品という。そして，消費者があるアソートメント（朝食の材料類）を形成するために，補完商品を同時に購入することを関連購買という。商業者のところに，関連購買がしやすいような商品が揃っていればいるほど，消費者には便利である。

他方，消費者は，パンにつけるのをバターにするかマーガリンにするか迷っているかもしれない。さらに，バターに決めても，A社のバターにするかB社のバターにするか迷っているかもしれない。このように，一方の商品（バター）を購入すれば他方の商品（マーガリン）を購入する可能性がなくなるものを，代替商品という。さらに，代替商品のなかでも同種の商品（バター）で生産者が異なるもの（A社のバターとB社のバター）を，とくに競争商品と呼ぶことにしよう。そして，消費者が，実際に代替商品・競争商品を手に

取って比較検討したうえで，どちらにするか決めることを比較購買という。商業者のところに多くの代替商品が揃っていればいるほど，比較購買したい消費者にとっては便利である。

そこで，消費者の関連購買や比較購買がしやすいように，商業者が補完商品・代替商品を揃えることを品揃え形成活動という。

商業者による品揃え形成活動の結果として揃えられた商品の集合も，一種のアソートメントである。消費者のアソートメントと区別するために，それを中間アソートメントと称することもあるが，本書では，以下，単にアソートメントと呼ぶことにする。

**商業の社会性**　消費者が関連購買しやすいように補完商品をできるだけ揃えておくことは，商業者の社会的な役割である。しかし，商業者の固有な役割としてより重要なのは，比較購買ができるように代替商品，とくに競争商品を揃えることである。

上で，A社のバターとB社のバターのように，同種の商品で生産者の異なるものを競争商品と呼ぶことにした。ここで同種の商品といってはいるものの，たぶんそれらは完全に同一ではないだろう。A社のバターとB社のバターでは，価格が違うかもしれないし，塩分含有量が違うかもしれない。それらは同じでも，微妙に味が異なるかもしれない。どちらを選択するかは，個々の消費者の支払能力や好みの問題である。

実際にはバターでは大して違いがないから，パソコンを例にするともっとはっきりするだろう。パソコンには，CPUおよびメモリーなどの能力，コネクタの種類と数，将来の拡張性，デザイン等，いろいろな違いがある。もちろん，価格がかなり異なる。そこで，消費者としては，多くのパソコンのなかから，予算，使用目的，使用経験等に照らして，自分にもっとも適したパソコンを選びたい。

しかし，パソコンに関する知識が十分にある人はいいが，もし不十分だったら最適の選択ができない。このときに商業者が大きな役割を果たす。

いま，商業者のところにX社，Y社，Z社のパソコンが揃っていたとしよう。そして，その商業者は，各消費者の状況を聞いたうえで，A君にはX社のパソコンを，BさんにはY社のパソコンを，C君にはまたX社のパソコンを，DさんにはZ社のパソコンを，それぞれ薦めるかもしれない。しかし，もし消費者が直接生産者のところへ行ったとしたらどうだろうか。

X社へ出かけたなら，X社はBさんにもDさんにも，わが社のパソコンが適していると薦めるだろう。Y社へ行ったなら，A君にもC君にもDさんにも，Y社のものこそ適していると薦めるだろう。なぜなら，X社，Y社，Z社は互いに競争しているのであり，自社の販売を少しでも増やそうとしのぎを削っているからである。

それに対して，3社のパソコンを一緒に扱っている商業者の場合には，3社合計でどれだけ販売できるかが問題であり，X社のパソコンを何台販売できたかは直接の問題ではない。さらにいえば，商業者にとって最大の問題・関心事は，パソコンだけでなく，自分のところで扱っている商品全体の販売が増えるか減るかである。

商業者が販売を増大させようとした場合，もっとも基本となる方法は，できるだけ多くの消費者に来てもらうこと，同じ消費者に繰り返し来てもらうことである。そのためには，価格のことを別にすると，あの商業者のところへ行くと関連購買や比較購買がしやすい商品が揃っている，比較購買する際にどの商品が適しているか適切なアドバイスをしてくれる，などといった信用を消費者から得ることである。

商業者は，社会奉仕活動として消費者の相談に乗っているわけで

はない。そうすることが，多くの消費者が訪れるようになって，結果的に販売が増加するからである。しかし，その意図はともかくとして，消費者の適切な商品選択にとって大きな手助けとなる。この役割を，商業の社会性という。商業者が特定の生産者に味方して，その生産者の商品ばかり薦めるのではないということから，生産者に対する商業の中立性ともいう。

　商業に社会性・中立性があるということは，商業者と生産者では，基本的にその思考が異なるということでもある。生産者は，あくまで自分のつくった商品を消費者が購入してくれるかどうかということに利害がある。それに対して，商業者の利害は，相互に競争している生産者のものを含めて，取り扱っている商品全体の販売動向である。つまり，生産者と商業者の利害は完全には一致しないのである。

# 3 卸売業と小売業

### ●商業内部での分業

　さて，生産者と消費者の間に商業者が介在し，商業者がアソートメントを形成するならば消費者にとって便利になるとはいっても，商業者は1人だけいればすむのだろうか。

　もし，商業者が1人だけだとするならば，間接流通する商品はすべてその商業者のもとに集まることになる。そうなると，関連購買も比較購買も余すところなくできるから，消費者にとってこのうえもなく便利なようにも思える。しかし，以下にみるように，1人だと逆にいろいろと不都合が生じる。そのため，現実の商業には，多数の商業者が存在し，いろいろと分業している。

　どのように分業し，それはなぜなのかということを考える前に，

消費者の購買についてもう少し整理しておこう。

**購買費用と商圏**　消費者が商品を購入する場合，郵便や電話，近年ではインターネットを通じて商品を注文し，その商品が宅配便で送られてくるという方法がある。しかし，消費者が商業者のところまで出かけて購入するという形態が一般的である。ここで，消費者が出かけていく先，すなわち購入するための商品が並べられている施設を小売店舗，あるいは単に店舗と呼ぶ。

　消費者が店舗まで出かけて商品を購入する場合，消費者は一体どのような負担をしているのだろうか。購入する商品の代金（価格）を負担しているのはいうまでもない。しかし，それだけではない。消費者は店舗までの往復にかかる交通費や時間費用なども負担している。ここで，時間費用とは，購買のために要した時間をたとえばアルバイトなど他のことにあてたとしたらいくらになるかということである。この交通費や時間費用など購買のために要した費用を一括して，購買費用と呼んでいる。つまり，消費者が1回の購買に負担するのは，

　　　商品代金の合計（$P$）＋購買費用（$C$）

ということになる。

　そうなると，仮に $P$ が安くても $C$ がきわめて大きくなってしまうような購入方法なり購入先は，消費者にとって不都合だということになる。一見すると安く購入できそうな直接流通がほとんど存在しない1つの理由は，生産者を一軒一軒訪ねていたら $C$ がとてつもなく高くなってしまうからなのである。

　当然，消費者は $C$ についても考慮するから，それほど遠くまで買い物に行かないということになる。たとえば，買い物だけのために海外まで行く人はまずいないだろうし，国内でもわざわざ飛行機を使って買い物に行く人もほとんどいないだろう。このように，消

費者が通常買い物に行く範囲は限られてくる。この範囲を購買圏という。

　消費者に購買圏があるということは，商業者からみれば，店舗にやってくる消費者の居住範囲が限られているということである。そこで，店舗からみて買い物に来る可能性のある消費者の地理的な存在範囲を商圏という。

### 商品類型と商圏

　さて，商圏には限界があるわけだが，その限界は商品の種類によって異なる。消費者が1回の買い物で負担するのは $P+C$ だから，$P$ がきわめて大きい場合，$C$ が少しくらい大きくなっても消費者の総負担に大して差はない。しかし，$P$ が小さい場合には，$C$ が少し大きくなっても総負担が2倍か3倍，場合によっては10倍になってしまうということもありうる。たとえば，自動車を買う場合には購買費用が少し増えても大した違いはないが，清涼飲料水1缶買うためだけに電車賃をかけるわけにはいかないのは，誰でもわかるだろう。

　一般に商品は最寄品，買回品，専門品に分けられる。最寄品とは，比較的低価格の商品で，使用頻度が高いために繰り返し購入することが多いため，消費者が購入に際して時間や費用をあまりかけないような種類の商品である。日常的な食料品や石けん・洗剤などが代表的なものである。それに対して買回品とは，通常，最寄品に比べて高価格であり，購入の頻度は低く，十分な時間と費用をかけて比較検討したうえで購入に至るような商品である。代表的なものにはファッション衣料品等がある。また，専門品とは，ある種の消費者が特定の商品を購入するときに，そのための時間や努力，費用を喜んで負担するようなものである。マニアによる自動車用品，オーディオ製品，パソコンなどの購入が代表的なケースであろう。

　一般的には，最寄品では商圏が狭く，買回品ではかなり広くなり，

専門品になると非常に広い商圏をもつことになる。

<br>

**地理的分業**　　　　購買費用のために消費者が買い物に行く範囲が限定されるということは，店舗があちらこちらになければならないということを意味する。なぜなら，商業者は東京に店舗をかまえ，北海道からも九州からも買いに来なさいというわけにはいかないからである。

　各種の調査によれば，ほぼ毎日のように買いに行く食料品の場合，消費者が店舗まで出かけるのにかける時間は，徒歩であれ自転車であれマイカーであれ，片道5分から10分といわれている。それ以上かかるようだと，消費者は大きな不満をもつことになる。商業の役割は消費者が商品を入手しやすいようにすることにあるのだから，食料品を販売する店舗の場合には，少なくとも時間距離にして半径5分から10分以内に最低1店は存在する必要があるということになる。そして，各店舗がそれぞれの商圏内の消費者に商品を販売するという役割分担をすることになる。

　もちろん，ここで役割分担といっても，お互いに相談して分担を決めているわけではない。店舗が少なくて非常に不便だという不満をもっている消費者が多ければ，そこに店舗を開くことで利益が得られると考える商業者が現れることによって，結果として分担しているということである。

　商品の種類によって商圏の大きさには違いがあるから，どのくらいの距離ごとに店舗がないと不便かということは一概にいえないが，あちらこちらに店舗がなければならないという本質に変わりはない。こうしたことを，商業における地理的分業もしくは空間的分業と称する。

　多くの人が見慣れているように，同じようなコンビニ，同じような八百屋があちらこちらにあるということの大きな理由は，同種の

店舗が地理的に分業したことの結果である。

商品別分業 前節に出てきた図 1 – 2 では，問題を単純化してわかりやすくするために，あらゆる生産者の商品があたかも 1 人の商業者のところに集まるかのように図示した。しかし，地理的に分業しているだけでなく，ある 1 つの地域を取り上げてみても，1 人の商業者があらゆる商品を取り扱うということはまずありえない。

その理由の第 1 は，商品によって取扱いのために必要となる知識や技術が異なるということである。そのことは，魚とファッション衣料とパソコンを考えてみれば明らかだろう。生産において専門化することによって生産性が上昇したのと同じように，商業においても取扱技術や知識が異なるものは，別々に扱った方が効率的となる可能性が強い。

第 2 に，店舗などで必要となる設備が異なったり，一緒に並べると問題が生じるような商品の組合せもありうる。たとえば，水やにおいがつきものの魚と化粧品を並べて扱えるだろうか。

第 3 に，そもそも商業者がなぜ多数の商品を揃えるのかといえば，消費者の購買が便利になるようにということであった。もし，あらゆる商品を並べたとすると，かえって消費者にとって不便となる可能性が強い。たくさんの商品を揃えれば，当然店舗は巨大なものになってしまう。消費者は店舗の入り口を入ってから，欲しい商品群が並んでいる場所（売場）を探すのに苦労したり，売場がわかってもそこまで延々と移動しなければならなくなる。関連購買や比較購買の可能性が低いものまで一緒に揃えておくということは，消費者にかえって不便を強いることになる。

さらに，上にみたように，商品によって商圏・購買圏が異なるという問題がある。食料品等の最寄品の商圏は狭いから，食料品店は

相対的に高密度で存在する必要がある。もし，取扱技術や設備・においなどの問題はないものとして，その食料品店が婦人服を一緒に扱ったとするとどうなるだろうか。商圏が狭いから買いに来る消費者の数も少ない。そうなると，婦人服の色・柄・デザイン・サイズなどについて多種類を揃えることは難しくなってしまう。なぜなら，消費者の数が少ないから，多数揃えたとしてすべて販売できる保証はないからである。仮に，食料品店が1キロメートルごとにあるとしたら，婦人服店は数キロメートルごとにあればいいということになるかもしれない。そうすれば，婦人服店の側ではずっと多くなる消費者の数に合わせて多種類の婦人服を揃えられるし，買回品だから消費者も食料品店より遠くまで時間と費用をかけて買いに行くのをいとわない。

　このような理由から，1人の商業者がすべての商品を扱うということはありえず，商品別に専門化していく。すなわち商品別の分業が成立する。

　なお，商業者が形成するアソートメントは，幅（広い―狭い）と奥行きまたは深さ（深い―浅い）という2つの要素で表される。幅とは，用途・使用目的等が同じ商品群を1商品分野（カテゴリー）と数えたとき，どのくらいの商品分野を揃えているかということである。他方，奥行きまたは深さとは，1つの商品分野のなかでどのくらいの種類（アイテム）の商品を揃えているかということである。百貨店のように，衣食住全般にわたる商品を揃えている店舗は，アソートメントの幅が非常に広いし，婦人服等においては奥行きも深い。けれども，電気製品などの分野ではかなり浅いということになる。コンビニの場合には，最寄品に限定して考えるとかなり広いけれども，全体としては浅いと評価できるだろう。

| 商店街 |

理由が何であれ商業者が商品別に分業してしまうと，消費者にとっては関連購買がしにくいという事態が生じてくる。1人の商業者，1つの店舗におけるアソートメントの幅が限られてくるからである。

こうした消費者の不便さを解消してきたのが，日本に限らずいずれの国でも，商店街等の商業集積である。

商店街とは，多くは道路沿いに建ち並ぶようにして店舗が集まった地区のことである。

1つ1つの店舗は限られた幅のアソートメントであっても，たくさんの店舗が集まれば，地区全体としては広くかつ深いアソートメントを提供できるようになる。消費者は，その地区内の店舗を訪ね回ることによって，関連購買も比較購買も十分可能になる。消費者にとっては非常に便利だから，大勢の消費者が集まってくる。そうなると，商業者の側では販売の可能性が高まるから，さらに多くの店舗が開かれるようになる。そこで，アソートメントはより充実するから，より多くの消費者が集まってくる。

商店街とは，こうした経緯を経て，歴史的に徐々に形づくられてきたものである。誰かが計画し，一度につくりあげたものではない。そのために，社会的あるいは心理的に周囲の消費者と深く結びついている場合もある。しかし，逆に，計画的に形づくられたり，誰かが一元的に管理したりしているわけではないから，同じようなアソートメントを提供する店舗が複数ある一方で，消費者にとってぜひ必要な商品分野を扱う店舗がまったくないというアンバランスが生じることもある。また，野菜と魚や肉は関連購買される可能性が非常に高いはずであるが，それぞれの店舗が並んでおらず，はるか彼方に分かれてしまっていて，広い商店街のなかを走り回らなければ関連購買できない，といった問題も生じているかもしれない。

そうした問題はあるにしても，商品別に分業せざるをえない商業者が1カ所に集まり，消費者に関連購買・比較購買における便宜を提供してきたという点で，商店街が果たしてきた役割は大きい。

なお，1カ所に多様な商品が揃っていることで，関連購買など必要な買い物を一度にすますことができることをワンストップ・ショッピングという。狭い意味では，第2章第2節で述べるデパートメント・ストアや計画的ショッピング・センターのように，1つの店舗・施設でできることを指すが，商店街のように1つの地区として可能となることもワンストップ・ショッピングといってよい。

### 垂直的分業

さて，商業者は地理的に分業したり商品別に分業したりしている。そうなると，野菜類とか食料品全般とかいったある商品分野を扱っている商業者もしくは店舗の数は，全国で相当なものになるだろう。ちなみに，2016年に飲食料品を主として販売している店舗は全国に30万弱もあり，そのうちの約1万8000が野菜・果物を専門にした店舗である。もっとも，1970年代末には，それぞれ73万以上，6万6000と，今よりはるかに多かったのであるが。

これらの商業者は，お互いに若干の違いがあるかもしれないが，多くは似たようなアソートメントを形成しているであろう。そのときに，これら商業者が1人1人独自に生産者から商品を集めているとするならば，商業者が商品を揃えるために要する時間と費用は莫大になってしまう。このことは，11ページの図1-2①における消費者を商業者と置き換えてみれば，容易に推測できるだろう。

そこで，生産者から消費者に直接流通することは少なく，間に商業者が介在するのが一般的なのと同様な理由から，消費者に販売する商業者と生産者との間に別の商業者が介在することが少なくない。というより，これまでは介在することの方が一般的であった。

さらに，商業者が生産者に対して果たす機能・活動と消費者に対して果たす機能・活動には，かなりの違いがある。たとえば，次節で述べるように，生産者に対しては金融機能や危険負担機能を果たす必要がある（少なくとも，過去には必要があった）。他方，消費者に対しては，何よりも消費者に適したアソートメントを形成することが重要である。そこで，生産者向けの活動を担当する者と消費者向けの活動を担当する者というように，役割分担した方がスムーズにいく場合が多い。少なくとも，これまではスムーズにいくことが多かった。

　このように，多数の生産者から商品を集める商業者と消費者に販売する商業者というように商業者が役割分担・分業するとき，この分業を垂直的分業という。というのは，生産者から消費者への商品の流れを垂直方向とみなすからである。そして，消費者に販売することを小売，主として小売を行う商業者を小売商，消費者以外に販売することを卸売，主として卸売を行う商業者を卸売商と呼んで区別する。

　なお，小売活動や卸売活動を行っているのは商業者だけとは限らない。たとえば，生産者が行うこともある。さらに，これまでの説明と矛盾するように聞こえるかもしれないが，第3章第2節で詳しく述べるように，厳密には商業者とはいえない人たちが小売活動や卸売活動を担当していることもある。そこで，生産者を除いて，小売活動，卸売活動を行うすべての人たちを指す場合には，それぞれ小売業者，卸売業者と表現することにする。

　さて，生産者と小売商との間に介在する卸売商は1人（1段階）だけでなく，2段階，3段階にわたるということもある。卸売商が2人以上介在する場合，最初の（生産者と直接取引する）卸売商を第1次卸売商，第1次卸売商から購入する卸売商を第2次卸売商，そ

の次を第3次卸売商と称する。

　なお，これまで説明してきたのは消費者向けに生産された商品が生産者から消費者に流通していく場合であったが，実際にはそれ以外の商品も多数存在する。たとえば，自動車の材料となる鋼板が鉄鋼生産者から自動車の生産者に流通していくとか，鋼板をプレスするための機械がその生産者から自動車生産者に流通していく場合などである。こうした鋼板やプレス機械等の流通においても商業者が介在することが少なくないが，そうした商業者はすべて卸売商である。

# *4* 流通・商業の機能

### ●流通と商業が果たす社会的役割

　ある組織なり制度なり仕組みなりが社会的に果たしている役割のことを，機能という。機能を論ずることによって，その組織や制度が社会的に必要とされているか否か，あるいは社会的に要請された役割があるとしたらそれは十分に遂行されているか否か，もし不十分だとしたらどう改善したらよいか，ということを考えることができるようになる。

　そこで，流通あるいは商業の機能について考えてみよう。

　流通・商業の機能とは，一言でいえば，第1節で強調したように，生産と消費が乖離した社会にあって両者を結びつけることと表現することができよう。ただ，それではあまりに漠然としている。そこで，ここではもう少し具体的に考えていくことにしよう。

|  |
|---|
| **需給接合機能** |

　消費者は，商品の所有権（もしくは使用権）をもたない限り，その商品を使った消費活動ができない。だから，生産者から消費者に向けて商品の所有権を

移転することが流通・商業の重要な役割であることは，第1節でも指摘した。そこで，流通・商業の具体的な機能として，所有権移転機能というものを挙げる人も多い。たしかにその通りなのだが，所有権の厳密な概念とは何だろうかとか，所有権移転の手続きはどうなされるのかなどといった法律論に陥りかねない。

そこで，ここでは，流通・商業のもっとも重要な機能を，商品の供給側と需要側とが，いろいろな場でいろいろな方法によって接触し，交渉し，売買を通じて結びつくという意味で，需給接合機能と呼んでおくことにする。当然そこには所有権移転のプロセスも含まれるが，それだけではなくもっと積極的な内容も含まれる。

生産と消費とが分離することによって社会的な生産力は飛躍的に増大した。しかし，両者が分離したことは，大きな問題も生み出した。たとえば，見込み生産による生産・供給過剰あるいは生産・供給不足といった問題である。ここで見込み生産とは，最終的にどれくらい消費者が購入するかという需要量が完全に確定しないままに，見込み・推定で生産することである。

消費者からの需要が明確な発注（注文）という形をとってから生産していたのでは，消費者が欲しいときに供給が間に合わないし，発注を受けるたびに生産していたのではまとめてつくることができないから非効率になってしまう。そこで，今日，ほとんどの商品は，消費者からの注文が来るより前に，見込みで一時に生産してしまっている。

そのために，供給量と需要量が大きくずれてしまわないように，生産者側には消費者の需要動向を，消費者側には供給動向を，迅速に伝え，調整することも流通・商業の重要な役割であり，それは広い意味での需給接合機能に含まれることになる。

また，消費者が望むような商品が開発・生産されたとしても，そ

れがどこにあり，どこへ行けば購入できるか消費者に伝わらなかったら，せっかくの商品も価値がない。逆に，そうした商品開発の前提として，消費者の望んでいることが適切に生産者に伝わらなければならない。消費者の要望が適切に生産者に伝わり，それに即して開発された商品の情報が消費者にうまく伝わるならば，そうでないときに比べ，消費者の需要は増大するはずである。その意味で，流通・商業は，生産を助成する役割とともに，需要を創造する役割も果たすことになる。この需要創造機能は，需給接合機能と別の機能であるとする説もあるが，ここでは需給接合機能のなかに含めておくことにする。

**物流機能**

需給接合の中心をなすのは情報交換や売買，所有権の移転であるから，実際のもの（現物）なしに進められることも少なくない。たとえば，カタログやインターネットで注文する場合，現物が目の前にないまま売買交渉が成立しているケースが一般的だろう。

しかし，売買の契約が結ばれたところで，実際にものが手許に届かない限り，その商品を使った消費活動はできない。現物が適切な時に適切な場所に，壊れたり傷んだりしていない状態で届けられなければならない。このように，生産した場所・時間から消費する場所・時間まで商品そのもの（現物）を移動することを，物的流通，通常は略して物流という。機能として表現するならば，物流機能ということになる。

上記から明らかなように，物流には大きく分けて，場所・空間の移動にかかわる部分と時間の移動にかかわる部分とがある。場所の移動とは，たとえば北海道で生産された商品を東京で消費できるようにすることである。そのための役割が，輸送もしくは配送と呼ばれる機能である。時間の移動とは，たとえば9月から10月に収穫

（生産）された米を，害虫や腐敗などによって傷むことなく，できる限り生産時の状態を保持したまま，翌年の春や夏にも消費できるようにすることである。そのための役割が，在庫とか保管と呼ばれる機能である。

このように，在庫機能が遂行されることで，自然条件によって生産が一時期に集中してしまう米のような商品でも，1年中好きなときに消費できるようになるわけである。しかし，在庫機能にはそれ以上のはたらきがある。米とは逆のケースとして，クリスマス・ケーキやバレンタイン・デーのチョコレートについて考えてみよう。

これらはある特定の日に需要が集中する。もし需要当日にすべて生産しようとしたら，大変である。工場等の設備も職人も膨大な数が必要となるが，他の日には設備・職人とも余ってしまうだろう。そこで，もし，かなり早い時期から少しずつケーキやチョコレートをつくり，それを傷まないように保管しておいたならば，設備も職人もはるかに少ない数ですみ，かつ設備等が遊休化することもないだろう。結果として，生産は休むことなく続けられるし，生産費用も安くなる。

このように，在庫・保管には，単に商品を倉庫にしまって保管しておくという以上の，経済活動が円滑に進むようにするという重要な役割がある。

## その他の機能

分業化社会においては，生産者は販売目的で商品を生産している。ということは，商品と交換に代金（貨幣）が確実に生産者に手渡されなければならない。この役割を決済機能というが，これも流通・商業の具体的な機能である。

ところで，一般的に消費者が購入する量は，当面必要とする分だけである。たとえば，米を考えてみよう。消費者が購入するのは1

週間分とか，多くても 1 カ月分だろう。そのため，もし，生産者が直接消費者に販売しようとしたなら，10 月に収穫した米を売り切るのにほぼ 1 年かかってしまうということになる。生産者は，生産した商品を販売した代金で次の生産のための設備や原材料だとか，従業員の給料だとかを準備することになるから，商品の販売に時間がかかっていたら，その間生産がストップしてしまう危険性がある。米のように 1 年に 1 回しか生産されない場合は極端かもしれないが，工場でつくられるものについても事情は似たり寄ったりである。

　ここで，生産者と消費者の間に商業者が介在して，消費者が購入するよりも前に，生産者がつくるとすぐに商業者が購入し，代金を支払ってくれたとすると，生産者は休むことなく設備や原材料を手配し，従業員を雇用し続けることができる。生産活動はストップすることなく続くことになる。

　この機能は直接流通ではありえない，商業独自の機能である。まさに商業が生産を促進している機能であり，一般には金融機能と呼ばれている。

　生産された商品が売れないために損をする可能性のことを市場危険（リスク）というが，分業化社会の見込み生産では絶えずこの危険が存在する。商業者が消費者よりも前に購入するということは，結果として消費者に販売できないこともありうるから，商業者がこの危険の一部を負担するということを意味する。もちろん，商業者は，消費者が購入しそうかどうかいろいろ検討するはずである。それでも，見込みがはずれて売れないことがあるだろう。その場合は，自分が購入して在庫していた分が損失ということになる。その分だけ，生産者の損失負担は軽くなる。それだけ生産者は生産に取り組みやすくなる。商業者のこの機能のことを，危険負担機能という。

　このほかに，情報伝達もきわめて重要な機能である。需給接合機

能の項でも述べたように，生産者と消費者が乖離してしまった分業化社会では，相互の意思疎通がうまくいかない限り，大きな問題を生じることになる。たとえば，生産者が，消費者がまるで望んでいないような商品を独りよがりでつくっているとしたら，資源のむだづかいということになるだろう。消費者からは現在の商品についての不満や改善要望などが，生産者からは商品の使用法や注意点，入手できる場所などが，適切に伝達しあえるようになっている必要がある。こうした役割を，情報機能もしくは情報伝達機能という。いうまでもなく，インターネットをはじめとするICTの利用が進んだ今日においては，流通・商業の機能のなかでそのあり方や遂行方法が大きく変化してきている。

# *5* 流通チャネル
● 生産者と消費者を結びつける仕組みとルート

経済活動の動脈

ここまで，流通活動に携わる人として，生産者，消費者，商業者（卸売商と小売商）だけを紹介してきた。また，商業者同士の分担・分業については，第3節でみた。しかし，流通活動に直接・間接に関係する人・組織はまだまだ存在する。というより，何らかの経済活動を行っている個人・組織は，多かれ少なかれ流通に関係しているといってよい。つまり，流通にかかわる人の数は莫大である。

そうした莫大な数の人・組織が，第4節でみたような機能のすべてあるいは一部を担うことによって，日本国内だけでも数千万以上いる生産者がつくった，たぶん1億を超えるであろう種類の商品を，1億を超える個人や会社・団体などの消費者に向けて流通させている。流通がスムーズに機能しているおかげで，私たちは日々の生活

を滞りなく送ることができるし，会社や団体などの組織も多様な経済活動・社会活動ができる。

　まさに，流通は社会に張りめぐらされた血管にたとえることもできよう。

　流通を考えるとき，ごく最近までは，生産者から消費者に至る商品のことのみを対象とし，消費・使用後の廃棄物について考えることはあまりなかった。その意味で，流通が社会の血管といったとき，その血管は動脈だけを指していた。

　しかし，環境・資源保全意識の高まりとともに，新しくつくられた商品を消費者に届ける一方通行の流通だけ考えていてすむのかという反省が生まれてきて，廃棄物の回収やリサイクルも流通のなかに含めてトータルに考えるべきであるという意見が，主流となっている。その意味では，流通は社会の動脈であるとともに静脈としての役割も求められつつあるといえよう。

　ただ，リサイクルや廃棄物回収の流通はどうあるべきかという研究はまだ十分になされておらず，未解明な部分が多い。そのため，本書での記述もほとんど動脈流通にかかわるものだが，第 10 章では静脈流通についても触れることにする。

**流通機構**　静脈のことはともかくとして，莫大な数の個人・組織がかかわって，多様な流通の機能を分担しあいながら遂行していくということになると，何らかの仕組みが必要となるだろう。この仕組みのことを，流通機構もしくは流通システムという。

　ただ，注意しなければならないのは，ここで仕組みといっているものは，法律などによってつくられたものでもないし，また特定のリーダーがいてその指示・命令などによってつくられたものでもない，いわば自然発生的に生まれてきたものであるということである。

*Column* **❶** W/R 比率：流通経路の長さを測る尺度

　日本の流通経路は長いとか，多段階であるとよくいわれる。その長さなり段階ということは，どのようにして測れるのだろうか。

　よく用いられるものに，W/R 比率という指標がある。W とは卸売業（wholesale），R とは小売業（retail）のことであり，卸売業の販売額合計を小売業の販売額合計で割った比のことである。つまり，小売取引は常に1段階だから，卸売取引が1段階なら W/R はほぼ1になり，卸売取引が2段階であればほぼ2になる（実際には，仕入額にコストや利益が付け加わって販売額になるから，たとえば卸売が1段階の場合には，W/R は1より小さくなるはずであるが）。そこで，流通経路の長さが判定できるというわけである。

　日本の W/R 比率は，経済産業省（旧・通商産業省）の商業統計から算出することができる。ただし，商業統計では，消費者に直接関係しない生産設備や原材料の取引，輸出入などが卸売取引として含まれている。また，製造業者の販売のかなりも卸売取引に含まれてしまう。さらに，調査対象範囲が多少変化しているということもある。

表　W/R 比率の推移

| 年 | 1976 | 79 | 82 | 85 | 88 | 91 | 94 | 97 | 2002 | 07 | 12 | 16 |
|---|---|---|---|---|---|---|---|---|---|---|---|---|
| 合　計 | 2.71 | 2.65 | 2.93 | 2.74 | 2.63 | 2.73 | 2.50 | 2.11 | 1.98 | 1.96 | — | — |
| 食料品関連 | 2.53 | 2.59 | 2.57 | 2.58 | 2.46 | 2.40 | 2.22 | 2.05 | 1.84 | 1.66 | 2.19 | 2.13 |

　（注）『商業統計表』各年版から，W/R ＝（卸売業販売額－産業用使用者向け販売額－国外向け販売額）／小売業販売額，として算出。食料品関連に関しては，小売業については飲食料品小売業，卸売業については 1991 年までは農畜産物・水産物卸売業と食料・飲料卸売業の合計，94 年以降は飲食料品卸売業とした。2012 年以降，『商業統計表』は『経済センサス――活動調査結果（卸売業，小売業）』に基づくことになったため，2012 年・2016 年の合計値については算出不可。また食料品関連については他の調査年度と同じ定義により算出。ただし，それ以前の調査と連続性がないことに注意。

実際には，法律でつくられた仕組みや特定のリーダーの指導でつく
られたもの，特定の人や組織が出資してつくりあげた仕組みなども
あるが，それらは全体的な流通機構の一部として含まれることにな
る。

　また，生産者から消費者に至る商品の経路のことを，流通チャネ
ルもしくは流通経路という。流通機構という概念が，チャネル・経
路はいうまでもなく，そこで活動する商業者など構成員の数や規模，
また機能・役割分担から力関係まで考えに入れているのに対して，
流通チャネルもしくは流通経路というのは商品のルートに着目した
概念である。

　流通チャネルとは，いわば生産者と消費者とを結びつけるルート
であるが，そこにはいろいろな種類のルートが含まれている。なぜ
なら，流通・商業はいろいろな機能を遂行しているが，この機能ご
とにルートが異なってくることもありうるからである。

　たとえば，図1-3のように，売買がなされ所有権が移転してい
くルート（取引チャネル），実際の商品が移動していくルート（物流
チャネル），販売代金が移動するルート（決済チャネル），生産者から
消費者に向けた情報伝達のルート（情報チャネルの一部）などがいろ
いろな形で組み合わさって，実際の流通チャネルが構成される。図
は，あくまでも1つの例示にすぎない。

　ただ，いろいろなルートのなかで中心となるのは取引チャネルで

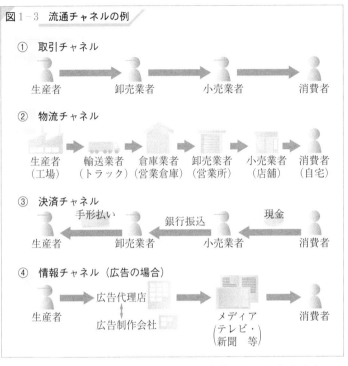

**図 1-3　流通チャネルの例**

① **取引チャネル**

生産者　→　卸売業者　→　小売業者　→　消費者

② **物流チャネル**

生産者　→　輸送業者　→　倉庫業者　→　卸売業者　→　小売業者　→　消費者
（工場）　（トラック）（営業倉庫）（営業所）　（店舗）　（自宅）

③ **決済チャネル**

手形払い　←　銀行振込　←　現金
生産者　←　卸売業者　←　小売業者　←　消費者

④ **情報チャネル（広告の場合）**

生産者　→　広告代理店　→　メディア　→　消費者
　　　　　　広告制作会社　（テレビ・新聞　等）

ある。そのため，流通チャネルというと取引チャネルを意味することが多い。また，多種多様な参加者のなかで核となるのは商業者である。そのため，流通の分析のかなりは商業（者）の分析となる。

　なお，図からもわかるように，流通機構の構成員は多様であり，ここからもれてしまっているものがかなりあるだろう。

　ただ，図では流通機構，流通チャネルの構成員に含めている消費者については，構成員に含めないという意見もある。その根拠は，生産者や商業者など消費者以外の構成員が営利目的で活動しているのに対して，消費者はまったく異なるという点である。たしかにそうした違いはあるが，小売店から自宅まで商品を持ち帰るという活

動や自宅での在庫をはじめ，消費者も多くの流通機能を分担している。そもそも消費者が購買することで，流通は完結する。そうした点から，本書では，消費者も流通機構，流通チャネルの構成員に含めることにする。

```
■本章で学んだキーワード
流通    売買・販売・購買（購入）     直接流通・間接流通    商
業者    商業    アソートメント    取引数削減の原理    関連購
買    比較購買    商業の社会性    商業の中立性    購買費用
商圏    最寄品・買回品・専門品    商店街    ワンストップ・シ
ョッピング    小売商・小売業者    卸売商・卸売業者    需給接
合機能    物流機能    決済機能    金融機能    危険負担機能
情報機能・情報伝達機能    流通機構・流通システム    流通チャ
ネル・流通経路
```

⇒練習問題

1 　相互の違いがはっきりするように，流通と商業それぞれの概念をまとめてみよう。

2 　流通と商業それぞれの機能にはどのようなものがあるか，整理してみよう。

3 　身近な商品を取り上げて，それが生産されてからあなたのところにたどり着くまでの過程・経路を考えてみよう。

4 　一般には，サービス業が提供するサービスには流通が存在しないといわれている。なぜだろうか，流通機能との関連で考えてみよう。とくに，需要が一時に集中するクリスマスのケーキとゴールデン・ウィークの高速道路や新幹線（交通サービス）とを比較しながら，両者の違いについてまとめてみよう。

# 第2章　発展する商業

⊕イントロダクション

　一般に，小売業は業種と業態によって分類される。業種とは扱っている商品の種類からの分類であり，業態とはどのような営業形態かという点からの分類である。近代以降の小売業は，業態革新という形で発展してきた。欧米において，近代的な小売業として最初に出現したのがデパートメント・ストアである。ついで，チェーン・ストアが発展し，スーパーマーケット，計画的ショッピング・センターなども現れた。

　わが国の場合には，20世紀初頭に欧米のデパートメント・ストアを模した百貨店が出現し成長したものの，第2次世界大戦前には，戦時経済統制等のために他の業態の発展はほとんどみられなかった。第2次世界大戦後，アメリカからいろいろな業態が一気に導入され，食品スーパーや総合スーパー・総合量販店などとして展開されだした。それら新業態は，高度経済成長によって購買行動を大きく変化させ始めた消費者のニーズにも合致したために，またたく間に成長していった。それを受けて，スーパーなどの大規模小売組織が大手メーカーと直接取引を進めることによって，大量生産─大量流通─大量消費というアメリカ型の経済システムが実現するだろうという流通革命論も広く主張された。

　メーカー・小売業者の大規模化と両者の直接取引の進展によって，それまで日本の流通で大きな地位を占めていた卸売業者は排除されていくという問屋無用論も流布した。しかし，ごく最近まで，卸売業者の排除はあまり進まなかった。それは，日本の場合，大手メーカーも大規模小売組織も，卸売業者を必要としたからである。

# *1* 商業の歩み

商業の始まり

自給自足の社会では，商業は存在しない。なぜなら，販売する商品が存在しないのだから。それでは分業化社会になると直ちに商業が発生したかというと，そうではないと思われる。

分業化した当初は，今日のように何億種類という商品がつくられていたわけではない。また，輸送技術等も未発達だから，日本国中さらには世界中の商品が流通するなどということもありえない。せいぜい，ごく基礎的な食料品等が徒歩で運べる地域内を流通していた程度であろう。たぶん，初期の分業化社会における流通とは，たとえば大人がつくったものを子どもが売り歩くといったような姿だったのではないだろうか。そこでは，生産者から商品を購入して消費者等に販売するという商業者は，いまだ現れていない。家族内で，生産と販売が分業している程度である。

同時に，販売という活動が，今日の小売業で一般的な，店舗に商品を並べて購入しに来た消費者に販売するという形態，すなわち店舗小売業ではなく，商品を担いだ売り手が消費者のところを回っていくという行商形態であったと思われる。行商，それも人間が担いで歩くのでは，商品の量も種類もきわめて限られる。

1人1人の行商が携行している商品の種類は限られていても，1カ所に多数が集まれば，全体としての種類は飛躍的に増加する。関連購買・比較購買が可能となり，消費者の便利さが増す。そこで，消費者がより大勢集まるようになれば，販売の機会が高まるから，ますます行商が集まってくる，という方向に拡大していく。これが，

市である。

　市の場所としては，多くの人が集まり，たくさんの商品が並べられるところということで，神社の境内とか街道の交差点とかが選ばれたが，当初はあくまで自然発生的なものであった。いつ開かれるかも決まっていなかった。これを不定期市と称する。

　しかし，不定期市では不便だから，決まった日，たとえば毎月3のつく日の3回，市を開きましょうということになる。これが定期市である。現在でもあちこちに○日市（場）という地名があるが，昔の定期市の名残である。

　消費者も多数集まり，売買も活発化すると，月に数回の市では不足だ，毎日取引したいということになってくる。そこで，毎日開く常設の市が設けられるようになる。奈良時代や平安時代には，当時の大都市である奈良や京都に常設市が設けられていた。

　定期市や常設市に進むのとほぼ並行して，専門の行商人が現れてくる。つまり，生産者（の家族）ではなく，周囲の生産者から商品を購入し（あるいは委託され），それを市へもっていって消費者に販売することを仕事とする人たち，まさに商業者の発生である。

### 卸売業と小売業の分化

　発生した当初の商業者は，ほとんどが小売商であった。輸送能力からしてごく限られた地域の生産者から商品を集めるだけだから，量も種類も限られていたし，消費者の身近にいたから，生産者―小売商―消費者というチャネルでよかった。

　しかし，生産力の増大，移動・輸送技術や保管技術の発達，手形の考案等による遠距離間での安全確実な決済方法の開発などによって，流通が徐々に広域化してくる。たとえば，かつては漁獲（生産）してすぐに販売・消費するしかなかったために海岸沿いでしか流通できなかった魚類が，日干しや塩漬けにすることによって内陸

部の京都などにまで流通・販売されるようになっていった。

　こうして，流通する地域的範囲（流通圏）と商業者の取扱商品の種類の両方が広がっていくと，生産者と小売商の間にもう1人商業者が介在した方が効率的になる可能性が生じる。こうして，卸売商が発生してきた。卸売商がいつ頃発生したか，小売商との分業がいつ頃成立したか，必ずしも定かではないが，わが国では鎌倉時代後期から室町時代には卸売商がかなり活発に活動していたようである。そして，江戸時代には大きく発展し，当時のわが国の経済で中心的位置を占めるようになったのである。

### 卸売業の発展

　さて，室町時代の卸売商は，需給接合機能や物流機能をはじめとする流通・商業機能全般を遂行するだけでなく，関連するいろいろな機能・活動を行っていた。たとえば，商品の輸送に当たったのは当然だが，商品だけでなく人の移動まで行う業者が少なくなかったようである。つまり，今日における鉄道やバス，タクシーの役割まで果たしていたことになる。

　また，売買に伴う決済機能を果たすことはいうまでもないが，自らの売買とは直接関係ないような資金の移動などまで請け負っていた。いわば，銀行の役割も担っていたことになる。さらに，まだまだ小規模で資金力も不十分な生産者に対して設備投資をはじめとする資金を貸し付けるといった，これまた銀行の役割も果たしていた。この点で，とくに江戸時代から明治時代初期の卸売商が果たした役割は大きく，わが国の近代的産業の成立を支えたといってよい。

　このように卸売商はきわめて多様な機能を担っていた。しかし，人の移動にはそれ専門の業者，資金の移動や貸付については金融業者というように，まず流通・商業機能以外の活動については，それ専門の業者が発生・成長してくる。また，流通・商業の機能に関し

ても，輸送機能を船会社や鉄道会社，後にはトラック業者がかなり
を担うようになったり，在庫・保管機能についても倉庫業者が一部
担うようになってくる。

　このように，多様な流通・商業の機能，さらには関連する機能を
一手に引き受けることからスタートした卸売業は，時代とともに一
部の機能を専門的に担う業者が分離独立していくという形で進展し
てきた。

小売業の発展　他方，小売業についてみると，市の後に生
まれてきた店舗小売業の中心は万屋（よろずや）であっ
た。万屋とは，小規模な店舗で商品の種類は少ないのだが，広く浅
いアソートメントを形成しているものである。つまり，必需品につ
いては一応揃えており，比較購買はあまりできないにしても，最低
限の関連購買はできる小売店である。「何でも屋」と呼んでいいか
もしれない。もちろん，今日のコンビニエンス・ストアのように，
明るく清潔な店舗で，情報システムを駆使して絶えず適切な商品構
成となるような管理がなされているといったものにはほど遠い。

　万屋は，農村部などでは 1960 年代になってもかなりみられた。
わが国に限らず，自家製の米・野菜を消費するなどといったように
農家を中心として自給自足がかなり残り，商業者から購入する商品
はわずかで，供給される商品の種類も少ない時代・社会にあっては，
どこででもみられた小売業の姿である。

　しかし，分業がどんどん進んで，消費に占める自給自足の割合が
低下し，商業者から購入する商品のウェートが高まるにつれ，当然，
流通する商品の種類・数量も急増する。そうなると，設備，商品知
識等において，万屋では対応できなくなる。そこで，魚なら魚だけ，
野菜なら野菜だけというように，むしろ取扱商品を限定し，その代
わりその商品分野ではそこそこのアソートメントを形成する魚屋や

八百屋といった小売店の方が，消費者の要望を満たすようになってくる。こうした小売店を専業店という。

　もっとも，商品分野別にあまりに専門分化してしまうと，関連購買という点からは不便になってしまう。そこで，単に取扱商品を限定するのではなく，関連購買ができるようなアソートメントを提供する店舗も望まれるようになるだろう。

　また，消費者の所得が上昇して購入パターンがいろいろと分かれてくると，アソートメントだけでなく，販売方法，関連サービスなどに対する要望も違ってくるだろう。たとえば，自宅まで商品を配達してほしいという消費者もいるだろうが，自分で持ち帰るからその分安くしてほしいという消費者もいるだろう。

　つまり，アソートメントの形成をはじめとして，流通・商業のいろいろな機能について，一方ではできる限りすべて担っていこうという動きと，他方では一部の機能に特化していこうという動き，この両方の動きが錯綜して進んできたのが近代以降の小売業の歴史であるといってよい。その結果，小売業においては，その数が卸売業よりもはるかに多いだけでなく，多様な種類・タイプの店舗が併存しているという点でも卸売業の比ではない。

　そこで，私たち消費者にとって身近かつ不可欠である小売業の変遷について，次節で概観してみよう。

　なお，卸売業でも小売業でも，その取扱商品の種類によって分類した場合，それぞれの分類を業種という。他方，販売方法などの営業形態によって分類した場合，それを業態と呼ぶ。たとえば，同じく婦人服を販売している小売店舗であっても，生産者がつくったものを購入してきてそのまま販売する小売店と消費者の注文に合わせて仕立てる店とでは，業種は同じ婦人服小売店であるが，業態は異なるということになる。次節では，この業態という点からみていく

ことにする。

# *2* 小売業態の発展

### ●多様な小売業態の発生と融合

デパートメント・スト
アの誕生と発展

19世紀の半ば，産業革命や市民革命によって近代社会がスタートしていたヨーロッパやアメリカの大都市においては，人口が密集し，ほとんど自給自足の手段もないから，多数の小売店が営業していた。それらの小売店は，小規模な店舗で，こちらは婦人服，あちらは婦人靴といったように，非常に狭いアソートメントを提供していた。

もちろん，1つ1つの店舗はそうした限定的なアソートメントの中小店であっても，それらが1地区に集積し，商店街を形成しているならば，消費者は次々と店舗を回っていけば，関連購買や比較購買ができないわけではない。ただ，自然発生的な集積では，消費者の購買の利便を考えてくれているわけではないから，地区内をあちらこちらと駆けずりまわらなければ，所期の購買目的を達成できなかったことだろう。厳寒期や猛暑，雨の日などは大変である。

しかし，1人の小売商が多様なアソートメントを提供しようとすると，必要とされる商品知識や販売方法，さらに生産者や卸売商との取引方法などが異なり，対応できないという問題が生じる。それが，商業における商品別分業を促した大きな理由でもあった。この問題を解決し，1つの巨大な店舗で，主として買回品について広く深いアソートメントを提供し，1カ所で比較購買・関連購買，つまりワンストップ・ショッピングをほぼ可能にしようと考え出された業態が，デパートメント・ストアである。

デパートメントとは，大学でいえば学部か学科，企業でいえば部か課に当たる部門のことである。つまり，デパートメント・ストアでは，1企業が経営する巨大な店舗のなかを婦人服部門，婦人靴部門，紳士服部門などといったように部門別に分け，取扱商品の選択，生産者・卸売商との交渉から消費者への販売に至るまで，各部門ごとに行うことにした。そうすることによって，商品別の違いによる問題を解決したうえで，関連購買・比較購買という点で，消費者の便利さを最大限に確保できることになる。

　同時に，デパートメント・ストアは，営業の方法に関してもいくつかの革新的な手法を導入した。

　それまでの小売業では消費者ごとに価格交渉し，そのつど価格が異なるのが一般的であった。また，ほとんどが掛売りであった。掛売りとは，購入した商品の代金をそのつど支払うのではなく，月末とか年2回とかにまとめて支払うことを認めた販売方法である。収入が収穫した農産物を販売した時期に限定される農民などにとっては，買い物しやすい方法である。しかし，支払いを猶予している期間の金利がかかることはもとより，支払いをしないまま代金を踏み倒して夜逃げしてしまう消費者がいないとも限らないなど，費用のかかる決済方法である。また，消費者ごとに価格交渉するのも，販売員を余分に必要とするなど，コスト高な方法である。

　これに対してデパートメント・ストアは，都心の繁華街に立地し，都市部の給与所得者を主たる対象として，誰に対しても同一価格で販売する定価販売と，決済はその場で行う現金販売とすることによって，それまでの小売業よりもはるかに低コスト，その結果，低価格での販売を実現した。また，商品の品質を保証し，購入後の返品も認めている。

　さらに，店舗にいろいろなアメニティ施設を設けることによって，

多くの人々に入店するように誘いかけ，店内にきれいに展示された商品をみることで購買意欲をそそられるという状況がつくりだされる。その結果，デパートメント・ストアは，需要創造という点でも大きな役割を果たすことになったのである。

近代的な小売業の始まりといわれるデパートメント・ストアは，1852年にアリスティド・ブーシコーがパリで創業したボン・マルシェが最初であるという説がわが国では一般的だが，創業当初のボン・マルシェはまだデパートメント・ストアというレベルではなく，むしろアメリカのニューヨークで1858年に創業したメーシーが最初であるという説もある。さらに，それより前に，同じニューヨークで1846年に創業したA. T. スチュアートが最初であるという説もある。いずれにしても，19世紀半ばに欧米の大都市でスタートした近代的小売業の嚆矢であることには異論がない。とくに，1995年に倒産してしまったが，フィラデルフィアのジョン・ワナメーカー（1861年創業）は，その創業者J. ワナメーカーがデパートメント・ストア王と称されたほどの代表的企業・店舗であった。

なお，わが国では，1904（明治37）年に三越呉服店が「デパートメント・ストア宣言」を公表して，呉服屋から転換しようとしたのが最初であるとされているが，そのことは次節でみることにする。

**通信販売（カタログ販売）**

デパートメント・ストアには多種多様な商品が揃っているため，関連購買や比較購買がやりやすい。しかし，多くの商品を揃えておくためには，多数の消費者が買いに来ることが前提となる。なぜなら，消費者が集まれば集まるほど，好みなどの違いによっていろいろな商品が売れる可能性が高まるからである。もし，きわめて少数の消費者しか来ない店舗だったら，いろいろな商品を揃えておいても売れ残ってしまう危険性が強いから，もっとも売れそうなも

の1種類しか置かないかもしれない。

　他方，店舗には商圏という限界がある。限られた商圏内で多数の消費者が集まるということは，人口密度の高い都市部でしかありえない。つまり，デパートメント・ストアは，都市でのみ成立しうる。

　そのため，19世紀半ばのアメリカの農民たちは，食料品などはほぼ自給自足し，衣料品等については比較購買もできない万屋で購入していた。しかし，雑誌などでニューヨークなど大都会の生活・ファッションが紹介されると，当然そうした商品にあこがれるようになる。といって，大都市まで買い物に行くには遠すぎる。

　そうした状況のなかで出現したのがカタログによる通信販売である。人口密度が希薄な，場合によると隣家まで1キロメートルもあるような農村地帯の人々に，あらかじめカタログを配布しておき，そのカタログから欲しい商品を郵便で注文した消費者の自宅まで，その商品を小包郵便で届けようということである。その頃には郵便が届かないような辺鄙なところは少なくなっていたから，ほとんどどこへでも届けられる。ということは，商圏という地理的限界にほぼ制約されずにすむということである。そのため，人口密度が小さく，大規模な店舗が成立しえない農村地帯に住む消費者も，デパートメント・ストアが提供するような関連購買・比較購買を享受できることになる。

　こうした通信販売は，1870年代から80年代のアメリカにおいて，モンゴメリー・ワード，シアーズ・ローバックなどといった企業によって始められた。

　ただし，通信販売が可能となるためにはいくつかの条件がある。まず，店舗のように実際のものを目の前にして売買するのではない。あくまでカタログから商品を判断するわけだから，印刷等のカタログ制作技術がかなりのレベルに達していないと，そもそも無理であ

る。また，郵便制度をはじめとした，通信・輸送等の技術や社会制度が整っていない限り困難である。さらに，銀行にしろ郵便為替にしろ，安全・確実な決済方法が確立していることも不可欠であるし，カタログから判断して注文した消費者が，現物を手にして気に入らない場合，簡単に返品できるシステムもできあがっていなければならない。

このように，通信販売というものは，いろいろな技術や社会的な諸制度が整備されてはじめて可能となるものであった。産業革命を経て，大陸横断鉄道などが整備された19世紀後半のアメリカにおいて，はじめて実現しえたわけである。そうした前提はあるものの，通信販売がもつ意味は，店舗にとって逃れることのできない商圏という地理的制約から，小売業を解放したことである。

### チェーン・ストア

一般に，ある経済活動をするとき，その活動規模が大きくなればなるほど効率化する。たとえば，同種の自動車を生産する場合，年間100台生産する工場と1万台生産する工場では，1台当たりの生産費用は後者の方が安くなる。このことを，規模の経済性とか規模効率という。第1章で述べた経済活動が分業化していく理由でもある。

さて，商業，とくに小売業において規模の経済性が働くのか否かについてはやや問題がある。なぜなら，規模を店舗でとらえた場合，商圏の問題がついて回るからである。つまり，店舗をどんどん大きくしていっても商圏の限界があるから，売場面積当たりの来店客数や売上は逆に減少していってしまうかもしれない。消費者の立場からしても，あまりに巨大化した店舗では，どこに何が置いてあるかわからなかったり，関連する商品を購入しようとしても店舗内を延々と探し回らなければならなくなったりして，かえって不便になってしまうだろう。こうした状況を規模の不経済性という。

デパートメント・ストアのように商圏の広い買回品を主として扱っている場合にも，どこまでも規模を拡大できるわけではない。それでも，ある程度までは大規模化することで関連購買・比較購買の利点が発揮され，規模の経済性が実現するだろう。しかし，商圏の狭い最寄品の場合，限界は明らかである。

　こうした小売店舗における規模の経済性についての制約にチャレンジし，新たな規模の経済性を実現しようと考え出されたのが，チェーン・ストアである。それまで，規模の経済性の規模は，店舗の規模としてとらえる傾向にあった。それに対し，チェーン・ストアでは，個々の店舗ではなく，店舗を所有・経営する企業（資本）という組織でとらえている。個々の店舗は小さくても，多数の店舗を所有・経営する企業が大きくなれば，つまり店舗数が多くなれば，規模の経済性が働くのではないかということである。

　個別の店舗ではなく，企業組織として規模の経済性がなぜ働くのだろうか。

　第1に，仕入れる商品の価格（原価）が下がるかもしれない。最寄品の場合，一般に店舗が小規模だから，生産者から直接というより卸売商（あるいは第2次卸売商）を経由して仕入れる。もし，1つの企業で多数の店舗を所有・経営したとしたら，全店舗合計の取扱いは卸売商（あるいは第2次卸売商）と同程度かそれを上回るようになるかもしれない。そうなれば，卸売商（あるいは第2次卸売商）を通さずに，直接生産者（あるいは第1次卸売商）と取引できるようになるかもしれない。その結果，卸売商（あるいは第2次卸売商）が得ていた利益分を節約できるかもしれない。ただし，卸売商（あるいは第2次卸売商）を排除したとしても，多数の生産者の商品を揃え，保管し，各店舗に配送することは誰かが行わなければならないから，卸売商（あるいは第2次卸売商）が負担していた（卸売価格に含めてい

た）費用がゼロになるということではけっしてない。

第2に，間接的な費用が効率化するだろう。たとえば，店舗の設計費用を考えた場合，多数の店舗を同じデザインでつくるなら，最初に共通の設計図をつくっておけば，後はほとんど費用がかからない。また，宣伝広告についても，100店なり1000店なりをまとめて行った方が1店当たりにすればはるかに割安となるだろう。さらに，近年におけるコンピュータなどの利用を考えた場合，ソフトの開発費用は多くの店舗が共通して使った方が割安になる。それだけではない。機器の稼働についても，1店舗の場合だと大半の時間使われないとしても1台は必要になるが，多数の店舗なら1台をシェアして効率的に使えるだろう。このように，間接的費用が大幅に効率化する可能性が高い。

ただし，仕入価格の低下にせよ，間接的費用の効率化にせよ，それを実現するためには，多数の店舗が同一の営業（同一の業種）をしていること，店舗等の施設も営業活動もできるだけ標準化していることが前提となる。

さらにより大きな課題は，仕入れと販売の分離をどう克服するかということである。

チェーン・ストアの出現以前においては，中小店はもちろん，デパートメント・ストアにおいても部門ごとに，仕入れ・品揃えと販売は同じ人間が担当していた。そのため，消費者の好みなど肌で感じたことを仕入れに生かすことができた。しかし，チェーン・ストアでは，仕入れは店舗とはまったく別のところにある本部で別の人間が担当する。地域ごと，店舗ごとに消費者の好みなどは微妙に違うかもしれない。その違いが仕入れ・品揃え形成に反映されなかったとしたら，消費者にそっぽを向かれてしまうだろう。つまり，チェーン・ストアが成立するためには，活動の場所も担当者も別々に

なってしまう仕入れと販売という活動がうまく連携するシステム・仕組みをつくりだすことが大前提なのである。

　本格的なチェーン・ストアは，19世紀の後半，アメリカの食料品小売企業であるA&P（The Great Atlantic and Pacific Tea Co. Inc.）によって開始されたというのが，定説である。各店舗は現在のコンビニエンス・ストアよりはるかに小さな店だったようだが，19世紀末には200店，1930年前後には1万6000店近くの食料品店を全米に展開していた。まさにその名の通り，大西洋（Atlantic）岸から太平洋（Pacific）岸まで，全米中に店舗を配置していたのである。ただし，その後は，1店当たりの規模を拡大したために店舗数は減少していく。

　A&Pの成功に刺激を受けたのであろう。19世紀末から20世紀の初頭にいろいろなチェーン・ストアが生まれてくる。そして，1920年代には「チェーン・ストアの時代」といわれるほどに発展する。

　チェーン・ストアの隆盛によって窮地に陥った非チェーンの中小小売商や卸売商は，1920年代から30年代に，チェーン・ストアと同様の規模の経済性を求めて，独自の組織をつくり始める。つまり，個々の店舗は別々の所有者によって経営されているのだが，新たに本部をつくり，仕入れをはじめとする営業活動を共同で行ったり，店舗のデザインを統一したりして，チェーン・ストアと同様の効果を生み出そうというわけである。

　この場合，アメリカでは，独立した小売商が集まって共同出資で本部をつくるものをコーペラティブ・チェーン，卸売商が取引先のうち（チェーン以外の）独立小売商を組織化し，自らが本部の役割を担っていくものをボランタリー・チェーンと呼んでいる。しかし，日本では両方ともボランタリー・チェーンと称し，区別するときに

は前者を小売主宰ボランタリー・チェーン，後者を卸主宰ボランタリー・チェーンと分けている。

　これらに対して，同一の資本が所有・経営する店舗によるチェーンは，アメリカではコーポレイト（会社）・チェーン，日本ではレギュラー・チェーンと呼ばれている。厳密にいえば，チェーン・ストアとはレギュラー・チェーンを指すことになる。

　これらと似たものに，フランチャイズというものがある。フランチャイズとは，フランチャイザーがフランチャイジーと個別に契約し，フランチャイザーが開発した商品や営業方法，店名の使用権等をフランチャイジーに提供する代わりに，フランチャイジーから加盟料や手数料が支払われるシステムである。コンビニエンス・ストアやファストフード店でよくみられる。原則からすると，規模の経済性の実現を目的にして多数の店舗が集合して組織を構成するということではなく，あくまでフランチャイザーと個々のフランチャイジーとの個別契約である。そのため，フランチャイズ・ビジネスとかフランチャイズ・システムと称すべきで，フランチャイズ・チェーンという概念は成立しないという説もある。ただ，フランチャイズ・チェーンという語が広く使われているので，本書でもそれを用いることにする。

> **スーパーマーケット**

　1929 年 10 月 24 日の株価大暴落をきっかけとして，アメリカをはじめ世界中が大恐慌，不景気に突入していく。失業者があふれ，商品はほとんど売れないという状況が続く。2008 年のリーマン・ショック後の世界同時不況の際に，その再来などと一部で言われたようだが，失業率等からして大恐慌はリーマン・ショック後よりはるかにひどい状況だったようである。

　そうしたなか，1930 年夏，ニューヨークのロング・アイランド

に画期的な食料品店がオープンした。マイケル・カレンが経営するキング・カレンという店である。これが，後に世界中の小売業を変えたといってもよい，スーパーマーケットの始まりである。

　スーパーマーケットは，それまでの食料品小売店と大きく異なった特徴をいくつかもっている。まず第1は，価格をきわめて安く設定していることである。

　商業者が商品を仕入れたときの価格（仕入価格）と販売したときの価格（販売価格）の差額を，粗利益（マージン）という。注意してほしいのは，店舗を維持していくための家賃や水道光熱費，店員の人件費，宣伝広告などの費用は，この粗利益から支払うのであって，粗利益がそのまま経営者の収入になるわけではないということである。なお，販売価格に占める粗利益の割合をマージン率（粗利益率），仕入価格に占める粗利益の割合をマークアップ率という。

　さて，商業者が手にすることのできる総利益は，

　　　商品1個当たりの粗利益×販売数量（個数）

である。だから，粗利益を小さくして安く販売しても，大勢の消費者が来店し，たくさん買っていったとしたら，高い粗利益を確保しようと高価格で販売している店舗と同じか，それ以上の総利益を得られる可能性がある。マイケル・カレンのねらいは，まさにここにあったわけである。

　こうした方法を，粗利益を少なくし（薄くし）たくさん売るという意味で薄利多売とか，低価格高回転販売という。ここで回転とは，商業において販売の速さを指す用語である。通常の1回の仕入数量を $x$ 個としたとき，1年に $x$ 個売れれば1回転，毎日 $x$ 個売れれば365回転と表す。

　スーパーマーケットの第2の特徴は，営業や販売に要する費用をとことん節約することである。とくに，費用のなかで大きな割合を

占める店員の人件費を削減する目的もあって，それまでの小売店で一般的な対面販売をやめ，セルフサービス方式に統一した。ここで，対面販売とは，店員が1人1人の消費者に応対する販売方式であり，セルフサービス方式とは，消費者が自分で商品を選択し，それをチェックアウト・カウンター（レジ）まで持って行って支払いをすませる方式である。今日ではセルフサービス方式は消費者になじみ深いものとなっている，というより大半の小売店がセルフサービス方式を採用しているような状況だが，キング・カレンがオープンした当時，セルフサービス方式は同じ食料品小売店のビッグベアなどごく一部で試みられていた程度であった。それを大々的に導入し，それ以後の小売業の販売形態を大きく変えることとなった。

　なお，キング・カレンの価格は低い粗利益による低価格であると記したが，より正確にいうと，商品別のマークアップ率（マージン率）設定である。それまでの小売店では，販売する商品はすべて同じようなマークアップ率であるのが一般的であった。つまり，70円で仕入れた商品を100円で販売している店では，700円で仕入れたものは1000円で，7000円で仕入れたものは1万円で販売することになる。これに対して，キング・カレンの価格設定では，商品Aのマークアップ率は0％かマイナス（つまり仕入価格のままかそれ以下で販売），Bは10％，Cは20％，Dは30％，Eは50％というように，商品の性格等によってマークアップ率を変えていくことになる。

　マークアップ率が0％なりマイナスのものを目玉商品（ロス・リーダー）というが，この目玉商品を大々的に宣伝することによって消費者の来店を促し，店内の商品陳列等を工夫することによって，低いマークアップ率の商品と一緒に高いマークアップ率のものも買ってしまうように仕向けようというわけである。こうした営業方式

が第3の特徴である。

さらにマイケル・カレンは、セルフサービス方式による人件費の節約だけでなく、店舗や設備等のコストを徹底的に引き下げている。

マイケル・カレンによって食料品小売業としてスタートしたスーパーマーケットの営業方式は、その後、他の商品分野にも適用されるようになる。とくに、第2次世界大戦後、消費者の購買意欲が高まると、食料品（スーパーマーケット）や雑貨品（ドラッグストア）などの最寄品だけでなく、耐久消費財の分野でも、低マークアップによる安値販売、セルフサービス方式等の低コスト営業、商品別マークアップ率と目玉商品の設定などといったスーパーマーケットと同様な方式が現れる。これが、ディスカウント・ハウスである。ディスカウント・ハウスがさらに取扱商品を拡大し総合的な品揃えとなったものを、通常、ディスカウント・ストアと呼んでいる。

**計画的ショッピング・センター**

消費者は関連購買・比較購買がしやすいように、小売商による広く深いアソートメントを期待する。ただ、必要となる取扱知識や設備の違いなどから、小売商は商品別に分業化する傾向にある。この食い違いを埋め合わせる1つの方法が、商品別に専業化した多数の小売店が、商店街のような形で1カ所に集合・集積して立地・営業することである。

しかし、第1章でも指摘したように、商店街はあくまで自然発生したものである。その地域（商圏）の消費者の特性（年齢構成や所得階層等）や好みにあった業種や業態構成になっている保証はない。営業日や営業時間なども統一されていないかもしれない。それでは消費者の要望に十分応えられない。

また、20世紀になって、とくに第2次世界大戦以降、いずれの先進国でも住宅の郊外化が急速に進んでいるが、商店街も一緒にな

って郊外に移転できるわけではない。そのため，郊外住宅地には，小売店空白地帯ともいえる地区が生まれつつあった。

　こうした状況に対応するために展開されだしたのが，計画的ショッピング・センターである。計画的ショッピング・センターとは，規模や店舗構成等といった計画から建設，オープン後の管理・運営まで統一的になされるものである。通常は，ディベロッパーが企画・開発し，営業する小売店や飲食店は賃貸のテナントとして入店する。テナントの選定や配置にはマネジメント・オフィスが当たり，さらに同オフィスはテナントの営業が統一的になされるように管理・監督する。そのため，デパートメント・ストアよりも充実したワンストップ・ショッピングが可能となる。

　計画的ショッピング・センターは，第2次世界大戦前にもミズーリ州カンザス・シティ郊外のカントリー・クラブ・プラザ（1922年）など，アメリカではいくつか建設されている。しかし，デパートメント・ストアなどの大型店を含んだり，さらにはオフィス・ビル，ホテル，エンターテイメント施設などとの複合開発という大規模なものがつくられるようになるのは，アメリカでも第2次世界大戦後のことである。とくに，1970年代は「ショッピング・センターの時代」といわれるほどに，全米各地につくられていった。

　郊外の幹線道路沿いに広大な駐車場を設けて建設され，巨大な建物のなかで風雨や厳寒・酷暑といった気候にも影響されずに快適かつ安全に買い物ができ，テナント構成や営業活動も統一的にコントロールされている計画的ショッピング・センターは，ほとんどマイカーに頼るしかない郊外に住む中流以上の人々に支持されるものであった。

　なお，ショッピング・センターとは，もともと小売店が多数集まった小売商業集積地の意味である。だから，商店街もショッピン

グ・センターの一種である。小売商業集積地一般としてのショッピング・センターと区別するために，ここで述べたものは計画的ショッピング・センターと称するのが正確である。しかし，簡略化するために，計画的ショッピング・センターを単にショッピング・センターということが多い。本書でも，以下とくに断らない限り，計画的ショッピング・センターを単にショッピング・センターと呼ぶことにする。

**コンビニエンス・ストア**

マイカーの普及，モータリゼーションの進展により，消費者の購買圏は大きく拡大する。ということは，小売商からすれば商圏が拡張するわけだから，ショッピング・センターはもちろん，ディスカウント・ストアも郊外の幹線道路沿いなどに大型店舗で出店するようになる。

こうした大型店舗は，時間に余裕のあるとき，じっくりと関連購買や比較購買をするのには適しているだろう。しかし，急いで1つ2つの商品を買いたいというときにはどうだろうか。たとえば，夕食の支度を始めたときにバターが足りない，バターだけ急いで買いたいというときに，自動車ではるか遠方のショッピング・センターまで出かけ，広大な駐車場に停め，大規模なスーパーマーケットに入っていってバターを探してレジで並んで，などといったことをしていたら，夕食を食べそこなってしまうだろう。この際，多種類のバターを比較するなどということはどうでもいいから，とりあえず近くの店ですぐ買えたらどんなにいいだろうか。

そうした消費者の要望に応える役割を果たしたのが，コンビニエンス・ストアである。

通常，比較的小型な店舗で狭い商圏を対象にして住宅地の近くに立地し，食料品・雑貨品・雑誌類などの最寄品を広く浅く揃え，長

時間の営業をしている小売店である。コンビニエンスとは，英語で便利さという意味であるが，まさに立地・時間の両面で便利さを提供していこうという形態である。

コンビニエンス・ストアの始まりは，1920 年代にアメリカのテキサス州で創業したサウスランド社のセブン-イレブンであるといわれている。もともと同社は製氷業であった。気温の高いアメリカ南部では，食料品がすぐ腐ってしまう。そこで，同社では所有する氷用冷蔵庫に食料品を保管し，近くの人々に販売し始めた。なおかつ，製氷部門は長時間営業していたので，小売部門も長時間営業となった。消費者にきわめて評判がよかったものだから，徐々に取扱商品を拡大し，氷用冷蔵庫とは別に独立した店舗での営業も増やしてきた。それが，今日のコンビニエンス・ストアに発展してきたといわれている。

つまり，歴史的にはスーパーマーケットと同時期にスタートしているが，アメリカでもコンビニエンス・ストアが広く普及するのは，スーパーマーケットが大型化し，商圏が広域化して消費者から遠くなってしまったために，住宅地のすぐ側に補完的な役割をもった店舗が必要になる 1950 年代以降のことである。

### 小売業態発展の理論

以上，小売業態がもっともスムーズに発展してきたと思われるアメリカを中心とした小売発達史を概観してきた。それでは，なぜ，新しい業態が次々と誕生するのだろうか。小売業態の発展・発達を説明する理論は，これまでいくつか提唱されているが，代表的なものとしては，マクネア（M. P. McNair）の「小売の輪理論」とニールセン（O. Nielsen）の「真空地帯理論」がある。

小売の輪理論とは，以下のような理論である。新しい業態は，それ以前の業態よりも必ず運営経費が安くなるような何らかの革新を

もって出現する。当然，既存の業態よりも競争で優位になる。そこで，革新を模倣（まね）する者も現れ，新業態は広く普及するだろう。そうなると，新業態内で業者間の競争が激化する。この競争で優位に立とうとして，消費者に対するサービスを増加させる者が増えるだろう。これをトレーディング・アップという。同じ業態内での競争力は強まるかもしれないが，運営経費は増大してしまう。そのため，低コストの革新者として出現した新業態も，コストのかかる業態に転化していってしまう。そこで，しばらくすると，また別の革新者がより低コストの業態を考案し，参入してくる。こうしたことの繰り返しによって，業態は進化していく。

　小売の輪理論が新しい業態は必ず低コスト・低価格で出現するとしているのに対して，真空地帯理論では高コスト・高価格の新業態が出現する可能性も認めている。つまり，一般にアソートメントの幅と深さ，立地や営業時間等の利便性，店員のきめ細かなアドバイスなど，サービスを増やすほど経費がかさむから，販売価格は上昇するだろう。そこで，各小売店はどの程度のサービス水準（＝価格）で販売するかということをめぐって競争することになる。もし，あるサービス水準と価格水準を望む消費者が十分にいるにもかかわらず，それに対応する小売店がなかったとしたら，そのすきま（真空地帯）は事業機会となるから，そこに新しいタイプの小売店が入ってくるだろう。簡単にいえば，これが真空地帯理論である。

　ここで，いずれの理論が正しいかということを論じるつもりはない。たぶん，現実は両方がミックスしたような要因で発展してきたと思われるからである。

　ただ，注意しておきたいのは，これまでみてきたようなデパートメント・ストアに始まる近代的な小売業態の発展は，新たな業態の出現がそれ以前の業態を完全に否定したというわけではないという

ことである。むしろ，本節で紹介した業態は，互いに複合化・融合化してきた。たとえば，デパートメント・ストアもチェーン・ストア化したし，食料品チェーン・ストアがスーパーマーケットを展開した。それらがショッピング・センターでテナントとして営業していることもよくみかける。

そこで，各業態のもっとも大きな特性を考えると，デパートメント・ストアは1店舗における組織のあり方，スーパーマーケットやディスカウント・ストアは販売方法，チェーン・ストアは企業・会社としての組織のあり方，ショッピング・センターは小売店の立地・集積の仕方における革新ということになる。つまり，必ずしも互いに対立する関係ではない。それらが融合しても何ら不思議はないし，現実に融合してきたわけである。

# **3** わが国における小売業態発展
### ●欧米の模倣から独自の発展へ

| 百 貨 店 |

欧米において近代的小売業がデパートメント・ストアに始まるのと同様，わが国の近代的小売業もデパートメント・ストアを模した百貨店によって始まった。

1904（明治37）年，三越呉服店が新聞紙上で，今後欧米のデパートメント・ストアに倣った営業をするという「デパートメント・ストア宣言」を発表したのが，わが国の百貨店もしくはデパートメント・ストアの始まりとされている。パリのボン・マルシェあるいはニューヨークのメーシーがオープンしてから，ほぼ50年後のことである。なお，三越呉服店とは今日の三越であり，江戸時代初期に三井家が開業した越後屋呉服店を起源とし，後の三井財閥の基とな

った事業の1つである。

1910年代には，松坂屋，松屋，髙島屋，大丸など，三越と同様に江戸時代からの大手呉服店が相次いで百貨店に転換していった。ちょうど第1次世界大戦前後に増大してきた大都市の管理職層などに支持され，百貨店も成長していく。ただ，この時代の百貨店は高所得者向けの高級店であり，一般庶民が商品を購入する場ではなかった。

それが，1923（大正12）年の関東大震災をきっかけにして，大きく路線転換した。震災で，東京の百貨店を含む小売店はほとんど焼失した。しかし，中小小売店の大半が営業できないなかで，多くの百貨店は，震災後ただちに罹災者向けに焼け跡の仮設店舗等で日用品の安売り，さらには一部無料配布までも行った。はじめて日用品を扱った百貨店は，そこに大きな営業上のチャンスがあることを知ることになった。そこで，それまでの高所得者のみを対象とした営業から，当時増大しつつあったサラリーマンなどの一般大衆向けに，日用品等も揃えた店舗へと変貌し始めたのである。

また，1920年代あたりからは，東京，大阪，名古屋等の大都市圏で発達しつつあった私鉄が，ターミナルに百貨店を開業するようになる。東京・渋谷の東横（後に東急東横店となり，2020年3月閉店），大阪・梅田の阪急や阪神などが有名である。これらは，呉服店の系譜をもつ呉服系百貨店に対して，電鉄系百貨店と呼ばれる。

ほぼ同じ頃に，東京，大阪，名古屋等の大都市圏以外の地方都市でも，かつての呉服店の転身などによって，相次いで百貨店が開業していった。

第2次世界大戦前のわが国においては，一部にチェーン・ストアなどの萌芽がみられたものの，百貨店がほとんど唯一といってもよい近代的な小売業であった。そのため，戦前のわが国の小売業は，

取扱商品がごく一部に限定された圧倒的多数の小規模零細な小売店（専業店）とごく少数の大規模な百貨店とに二極分化していた。

　なお，デパートメント・ストアは百貨店と訳されるのが通常だが，両者は完全に同じとはいいがたい。というのは，わが国の百貨店は衣食住すべてにわたる商品を取り扱っており，百貨店という名称もそこからきているが，欧米とくにアメリカのデパートメント・ストアの場合，食料品を取り扱っていることはほとんどない。あくまで部門（デパートメント）別に管理している経営組織ということであって，多種類の商品を扱ってはいるものの，あらゆる商品を扱っていることを意味しているわけではない。また，わが国では百貨店もしくはデパートというと高級店というイメージがつくられているが，欧米でデパートメント・ストアというとき，必ずしも高級店だけを指しているわけではない。わが国の総合量販店，総合スーパーのようなものも，デパートメント・ストアに含まれるからである。

　　　　　　　　　　　第2次世界大戦によって，日本の大半の都
**流通革命**　　　市は焼け野原となってしまった。小売店もほとんど焼失した。工場なども焼けてしまったから，それらが復興するまで，戦後しばらくは，そもそも流通する商品自体が極端に少なかった。

　しかし，1950年代になると経済も復興し，さらに50年代末からはかつてなかった急速な経済成長，いわゆる高度経済成長が始まった。この高度経済成長は，単に国全体の総生産・総所得を上昇させただけでなく，所得が一部の人に偏ることなく多くの人々にかなり平等に分配されたというところに大きな特徴がある。その結果，わが国の大半の世帯あるいは個人は，第2次世界大戦前には考えられない購買能力を手にすることができた。また，国民の多くが都市に居住するようになり，食料品を含め生活に必要なほぼすべてのもの

を商品として購入する立場となった。それにあわせ，消費者が欲しがるような新しい商品の生産技術が次々とアメリカから導入され，新商品として発売され始めた。いわゆる大衆消費社会の到来である。

このように，生産の側では新製品を次々に大量生産して販売しようとし，消費の側でも購買意欲・購買能力とも高まってきたにもかかわらず，当初，両者を結ぶ流通・商業は旧態依然とした，きわめて小規模でかつ多段階な構造であった。これでは大量の流通が難しい。そこで，大量生産―大量流通・販売―大量消費というアメリカ型の経済システムがモデルとしてめざされるようになった。

とくに最寄品の場合には，関連商品を1カ所でまとめて購入できるような大型店舗をチェーン・ストアとして展開し，その本部が傘下の店舗の取扱商品を一括して大規模卸売業者か生産者から直接大量に仕入れるという方式にすれば，低価格での大量販売という効率的な流通が可能となるはずだから，そうした革新こそ実現すべきであるとされた。1960年代に盛んに主張された流通革命である。

スーパーの成長とわが国小売業の変貌

現実には，流通革命論よりやや先行して変化が始まっていた。1953（昭和28）年に東京・青山の食料品店・紀ノ國屋がわが国ではじめてセルフサービス方式を導入し，55年には大阪のハトヤ（現・マイカル）がわが国最初の衣料品セルフサービス店となった。そして，翌1956年，わが国で最初の本格的スーパーマーケットといわれる丸和フードセンターが北九州・小倉に開店し，57年には「主婦の店ダイエー」1号店が大阪・千林にオープンした。それらに続き，昭和30年代半ばまでに，関東地方ではイトーヨーカ堂，西友，東急ストア，中京地区では西川屋（現・ユニー），岡田屋（現・イオン），関西地区ではいづみや（現・イズミヤ），フタギ（現・イオン）などが，相次いで創業もしくはセルフサービス方式への転

　小売活動がなされる施設を小売店舗あるいは単に店舗と呼ぶことについては，まず異論がない。そこで，本書でも明確に小売施設を指している場合には，（小売）店舗と記している。

　しかし，小売活動を行う主体もしくは組織体については，いろいろな呼び方がなされる。たとえば，経営学では経営活動を行う組織体はすべて企業という。そこでの企業という概念のなかには，おばあさんが1人でやっているタバコ屋のような小さなものも，個人企業として含めている。だから，イオンやイトーヨーカ堂などの大企業からタバコ屋まで含めて，すべて小売企業と呼ぶことができる。

　ただ，一般には，企業というと会社をイメージし，個人経営の零細小売店まではイメージされないだろう。そこで，本書では，主として大企業を指す場合には小売企業，大企業から小零細なものまですべてを指す場合には小売商もしくは小売業者と呼ぶようにしている（小売商と小売業者の違いについては，第1章第3節「垂直的分業」の項参照）。また，チェーン組織に限定して考えるときには，（大規模もしくは大手）チェーンと称している。

　さて，問題は，一部の百貨店のようにチェーン組織ではない大企業，総合量販店などの大規模チェーン，さらにフランチャイズのように独立した意思決定主体の集合体であるために企業とは呼べないものなども一括して，大規模なものを何と呼ぶかということである。一部には組織（型）小売業という呼び方もある。しかし，それでは組織型か非組織型かという分類を表すことになってしまい，同じ組織型小売業に分類される個々の活動主体という意味合いが薄れてしまう。そこで，本書では，1企業であるか企業グループであるかを問わず，ある不特定の大規模な小売活動主体を大規模小売組織と呼ぶことにする。

　なお，活動主体であるか活動施設（店舗）であるか明確にできな

い場合には，小売店と呼んでいる。

換をしている。

　これら各社は，昭和40年代に大きく成長し，1972（昭和47）年には，それまで長いこと販売額で日本の小売業のトップを占めていた百貨店の三越を抜いて，ダイエーが首位に立ったのである。

　ただ，100年以上かけて業態が発展してきたアメリカと違い，第2次世界大戦後の十数年で一気にアメリカから学びまねした日本では，いろいろな業態が混合した形でスタートしている。その典型が，スーパーという呼び方である。

　いうまでもなくスーパー（super）とは，他の名詞と複合して「超」「極度」といった意味を表すのであり，それ単独で意味をなす語ではない。スーパーマーケットとは，大きなもしくはすごい市場といった意味になる。ところが，日本ではこのスーパーという語だけで，セルフサービス方式による低価格の大型店舗を意味するようになってしまった。その結果，欧米では食料品販売店であるスーパーマーケットも，雑貨品を販売するドラッグストアも，さらには非最寄品とくに耐久消費財を中心としたディスカウント・ストアも，日本ではすべてスーパーという一語で表現されるようになってしまった。

　もっとも日本ではごく最近までドラッグストアはほとんど発展せず，アメリカにおけるスーパーマーケットと合体した形で，つまり食料品と医薬品以外の雑貨品とを一緒にセルフサービスで販売する形態が一般化した。マルエツや忠実屋などに代表される食品スーパーである。

　他方，ダイエー，イトーヨーカ堂，ジャスコ（現・イオン）など，より大規模な店舗を展開するスーパーは，百貨店と同様な衣食住全

表 2-1　日本における近代的小売業の発展過程

| 年 | 出　来　事 |
|---|---|
| 1904 | 三越呉服店,「デパートメント・ストア宣言」公表 |
| 1929 | 電鉄系百貨店の第 1 号, 阪急百貨店創業 |
| 1953 | わが国最初のセルフサービス店, 紀ノ國屋が東京・青山に開店 |
| 1955 | 衣料品セルフサービス店第 1 号のハトヤ（後のニチイ, 現マイカル）開店 |
| 1956 | 北九州小倉に食品スーパー第 1 号の丸和フードセンター開店 |
| 1957 | ダイエーが大阪・千林に「主婦の店ダイエー」1 号店を開店 |
| 1958 | ヨーカ堂（後のイトーヨーカ堂）設立 |
| | 総合スーパー第 1 号のダイエー三宮店開店 |
| 1959 | 西武百貨店の子会社・西武ストアー（現・西友）がセルフ方式 1 号店開店 |
| 1960 | ヨーカ堂, セルフサービス方式導入 |
| 1961 | フタギ（後のニチイ, 現・イオン）スーパー 1 号店開店 |
| 1962 | 田島義博『日本の流通革命』, 林周二『流通革命』刊行 |
| 1963 | ヤマト小林商店, セルフハトヤ, 岡本商店, エルビスの 4 社が合併してニチイ設立 |
| 1969 | 岡田屋, フタギ, シロの 3 社が共同出資してジャスコ設立（後に合併） |
| 1972 | ダイエーの売上が三越を抜き小売業トップとなる |
| 1973 | 西友ストアーがコンビニエンス・ストア「ファミリーマート」の実験店開店 |
| 1974 | セブン-イレブン 1 号店開店 |

般にわたる総合的なアソートメントを提供した。そこで，これらを総合スーパーもしくは総合量販店と称している。ほかに，しまむらなど衣料品を専門にした衣料品スーパーもある。

　表 2-1 にまとめられるように，1960 年代から 70 年代にかけて，これら各種のスーパーが混在した形で大きく成長していった。また，それまでの商店街と異なり，新興住宅地やバイパス道路沿いなどといった，まったく新しいところに立地する店舗が急増した。その結果，都心の百貨店と商店街に立地する中小小売店とが併存するとい

うそれまでのわが国の小売業の姿は，大きく変わらざるをえなくなったのである。

　ただし，わが国の経済が成長を続け，消費者の購買が拡大している限りは，各種のスーパーが新規参入してきても，既存の百貨店や中小小売店が活動しうる余地がかなりあった。そのため，わが国の小売店舗の総数は，高度経済成長が始まった頃の 1958（昭和33）年における 124 万店から増大し続け，1982（昭和57）年には 172 万店でピークに達する。しかし，その後は経済成長の鈍化もしくはマイナス成長という環境で，消費も伸び悩み，全体が拡大しないなかでの消費者の奪い合い（ゼロサム・ゲーム）あるいは全体が縮小するなかでの奪い合い（マイナスサム・ゲーム）となり，中小店を中心に店舗数も大きく減少しつつある。そうした 1980 年代以降の状況については，第 6 章で詳しく述べる。

# **4** 発展と停滞の卸売業

### ●卸売業が果たした役割

流通革命と問屋無用論

　1960 年代の高度経済成長と相前後して，日本では各種のスーパーが出現し，チェーン・ストアとして大きく成長していった。その過程で流通革命ということが論じられたのは，前節で指摘した通りである。

　さて，チェーン・ストアが成長すると，当然チェーン全体での取扱量は増大する。もしその量がそれまで仕入先としていた卸売業者 A の取扱規模を上回るようなら，A の仕入先である上位卸売業者 B か生産者と直接取引することが可能となるだろう。多くのチェーン・ストアが発展し，それらが生産者と直接取引できるような規模になれば，卸売業者は不要となるのではないか。

流通革命が論じられるなかで，こうした卸売業者不要論も論じられた。これを問屋無用論という。ここで問屋とは，卸売業者の昔の呼び方だと考えてもらってよい。つまり，わが国の流通もアメリカのように，卸売業者を排除して，チェーン・ストアなどの大規模小売組織と生産者が直に大ロットで取引するようになるだろうと予言されたわけである。なお，ここでのロットとは，1回当たりの取引量のことを意味している。

同じことは，「細くて長い流通」から「太くて短い流通」への変化とも表現された。いうまでもなく，細い・太いとは取引ロット，および取引ロットの大きさを決めることになる取引業者の規模のことであり，長い・短いとは流通経路の段階数のことである。

問屋無用論以後の卸売業

昭和30年代末に主張された問屋無用論の予言にもかかわらず，日本の卸売業はその後むしろ発展してきた。その主な理由としては，2つのことがあるだろう。

卸売業とは，第1章で定義したように，商業のうち消費者に販売する小売業を除くすべてのものを指す。小売業者に商品を提供する商業者も卸売業者だが，そうした取引とは直接関係のない卸売業者も多数いる。たとえば，工場などに機械設備や原材料を供給する卸売業者もいる。機械設備や原材料など生産にかかわるけれども直接消費者に関係しない商品を産業財と呼び，主として産業財の売買に参加する卸売業者を産業財卸と称する。生産活動が活発化すれば，産業財卸も成長・発展する可能性は大きくなる。また，高度経済成長のなかで，原油をはじめとする原材料の輸入が急増し，製品の輸出も大きく伸びたが，そうした輸出入に当たる総合商社等も卸売業者である。こうした国内の消費者向け取引以外の増大に伴って卸売業が成長したこと，これが第1の理由である。

第2の理由として，消費者向け商品すなわち消費財の卸売業に関しても，流通革命論や問屋無用論が想定したような卸売業者排除はそれほど進まなかったことがある。たしかに，第1次卸，第2次卸，第3次卸といったように多段階であった卸売業が，集約化され，生産者─卸売業者─小売業者というように卸1段階の取引となっていったケースが多い。しかし，卸売業者がすべて排除され，生産者と小売業者が直接取引するというケースは，ほとんど現れなかった。

　なぜ，チェーン・ストアなどの大規模小売組織は卸売業者を排除して，生産者との直接取引を進めなかったのだろうか。1つの理由は，地価の高いわが国では，自ら新たに土地を取得して配送センターなどを建設するよりも，卸売業者が昔から所有している，減価償却済みの物流施設を活用した方が割安であったことである。また，配送センターに投資する資金があれば，それで少しでも多くの店舗を開発した方が利益となったということもある。

　さらに，チェーン・ストアが大規模化し，取扱量が大きくなると，仕入先の卸売業者に対して優位に立つ。この優位性を利用して，仕入価格を安くするよう迫ったり，プライス・ラベル，プライス・シールの貼付や少量の緊急配送等の手間のかかる作業を押しつけたりといったことがなされた。自らのコストで物流等のシステムを開発・運用するよりも，卸売業者を利用してコスト転嫁した方が有利だったのである。ただ，そうした取引における卸売業者とは，積極的に大きな役割を果たすというより，いわば大規模小売組織の下請のような位置づけであり，経営を持続的に発展させるために十分な利益も保証されていないようなケースが多かった。

　逆にいえば，第2次世界大戦後に急成長したわが国のチェーン・ストアは，アメリカのチェーン・ストアのように革新的なシステムを開発して低価格を実現するというよりは，規模を背景にした購買

力（バイイング・パワー）という交渉上の強みを発揮して，めんどうな作業・コストを卸売業者にしわ寄せすることで低価格を実現したという側面が強い。初期のわが国のチェーン・ストアは，アメリカのそれを表面的にまねしたにすぎないともいえるのである。

　つまり，わが国においては，欧米において新業態が出現した際の革新性，たとえば経費削減のための営業革新や組織改革といった本質的な部分はないがしろにしたまま，表面的な姿を模倣しただけで，もっぱら規模の拡大のみを指向したようなチェーン・ストアやスーパーなどが少なくなかった。そのことが，その後，チェーン・ストアをはじめとするわが国の大規模小売組織の多くが経営的に行き詰まった原因の1つになっていた。

　システム革新を伴わない形だけの新業態ではいつまでも続けられるはずがない。国際化の進展によって革新的な外資が参入してきたら，とても太刀打ちできないだろう。他方，情報システム化の進展が，革新のための技術的な基盤を提供してもいる。そこで，1980年代以降，大規模小売組織のなかには取引システムなどを大きく変革し始めたものがある。それに対応して，あるいはそれを先取りして，生産者のなかにも変革を始めたものがいる。その結果，卸売業者の存在が再び大きく揺らぎだした。これを新問屋無用論とも称するが，それについては第7章で述べることにしよう。

■本章で学んだキーワード

| 専業店　業種　業態　デパートメント・ストア　　通信販売 |
| --- |
| チェーン・ストア　　ボランタリー・チェーン　　レギュラー・チェーン　　フランチャイズ（・チェーン）　　スーパーマーケット |
| ディスカウント・ストア　　（計画的）ショッピング・センター |
| コンビニエンス・ストア　　小売の輪理論　　真空地帯理論　　百 |

貨店　　流通革命　　食品スーパー　　総合スーパー・総合量販店
問屋無用論

⇒練習問題

**1** アメリカおよび日本における近代的小売業の発展過程を簡単にまとめてみよう。

**2** チェーン・ストアの運営方法をチェーン・オペレーションというが，具体的にどのようなオペレーションなのか，調べてみよう。そして，どの点から規模の経済性が生じるのかについても考えてみよう。

**3** 身近な買い物の地域（あるいは日常的な行動範囲）において，まずどのような業態の小売店があるか調べ，それらの小売店がそれぞれいつ頃から現在のような営業を始めたのかについても調べてみよう。

**4** 日本の代表的な百貨店である三越や髙島屋，代表的な総合量販店であるダイエー，イトーヨーカ堂，ジャスコなどの歴史を調べてみよう。

# 第3章 流通・商業とそれを取り巻く環境

❖イントロダクション

　流通や商業は真空中での活動ではない。絶えず周囲の環境と相互作用している。とくに，流通の両サイドに位置する生産と消費から大きな影響を受け，流通のあり方は両者によってかなり決まってくる。一般的に，生産者が小規模・多数となるほど，また消費者（産業用ユーザーを含む）が小規模・多数となるほど，流通・商業は多段階となる。

　当然，生産や消費のあり方が変われば，流通・商業も変化せざるをえない。事実，有職主婦の増加，マイカーの普及，生活時間帯の変化などによる消費行動・購買行動の変化によって，小売業の姿が大きく変わってきた。

　他方，大規模化したメーカーは，かつてのように販売・流通を商業者に任せきりにしてしまうのではなく，積極的に関与するようになる。これはマーケティングの中核部分である。ただ，メーカーが直接もしくは子会社によって消費者に販売するということには，問題・限界も多い。そこで，多くの場合，資本的には独立した商業者を組織化し，いわばアメとムチによって，彼らの活動をある程度まで管理・コントロールしようとする。これを流通系列化という。管理の度合いが非常に強い場合には，「商業の社会性」は否定されてしまう。もっとも，大規模小売組織まで系列化することは困難だから，大手メーカーと大規模小売組織は，近年まで対立と協調を繰り返してきた。

　なお，社会制度や技術の変化も流通や商業に大きな影響を及ぼすことはいうまでもない。

# 1 流通・商業と外部環境

●生産・消費，社会制度，技術からの影響

生産・消費と流通・商業

流通とは生産と消費とを結びつける活動である。だから，当然，生産や消費のあり方によって流通のあるべき姿・形も異なってくる。自給自足という生産・消費の仕組みのもとでは流通が存在しないというのは，その典型である。

生産と消費とが分離し，流通が不可欠となる社会においても，たとえば生産者がきわめて小規模で多数存在している場合と，ごく少数の大規模生産者しか存在していない場合とでは，流通の姿は違ってくるだろうか。少し考えてみよう。

わかりやすくするためにきわめて単純化してみると，生産者，消費者（あるいは生産設備や原材料などを産業財として使用する産業用ユーザー）それぞれについて，小規模で多数の場合と大規模で少数な場合とがあるだろうから，両者の組合せは，①生産者，消費者ともに小規模・多数，②生産者は大規模・少数だが消費者は小規模・多数，③生産者は小規模・多数だが消費者（産業用ユーザー）は大規模・少数，④生産者，消費者（産業用ユーザー）とも大規模・少数，という4つのパターンが考えられる。①としては私たちが通常食べる野菜など，②としては私たちが使う乗用車やテレビ，パソコンなどが典型的な例だろう。③，④は，消費の側が私たち一般の消費者というよりも，産業財のケースで多くみられる。たとえば，バターとチーズの原料となる生乳やビールの原料となる麦類などは③の例であるし，自動車の原材料となる鋼板は④の例である。

この4パターンそれぞれの流通のあり方はどうなるだろうか。

まず，①の生産者，消費者とも小規模で多数の場合，一般的に流通は多段階，つまり長くなる。とくに，生産者，消費者とも地理的に広く分散して存在している場合，さらに各産地で生産する商品は一部の品目（種類）に限られるが，消費者は多種類の商品を関連購買したいような場合，その傾向はより強くなる。

　たとえば，A県a市では多数の農家がレタスを生産し，B県b町ではトマトをつくる農家が多数いて，C県c村では……という状況で，消費者の需要に対応するため全国各地の小売店はレタスにトマトに……と多種類の野菜を揃えておかなければならないという場合には，まずa市でレタスを集め，b町でトマトを集め，今度はそれらを東京か大阪といった拠点に集約する。そして，そこでいろいろな産地から集まってきた多種類の野菜を組み合わせ，各消費地の小売店に向けて配送した方が，いきなり各産地の農家と各消費地の小売店を結びつけるよりも効率的である。この過程では，収集，中継ぎ，分散といったプロセスが必要となる。必然的に流通経路は長くなる。

　これに対して，②の乗用車やテレビでは，分散した地域にいる膨大な数の生産者がつくったものを集めるという過程は必要ない。大企業が大規模な工場で生産したものを，各地の消費者に向けて分散していくだけですむ。当然，①とは流通が異なってくる。

　①〜④について，それぞれの典型的な流通の姿を描くと，図3-1のようになる。つまり，生産と消費の性格によって，流通は短くていい場合もあるが，長い方がかえって効率的という場合もある（もちろん，際限なしに長くてよいということではないが）。

　このことは，同じ商品であっても生産や消費の形が変わると，流通のあり方，たとえば効率的な流通の長さというものは変わってくることを意味している。同じ野菜であっても，生産が大規模化した

図3-1　生産・消費と流通チャネル

① 生産者：小規模・多数，消費者：小規模・多数の場合

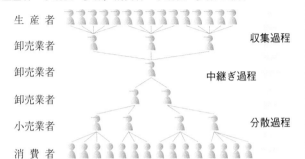

生　産　者
卸売業者　　　　　　　　　　　　　　　　　　収集過程
卸売業者　　　　　　　　　　　　　　　　　　中継ぎ過程
卸売業者
小売業者　　　　　　　　　　　　　　　　　　分散過程
消　費　者

② 生産者：大規模・少数，消費者：小規模・多数の場合

生　産　者
小売業者　　　　　　　　　　　　　　　　　　分散過程
消　費　者

③ 生産者：小規模・多数，消費者（ユーザー）：大規模・少数の場合

生　産　者
卸売業者　　　　　　　　　　　　　　　　　　収集過程
消　費　者
（ユーザー）

④ 生産者：大規模・少数，消費者（ユーザー）：大規模・少数の場合

生　産　者
卸売業者
消　費　者
（ユーザー）

り，消費者が大規模な小売店にマイカーで出かけていって，1週間分をまとめて買ったりするようになれば，それに適した流通の長さは変わってくるだろう。いうまでもなく，この場合は，流通は短くなるよう変化していくだろう。

このように，流通の仕組みや経路も，求められる機能も固定しているものではない。絶えず変化している，あるいは変化すべきである。

ここでは，流通が生産や消費に左右される受け身的な側面を取り上げたが，逆に流通が変わることで生産や消費を変えていくこともありうる。たとえば，日本全国さらには世界中に流通（販売）できるようになったことで生産が大きく増大するとか，逆に世界中のものが入手できるようになることで，消費生活が大きく変化するといったことなどが起こりうる。

なお，本書では，これまで農家も製造業者も一括して生産者と呼んでいた。しかし，工場で自動車やテレビ，インスタント・ラーメンなどをつくる製造業者と農家や漁業者とでは，つくっている商品の性格やその規模だけでなく，流通へのかかわり方もかなり異なる。そこで，これからは製造業者（工場生産者）のことはメーカーと呼び，農家等も含むすべての生産者を指すときには生産者と呼ぶことにする。

### 社会制度と流通・商業

流通や商業は，何もない真空状態のなかで行われる活動ではない。いろいろな社会的な制度・制約のなかで遂行されている。

ここで制度・制約というとき，それは法律のような公的制度だけを指しているのではない。もっとも根本的な制度・制約は，それぞれの時代・社会を支配する宗教等の思想・規範である。洋の東西を問わずある時代にみられた，「商業とは，自ら生産するわけではな

く，他人がつくったものをただ売るだけで利益を貪っている卑しむべき職業である」といったような考え方が支配的な時代・社会にあっては，流通・商業が発達するはずもない。結果として，経済全般も滞ってしまう。

　また，流通・商業だけではなく，社会全体にかかわる制度，社会的基盤といったものがどこまで整備されているかということも，流通や商業のあり方に影響してくる。前章第2節の「小売業態の発展」で述べた通信販売のケースなど，その典型である。つまり，取引や決済，通信等の社会的制度がどうなっているかで，流通や商業は異なってくる。

　しかし，何といっても流通・商業そのものに対する公的規制がもっとも直接的な影響を与えるのはいうまでもない。たとえば，ある商品の取扱いについて免許制が採用されているならば，商業者は免許を取得しない限り，消費者向けのアソートメントとして必要だとわかっていても，その商品を取り扱えないことになる。また，小売店舗等をどこにでも自由につくれるか否かということもある。さらに，小売店等の営業時間や営業方法まで規制されることもありうる。

　こうした規制を行う理由としては，既存の事業者の既得権益を守るとか，自然環境や住民の生活環境を保全するとか，社会的な安全や秩序を守るなど，いろいろなことが考えられる。そのため，一概に公的規制は悪い，消費者や社会にマイナスであると決めつけることはできない。近年は，日本を含めて多くの先進国で，公的規制はない方がよい，民間の自由な活動に任せるべきだといった風潮が強いが，消費者や社会にとって必要な規制も少なくない。ただ，そうした規制があるかないかによって流通や商業の姿が変わるのは確かである。

　なお，流通や商業に対する規制は，法律等による公的規制だけが

すべてではない。大規模なメーカーが，自社の商品を取り扱う業者に対して，いわば私的規制を課す場合もある。そのことについては，次節で考えよう。

技術と流通・商業　チェーン・ストアが多数の店舗を本部で統一的に管理し，各店舗が揃える商品を本部から供給するシステム，すなわちチェーン・オペレーションというものも1つの経営技術である。スーパーマーケットにおいて，セルフサービス方式によって販売できるようにしたのも，1つの技術である。こうした経営技術・営業技術の開発が，新業態等を可能にし，流通や商業を変革してきた。

　ただ，これらは，いわば商業内部での技術革新であるが，もっと広い意味での技術変化も流通や商業に大きな影響を及ぼすだろう。

　たとえば，自動車の発達と普及は，流通・商業に決定的な影響を及ぼした。マイカーの普及によって，消費者の買い物の仕方（購買行動）が大きく変化し，その結果，都市中心部に昔からある商店街が寂（さび）れ，代わりに郊外に建設された駐車場付きの大規模な小売施設が大きく伸びたこと，そこでは消費者はこれまでのように毎日買い物するというよりは1週間分をまとめて購入する度合いが強いことなどが，よく指摘されている。

　なお，自動車の普及では自家用車が注目されがちだが，より多大な影響を与えたのはむしろトラックの普及である。もしトラックというものがなかったら，工場は鉄道駅か港のすぐ近くになければならない。鉄道駅から遠い郊外に大量の商品を配送することはできないから，小売店舗もできるだけ駅の近くに立地する。まとめ買いをするといっても，消費者の運ぶ量はたかがしれている。自動車以外の代替手段もありうる。トラックの発明と普及こそが，工場や小売店舗等の立地点を自由にし，その結果として20世紀の生産と流通

を決定的に変えてしまったのである。

　トラックの普及よりも時代を下ると，冷凍技術等の発達がある。トラックが輸配送にかかわるのに対して，こちらは保管にかかわることである。冷凍技術が未発達な時代には，魚は獲れてすぐ食べるか，干物か塩漬けにするしかなかった。しかし，冷凍技術の発達により，コストの問題を無視すれば，獲れてから1年でも2年でもほぼ同じ新鮮さ・品質を維持できる。また，窒素などの不活性ガス封入や真空状態で保管する技術も発達し，野菜をはじめいろいろな食料品に適用されるようになってきている。こうした保管技術が発達するのは1960年代以降，広く普及するのは70年代以降のことであるが，それによって流通・商業のあり方ややり方が大きく変わったのはいうまでもない。

　さらにその後，コンピュータが発達・普及するとともに通信技術も大きく進歩した。その結果，今日のような情報ネットワーク社会を形成してきた。

　その関連で，近年の動きとして注目されるのは，決済の電子決済化である。もともと日本は現金への選好が高く，2019年現在で，個人消費総額のうち現金等の決済手段は71.1％（約213兆円）を占めていたが，2025年予想では57.3％（約171兆円）に低下するとみられている（『電子決済総覧2019–2020』カード・ウェーブ）。これは，クレジットカードや交通系等のプリペイド方式の電子マネーといった従来から存在していた電子決済の普及が進んだことに加えて，スマホを用いた2次元バーコード（QRコードなど）決済が急速に広がったことによる。2次元バーコード決済はクレジット，デビット（即時払い），プリペイド，ポイント充当などさまざまな支払い原資を当てることができる利便性もあって，インターネット事業者系，通信系，銀行系，流通系などの事業者が「○○ペイ」といったブラ

ンドで相次いで参入した。

　2019年10月消費税引上げ時のキャッシュレス支払いへのポイント還元制度（キャッシュレス化による効率化と中小事業者対策として，2020年6月までの期間限定で最大5％還元する制度），さらには2020年3月以降のコロナ禍の下で接触型の支払手段である現金を忌避する傾向が強まったことなどを追い風として，電子決済はさらに拡大するものとみられる。

　情報ネットワーク社会への変化が，流通や商業を根本から変革してしまう可能性があることは，輸配送や保管技術の比ではない。情報ネットワーク化と流通・商業との関連については，今後，本書の随所で触れることになるだろう。

# *2* マーケティングと流通・商業
## ●商業者とメーカーの微妙な関係

マーケティングとは

　第1章第2節で述べたように，本来，商業はメーカーに対して中立的である。そのため，メーカーと必ずしも利害が一致しない。つまり，メーカーAは自社の商品がどれくらい売れるかが問題であるのに対して，商業者にとっては，AだけでなくAと競争しているメーカーBやCを含めた，取扱商品の合計がどれくらい売れるかということが問題となる。

　それでも，メーカーが小規模だったときには，自ら流通（販売）活動まで行うのは非効率だから，基本的には商業者に任せきりであった。しかし，規模が大きくなってくるとそうもいっていられない。とくに，生産設備に多大な投資を必要とするようになってくると，その投資を確実に回収するために，生産した商品が予定通りに売れ

なければならない。また，競争相手を上回って大量に売れるようになれば，生産規模をより拡大し，それによって規模の経済性を実現することで，生産コストが相対的に低下するから，競争上より優位に立てる。

こうした理由から，大規模化したメーカーは，自らが生産した商品の流通を商業者に任せてしまうのではなく，自らが消費者に直接販売するか，商業者が販売する場合にも自らの商品が有利となるような取扱いを求めるなど，流通に積極的に関与するようになる。このようなメーカーの流通に対する関与は，マーケティング活動の一部としてなされることになる。マーケティングとは，もともとは大規模化したメーカーが，激しくなる競争に対応するために，消費者に好まれる製品（商品）の開発，販売業者の選定と管理，広告等のプロモーション活動を行うことで，それまで商業者に任せきりであった販売業務の一部も担っていこうとすることである。

マーケティングが可能となるための前提条件は，まず自社の商品が競争メーカーのものと違うという区別ができるようにすることである。そのために，商品に名前やマークをつけて競争相手のものと見分けられるようにする。この名前やマークのことをブランドという。

今日，マーケティングの概念は，活動主体として，メーカーだけでなく商業者等を含む営利企業一般，さらには政府・公共団体や学校等の営利を目的としない組織（非営利組織）まで想定するようになり，また活動内容についても，商品の流通・販売だけでなくじつに多様なものを含めるようになってきている。しかし，マーケティングの核心は，大規模メーカーが自らに有利となるような流通・販売ルートを構築し，それを維持・管理していくことである。

こうしてメーカーが何らかの関与をするようになった流通チャネ

ルを，マーケティング・チャネルという。

流通系列化　マーケティング・チャネルにおけるメーカーの関与の度合いはいろいろである。もっとも強い関与，ほぼ完全なコントロールをめざす場合には，流通活動を直接行うか子会社に担当させることになるだろう。たとえば，小売店を直営にするなり専門の子会社を設立するなりという方式である。その小売店を訪れた消費者に対しては，たとえ競争メーカーの商品の方が適していたとしても，当該メーカーの商品，それもそのときに販売を拡大したいと考えている商品を推奨することになるだろう。その結果，商業者（小売商）とメーカーの利害が一致しないという問題は解消される。というより，商業者に扱わせているのではないから，そもそも利害対立という問題など存在しないことになる。

　しかし，メーカー直営か子会社の小売店では，そのメーカーの商品しか扱っていないだろうから，消費者にとっては比較購買ができないだけでなく，関連購買も十分にできないかもしれない。比較購買も関連購買もほとんど必要がない，特定のメーカー1社の商品だけを購入しに行くような場合を除くと，消費者はあまり買いに行く気にならないだろう。

　その小売店は特定のメーカーのものしか揃えてなくても，もし商店街等に立地することで隣接する小売店と補完しあえれば，比較購買・関連購買にある程度対応できる。しかし，そうなると，あちらこちらに店舗を構えなければならなくなる。店舗を維持するためには，販売員の人件費，家賃，水道光熱費等のコストがかかるが，それを賄うだけの販売額を確保できるだろうか。高額の商品なら，あるいは可能かもしれない。しかし，低価格で商圏も狭い日常的な商品の分野，たとえばインスタント・ラーメンや石けん・洗剤といっ

た商品の分野で，メーカー1社の商品だけで店舗を維持するのに十分な販売量を確保するなど，とても無理である。

　さらに，第1章第4節で指摘したように，商業者は商品が売れ残るかもしれないという市場危険の一部を分担している。もしメーカーが直営か子会社で直接消費者に販売することになると，この危険をすべて自分で負担しなければならなくなってしまう。

　こうした理由から，直営あるいは子会社による直接販売を指向するメーカーはほとんどない。代わりに，メーカーの流通・販売等に関する政策・方針を実現するために，資本的には（企業としては）独立している卸売業者や小売業者を組織化し，彼らの活動をある程度まで管理・コントロールしようとする。これを流通系列化という。

　卸売業者や小売業者を組織し，管理するために用いられる手段にはいくつかある。たとえば，メーカーの方針に協力する場合にはリベートやいろいろな便宜・サービスを提供することで，そのメーカーの商品に対する取扱意欲や協力度を高めたり，逆に協力しない場合には消費者が購入を指名してくるような人気商品（ブランド）を扱わせないといったことがなされる。こうしたやり方をプッシュ戦略という。なお，リベートとは，売り手が徴収した販売代金の一部を，一定期間経過後に買い手に払い戻すことであり，歩戻しとか割戻しなどともいわれている。通常は，メーカーが卸売業者や小売業者の協力度合いに応じて払い戻すものを指す。

　他方，メーカーは小売業者を跳び越えて，広告等の手段によって消費者に直接働きかけ，小売店で消費者に指名購買（来店前に決めた特定商品を指定して購入すること）してもらおうという活動もしている。これをプル戦略という。指名購買される率が高まれば，小売業者（および彼らと取引している卸売業者）はその商品を揃えておく必要に迫られる。なぜなら，その商品を店舗に置いていないというこ

とは，その商品を販売するチャンスを逃すだけでなく，消費者から
は欲しい商品が揃っていない店と判断されることになって，来店す
る客数が減少し，全般的な販売の減少をもたらす危険性があるから
である。そこで，指名購買されるような商品はぜひとも揃えなけれ
ばならなくなる。そうなると，小売業者および卸売業者は，その商
品のメーカーに対して弱い立場となり，当該メーカーの意向を無視
できなくなる。

　このように，メーカーはマーケティングの手法を駆使して，小売
業者や卸売業者がメーカーの方針に従うように，そこまでいかなく
ても協力するようにという状況をつくりだそうとしている。

　そこでは，プル戦略とプッシュ戦略の組合せ，アメとムチがフル
に活用される。

　ただ，どこまで管理・コントロールできるかということは，各メ
ーカーの力によって違ってくる。同じような商品分野であれば，消
費者が支持する（よく売れる）商品をつくっているメーカーほど強
いのはいうまでもない。もっとも，それ以上に商品分野，商品の性
格によって，状況はかなり違ってくる。

マーケティング・チャ<br>ネルの類型
　一般にマーケティング・チャネルは，①排
他的マーケティング・チャネル，②選択的
マーケティング・チャネル，③開放的マー
ケティング・チャネルに分けられる。この類型は，ほぼそのまま流
通系列化における管理の程度も意味している。

　排他的マーケティング・チャネルとは，専属的マーケティング・
チャネル，専売的マーケティング・チャネルなどともいわれるもの
で，対象となる卸売業者もしくは小売業者が競争メーカーの競争商
品を取り扱うことを，原則として認めないものである。そのため，
排他的とか（特定メーカーに）専属的といわれる。関連購買はともか

く，比較購買は困難になるから，専門品など消費者がかなりの購買費用を負担しうる商品分野でないと難しい。小売段階まで排他的マーケティング・チャネルを採用するメーカーが多い代表的な商品分野は，自動車，化粧品，それに1980年代以降急成長した郊外大型電気店等を除いた一般の中小電気店で扱われている家電製品などである。小売段階では排他的マーケティング・チャネルになっていないが，卸売段階では排他的マーケティング・チャネルとなっているケースは，他の商品分野でもみられる。

　選択的マーケティング・チャネルとは，競争メーカーの競争商品を取り扱うことは問題にしないが，小売業者の営業方針・販売方針や業態，店舗のイメージや立地場所などがそのメーカーにふさわしいか否かなどについてチェックし，基準を満たしたもののみに当該メーカーの商品の取扱いを認めるというものである。一方で比較購買が不可欠なために競争商品と一緒に販売することを認める必要があるが，他方では取扱店のイメージが重要となるファッション衣料などで採用されている方式である。

　開放的マーケティング・チャネルとは，拡大的マーケティング・チャネルといわれることもある。字句通り，できるだけ多くの商業者に扱ってもらおうとするもので，競争メーカーの競争商品を取り扱うことも基本的に自由である。関連購買・比較購買が日常的になされる食料品や雑貨品など，特定メーカーの商品だけでは店舗を維持できない商品分野，販売を促進するためにはできるだけ消費者の眼に触れる機会を多くしておく必要が大きい，つまりできるだけたくさんの小売店で扱ってもらう必要がある商品分野で一般的な形である。リベートの提供などによって商業者の協力を確保しようとしているが，メーカーによる管理・コントロールはそう強くはできない。

メーカーが流通に関与するとはいっても，開放的マーケティング・チャネルの場合には，競争しあうメーカーの商品をどう取り扱うかは最終的に商業者の判断によるから，商業の社会性・中立性は維持されている。選択的マーケティング・チャネルでも，ほぼ同様である。

しかし，排他的マーケティング・チャネルになると疑わしくなってくる。排他的マーケティング・チャネルでは，小売業者等のアソートメントから競争メーカーの競争商品を排除するだけでなく，自動車の場合に典型的にみられるように，当該メーカーの商品についても取扱いの種類を制限することがある。また，卸売業者や小売業者の販売地域について制限を加えたり（テリトリー制），営業方法・販売方法などに制約を課すこともある。さらに，卸売業者には販売先の小売業者を，小売業者には仕入先の卸売業者を指定して，それ以外との取引を認めないこともある（一店一帳合制）。

これらは，通常，卸売業者や小売業者による同じメーカーの同じ商品をめぐる競争（ブランド内競争）を回避し，できるだけ価格を維持することを目的としてなされる。しかし，その理由は何であれ，商業者としての自律した意思決定はほとんどできないことになる。そこでは，商業（者）の社会性・中立性の維持は困難となってしまう。つまり，「商業の社会性」の否定である。

資本的には独立していたとしても，社会性・中立性をほぼ喪失し，特定メーカーの販売代行としての役割に徹するようになってしまった卸売業者や小売業者は，厳密な意味ではもはや商業者とはいえない。正確にいえば，小売業者ではあっても小売商ではないということである。販売業務を専門にしているということから，販売業者と称して商業者と区別することもある。

なお，自動車の場合，専属的小売業者は一般にディーラーと称さ

れている。ディーラーの場合，資本的にはメーカーから独立していることが多い。だから，直営ないしは子会社方式から区別された排他的マーケティング・チャネルに類型化されているわけだが，資本の一部をメーカーが出資したり，メーカーから役員が派遣されているディーラーも少なくない。それだけ，メーカーの管理・コントロールが強くなる。

　また，卸売段階における排他的マーケティング・チャネルでは，メーカー販社が設立されているケースが多い。メーカー販社とは，そのメーカーの商品を販売するために，資本を出資したり役員等の人材を派遣したりしてコントロールしている，特定メーカー専属の卸売業者である。メーカーの社名を冠して○○販売株式会社と称するのが通常である。メーカー販社のなかには，メーカーの100％出資子会社として，そのメーカーの営業部門・販売部門を独立させたものもあり，これは子会社方式に分類できる。そうではなく，資本の多くは独立の卸売商（たち）が出資し，メーカーの出資比率はゼロか一部というメーカー販社がある。これはまさに，卸売業者ではあるが卸売商ではない，排他的マーケティング・チャネルの担い手である。

**大手メーカーと大規模小売組織の協調と対立**

わが国におけるマーケティング・チャネルの形成は，第2次世界大戦前にもその萌芽が一部みられたが，本格化するのは1960年前後以降のことである。つまり，チェーン・ストアの展開による大手小売企業，大規模小売組織の出現とほぼ同時期である。

　そして，マーケティング・チャネルを展開する大手メーカーと大規模小売組織は，一方で対立し，他方で協調するという関係を生み出してきた。

　総合スーパーをはじめとする各種のスーパーは，仕入原価を大幅

## Column ❸ 戦前期におけるマーケティング実践

メーカーによるマーケティング活動は，アメリカにおいて 19 世紀末に始まり，20 世紀前半に広く普及した。それに対し，日本でマーケティングを採用する企業が増えるのは第 2 次世界大戦後のことである。ただ少数ながら，戦前にマーケティングに取り組み，マーケティング・チャネルを構築したメーカーもある。その代表が，資生堂である。

資生堂は，明治初年にわが国で最初といわれる洋風調剤薬局としてスタートしたが，明治中期に取扱いを化粧品に変更するとともに，その生産も開始する。当時の化粧品業界では多数のメーカーが激しい競争を展開していたが，そこに，高級化粧品で参入していったのである。

当時は，化粧品専門店はほとんど存在せず，化粧品は主として小間物屋で売られていた。小間物屋とは，今ではあまり見かけないが，日常的に使用するこまごまとしたいろいろなものを販売する小売店である。メーカーが過当競争状態にあり，製品に大きな差もなかったから，もともと価格競争が発生しやすい状況にあったが，それに加えて，小間物屋にとって化粧品は販売商品の一部だったから，他の商品で利益を得るよう，集客（客寄せ）のために化粧品を安売りする店も跡を絶たなかった。

そうした環境のもとで，資生堂は，メーカーも小売店も利益を確保しようという共存共栄主義を掲げてマーケティングを展開し，チャネルを構築していった。まず，1923（大正 12）年に，小売段階における価格の統一と価格競争の回避，資生堂製品の常時取り揃えを目的に，「資生堂化粧品連鎖店（チエンストアー）」制度を定め，小売店のボランタリー・チェーン化を図る。また，1927（昭和 2）年には，卸売段階に販社制度を導入し，チエンストアーの管理をより進めることになる。さらに，1937（昭和 12）年には，資生堂製品愛用者（消費者）の組織「花椿会」までつくりだす。こうしたマ

ーケティング活動によって着実に売上を増加していき，当初は後発
メーカーとして中小規模であったが，戦後，化粧品業界で圧倒的な
トップの座を占めるまでになる。マーケティングが企業成長の基礎
となった典型的な事例である。

に下回るような超安値の目玉商品（ロス・リーダー）を広告すること
で，店舗に客を呼び込もうとする。消費者にとって魅力的な目玉商
品となるためには，有名ブランド商品ほどいい。ところが，大手メー
カーの立場からすると，自社の商品が目玉商品とされることは，
いろいろな点でマイナスとなる。

　まず，通常の価格で販売している小売業者での販売が減少したり，
スーパーに対抗して安売りをすれば利益が減るから，一般の小売業
者における取扱意欲が減退する。取扱いを中止する小売業者も現れ
るかもしれない。また，その商品やメーカーに対する消費者の信頼
が低下するかもしれない。たとえば，それまで高すぎたのではない
か，品質が悪くなったのではないか，売行きが悪くなったのではな
いか，といったように。

　こうした理由から，メーカーは自社の商品を目玉商品にされるこ
とを何としても避けたい。メーカーがマーケティング・チャネルを
形成した1つの理由は，小売段階での価格をできるだけ維持したい
ということにあった。そこで，中小小売店をマーケティング・チャ
ネルに組織化し，安売りをする大手スーパーには取り扱わせないと
いうメーカーも現れた。1960年代から70年代前半にかけては，そ
うした対立があちこちでみられた。

　しかし，1970年代後半あたりから，総合スーパーなどの大規模
小売組織も，単なる安売りだけでは消費者の支持が得られない，消
費者に魅力のあるアソートメントを提供する必要があると，方針転

換し始める。また，小売業全体のなかで大きなシェア（占有率）を占めるようになった大規模小売組織を，メーカーとしても無視できなくなる。そこで，大規模小売組織はむやみに安売りしない，大手メーカーは大規模小売組織に対して優先的に商品を供給する，という両者の妥協が成立するようになってくる。

大規模小売組織のシェアがさらに高まると，販売上少しでも有利な場所（たとえば，食品スーパーなどにおける売場の棚の位置）に自社の商品を並べてもらおうと多額のリベートを提供したり，小売店の広告費を肩代わりしたりといった利益供与がなされたりするようになる。

このように，1990年前後までは，大手メーカーと大規模小売組織とはイコール・パートナー（対等な協力者）という関係ではなかった。それが，1990年代に入って変化し始めている。そのことについて，詳しくは第5章などでみることになる。

# 3 消費者と流通・マーケティング

●消費者の変化による影響

| 消費行動の変化 |

一般に流通や商業あるいはメーカーのマーケティングにもっとも大きな影響を与えるのは，消費行動の変化である。消費者が消費行動を変化させる要因としては，所得等の経済状況の変化，価値観を含むライフスタイルの変化など多くのものがある。

1960年代の高度経済成長は，消費者の所得を大きく増大させた。その結果，それまで食べることのみに汲々（きゅうきゅう）としていた日本の消費者は，生活に大きなゆとりができ，食料品以外の多くの商品が購入され，消費されるようになった。それに伴って，流通の姿も変わっ

てきた。

　たとえば，高度経済成長初期には，白黒テレビ，電気冷蔵庫，電気洗濯機という「三種の神器」，その後にはカラーテレビ，クーラー，カーという「3C」が，次々に普及していった。それまでほとんど購入されたことのない，そもそもつくられてもいなかったようなまったく新しい商品が爆発的に普及するようになるのだから，そうした商品に関する知識と取扱技術をもった小売店を多数育成しなければならない。家庭用電気器具や自動車の分野でメーカーによるマーケティング・チャネル形成が進んだ主たる理由の1つは，ここにある。

　所得が上昇すると，上記のような耐久消費財の流通にだけ影響が及ぶのではない。一般に，所得の増大に伴って，消費者は必要最低限の必需品だけでは満足しなくなり，商品選択に対する要求は強まる。そこで，比較購買の機会が望まれるようになる。19世紀後半に欧米の大都市でデパートメント・ストアが成長し，アメリカの田舎において通信販売が伸張した1つの理由は，ここにある。わが国において，高度経済成長期に総合スーパー・総合量販店が大きく成長したのも，折からのインフレーションに対抗するように低価格で販売したということとともに，比較購買の機会を提供したという点も大きかった。

　他方，消費者の価値観の変化も流通に大きな影響を及ぼす。ものを大事にしようという考えが一般的な時代・社会と，使い捨てを是とする時代・社会とでは，生産はもちろん流通も違ってくる。今日風にいえば，エコロジーやリサイクルという意識が強いか弱いかで，社会が流通に求める活動の内容が大きく異なってくるということである。

　価値観以外にも生活様式，行動様式などが変化すれば，流通に影

響を及ぼす。たとえば，働く女性の増加，それとも関連した家事労働の外部化からくる家庭内での縫製作業（衣服づくり）の減少や調理の簡便化に対する要求は，それにあわせた商品の開発をメーカーに要請するとともに，小売店でのアソートメントやサービス内容の変更を求めることにもなる。その結果，小売業態や店舗の最適立地場所の変更が迫られることになる。

### 購買行動の変化

消費者のライフスタイルの変化がもっとも直接的に流通に影響を与えるのは，購買行動すなわち買い物の仕方が変化することによってである。とくに，買い物に行くための交通手段の変化，買い物に行く頻度（回数），買い物に行く時間帯などが変化すれば，小売業は変化を迫られ，それにあわせて卸売業も変わらざるをえない。

　消費者の購買行動の変化のうちでとくに大きな影響を与えるものは，交通手段の変化である。第1章第3節で説明したように，消費者が買い物をする際，それに要する交通費や時間を無限に増加させることはできないから，小売店舗までの距離には購買圏という限界がある。しかし，移動手段・交通手段の変化は，この購買圏を大きく変えてしまう可能性がある。

　たとえば，最寄品を買いに行くのはせいぜい片道10分だとしよう。徒歩なら数百メートル，どんなに急いでも1キロメートルには満たないだろう。それが，自転車だと2〜3キロメートルになるだろう。道路の混雑状況に大きく左右されるけれども，マイカーを使えば数キロメートル前後にはなるだろう。

　購買圏とは商圏の裏返しだから，消費者にとって購買圏が拡大するということは，小売業の側からすれば商圏の拡大を意味する。商圏が拡大するということは，一方でその店舗に来る消費者の数が増加する可能性を意味するから，店舗規模を拡大できるかもしれない

ということになる。他方，消費者のすぐ側に店舗がなくてもよいことになるから，日本全体，あるいはある地域での店舗の総数が少なくなってもかまわないということも意味している。

　さらに，徒歩より自転車，自転車よりマイカーと，購入した商品を運べる量が多くなるから，まとめて購入できるようになる。ということは，購買頻度（買い物に行く回数）を少なくしてまとめ買いができるということになる。購買頻度が少なくなると，購買圏はより拡大する可能性がある。なぜなら，購買頻度が減れば，1回当たりの片道時間を増加させても，1週間なり1カ月の買い物に要する総時間は以前と同じにできるからである。

　また，ライフスタイルの変化として，高度経済成長期以降，とくに2000年代に入ってから働く女性が大きく増加した。短時間のパートならともかく，フルタイムや長時間のパートで働いている場合，かつてのように毎日買い物に行くわけにはいかなくなる。休日にマイカーでまとめ買いに行くという消費者が増えれば，1店舗の規模が大きくなる必要がある一方で，店舗の総数は少なくてよくなる。

　他方，昔に比べて深夜まであるいは徹夜で活動する人が増えたというべきか，生活時間帯が大きく変化し，24時間いつでも買い物がしたいという消費者が増加してきた。単身世帯や働く主婦の増加も，夜間の購買機会に対する要求を高める。こうして，コンビニエンス・ストアのような業態が消費者の支持を受けることになる。

　1週間分かそれ以上のまとめ買いをしようという消費者が増加した一方で，単身者などでは，逆にほとんど自宅に商品を保管せず，必要になるたびに必要な量だけ購入するというパターンも増加している。つまり，小売店に家庭での在庫の代わりをしてもらおうというわけである。こうした購買行動は，身近にあって長時間営業する店舗を求めることになる。いうまでもなく，これもコンビニエン

ス・ストアを増加させている要因である。

　これらが，わが国では1980年代あたりから顕在化してきた消費者の購買行動の変化であり，それに影響されて生じてきた小売業における大きな変化である。

　このように，消費者の購買行動は小売業を中心に流通のあり方を大きく変えていく原動力となっている。

---

■本章で学んだキーワード

生産・消費のあり方（と流通・商業）　　社会的な制度・制約（と流通・商業）　　マーケティング　　流通系列化　　排他的マーケティング・チャネル　　選択的マーケティング・チャネル　　開放的マーケティング・チャネル　　「商業の社会性」の否定　　購買行動の変化（と流通・商業）

---

⇒練習問題

1　第1節で述べた生産・消費の各パターンに該当する商品について，本文中に例示したもの以外を具体的に挙げ，その流通がどのようになっているか，考えてみよう。

2　メーカーによる流通系列化は，消費者にどのようなプラス・マイナスをもたらすか，考えてみよう。

3　高度経済成長期の1960年代以降，消費行動がどのように変化してきたか，そしてそれは流通や商業にどのような影響を及ぼしたか，考えてみよう。

第 **2** 部
# 流通と商業の現在

第**4**章
## システム革新と流通・商業

第**5**章
## 進展する流通チャネルの再編成

第**6**章
## 激変する小売業

第**7**章
## 存在意義を問われている卸売業

# 第4章　システム革新と流通・商業

## ✪イントロダクション

　近年の情報システム化の進展は，流通・商業に大きな影響を与えている。流通機構はもともとネットワークだから，情報ネットワーク化も大きな影響を及ぼさずにはいない。

　流通・商業にとくに関係の深い情報システムとして，まずPOSシステムがある。これによって，小売店のレジ作業等が効率化するだけでなく，商品の販売状況を即座にかつ詳細に把握できるようになった。そのデータを加工することによって，経営上有益な情報を得ることができる。また，EOSによってオンライン受発注が可能となった。さらに，EDIの普及によって，銀行等も含めたネットワークを構築して，受発注から決済等まで一連の業務をオンラインで処理することもできるようになってきている。こうした情報システム化・ネットワーク化は，流通活動の効率化を実現するとともに，サプライチェーン・マネジメントなどを実行するための基盤を提供している。

　物流については，これまで調達物流，販売物流などと別々に実践していたものを，総合的にとらえて効率性を実現していこうという，ロジスティクスの考え方が普及し始めている。ロジスティクスを実現しうるのも，背後にある情報システム・ネットワークである。

　また，こうした情報システム・ネットワークを核にした機能の統合化・融業化が進み出している一方で，ある機能・活動に特化した専門家にアウトソーシングする動きも出ている。両方が併存しながら進むなかで，流通チャネルの大規模な再編成が進みつつある。

# *1* 情報システム化の進展と流通・商業

◉流通・商業における情報のシステム化・ネットワーク化

> **情報システム化・ネッ
> トワーク化の進展**

　近年，社会・経済のほぼすべての面で急激な変化が生じている。まさに激動の時代である。流通・商業においても例外ではない。大きな変化が生じつつある。具体的にどのような変化が生じているのかということについて次章以降でみていくことになるが，ここでは，まずそうした変化を促している要因について考えてみよう。

　流通・商業を変化させる要因としては，第3章でみたような生産の側や消費の側における変化，あるいは国際化の進展，規制緩和に代表されるような公的制度の変更などなど，いろいろなものが挙げられる。しかし，最近の変化における最大の要因は，情報システム化・ネットワーク化の進展である。情報システム化という技術面での革新・変革によって，流通・商業が大きく変化し始めている。

　もともと，流通や商業では多くの情報が行き交っている。流通・商業の基礎的単位ともいえるごく簡単な1回の取引に限定して考えても，信用できる相手かどうかなどといった取引相手に関する情報，商品に関する情報，価格，さらに商品をいつ・どこで・どのように受け渡しし，代金はいつ・どこで・どのように支払うかといった取引条件に関することなど，売り手と買い手との間でじつにたくさんの情報がやりとりされる。

　1回の取引に伴って情報がやりとりされるだけではない。商業にとってもっとも重要な機能であるアソートメントの形成を過不足なく実現するためには，その前提として多くの情報が必要となる。たとえば，不景気の際には必需性の少ない贅沢品よりも必需品を揃え

た方がいいだろうといった景気動向に始まって，商圏内の消費者の特性，過去の顧客の購買動向，その時々の天候などによって求められるアソートメントが違ってくる。そこで，小売業では，店舗にやってくる消費者の要求にできるだけ応えるために，過去の販売実績などをもとにアソートメントをつくりあげるとともに，消費者の動向等をみながら絶えず修正を加えていかなければならない。

　さらに，流通とは，1回ごとの取引がそれぞれ独立して存在しているものではない。生産者―卸売業者―小売業者―消費者といったように，取引が垂直的に連続しているし，第1章第5節でみたように，取引や物流，決済など，多くの活動が多くの担当者によって分担され，それらが相互に関連している。つまり，流通というものは，多くの関係者がタテとヨコに結びあうことによってその機能が果たされることになる。だから，最近のようにネットワークが社会的に注目されるようになるはるか以前から，流通はネットワークを形成し，そのネットワーク上を多量の情報が縦横に行き来していたのである。

　こうした流通・商業の特性からして，近年の情報システム化・ネットワーク化の進展が大きな影響を与えることは当然である。そこで，流通・商業にとくにかかわりの深いシステムについて考えてみよう。

**POS システム**　POS システムの POS とは，point of sale の略である。単純に訳せば販売（sale）の時点（point）でのシステムということになるが，通常は販売時点情報管理システムと訳され，「自動読み取り方式のレジスターにより，単品別に収集した販売情報や仕入れ，配送などの段階で発生する各種の情報をコンピュータに送り，各部門がそれぞれの目的に応じて有効利用できるような情報に処理，加工し伝送するシステム」と定

義されている。なお，ここでの単品とは，絶対単品（アイテム）とも呼ばれるもので，品質，デザイン，サイズ・容量，形状，パッケージなどによって，同じ商品か違う商品かということが認識できる取引上の最小単位のことである。たとえば，同じ A 社の成分無調整牛乳でも，200 m$l$ パック，500 m$l$ パック，1 $l$ パックでは，それぞれ別の単品ということになる。

　また，読み取り方式としては，食品スーパーやコンビニエンス・ストアでよくみかける，バーコードに光を当てるというのがもっとも一般的であるが，それだけとは限らない。ファッション関係では数字に光を当てるという方式もあるし，ファストフード店などで一般的なタッチパネル方式もある。

　読み取り方式がいずれであるにしても，読み取られたデータはコンピュータに伝えられる。コンピュータからは，その商品の名称や価格が即座にレジ端末にフィードバックされる。そのため，販売員が価格等を手で打ち込むレジではありうる入力ミスは生じないし，レジにおける作業も速くなる。それだけではない。

　レジで読み取られたデータから，単品レベルで何が，いつ，どのような状況で，どのような消費者に，何と一緒に販売されたかといったことがコンピュータに記録されることになる。その結果，いろいろな分析が可能となる。もっとも簡単なことは，ある商品が最初に何個あるかということをコンピュータに登録しておけば，売れるたびにその個数をマイナスし，仕入れるたびに個数をプラスすることによって，現時点で何個在庫しているかを正確に知ることができる。それによって，仕入れをするのに適切な時機を判断することができるようになる。

　また，商品の売行き動向も知ることができる。売行きのいい商品を売れ筋，売行きの悪い（ほとんど売れない）商品を死に筋というが，

小売業にとっては，いかにして死に筋商品をカット（排除）し，売れ筋商品を揃えるかということはきわめて重要な課題である。POSシステムが現れる前は，そのことはきわめて難しかった。なぜなら，レジが単品レベルで記録できるようにはなっていないから，単品での売れ筋・死に筋を把握できなかった。POSシステムの導入によって，容易に把握できるようになったのである。もっとも，あまりに容易になったため，普及するまでに時間を要するようなたぐいの新商品では，普及しだす前に死に筋と判定されてカットされてしまうケースが増大しているといった批判もある。

　POSシステムのなかでもっとも一般的，つまり消費者にもっともなじみ深いのはバーコード方式だろう。このバーコードは，JAN（Japanese Article Number）コードという共通ルールに基づいてつけられた単品別の番号を意味している。そこで，こうしたPOSシステムは，JAN型POSシステムと呼ばれている。JANコードは，国際的な共通ルールEAN（European Article Number）に基づいているため，ほとんどの国のコードと互換性がある。つまり，海外からの輸入商品についているコードをJAN型POSシステムでそのまま読み取れるし，逆に海外では日本の商品につけられたJANコードを読み取ることができる。

　ただし，アメリカとカナダはEANの13桁とは異なるUPCという12桁のコードを採用しているため，JAN型POSでUPCは読めるけれど，UPC型POSではEAN・JANが読めなかった。2005年1月からUPC型POSでも13桁のEAN・JANが読みとれるようシステム変更がなされたことになっているが，一部でいまだに対応できていないところもあるようで，アメリカやカナダ向け輸出に際してコードをつけ替えている日本のメーカーも存在するようである。

それはともかく，今日ではどこででもみかける POS システムであるが，それほど昔からあったわけではない。JAN 型 POS システムの場合，1979 年から 81 年にかけて通商産業省（現・経済産業省）の支援のもとで実験が行われ，82 年にセブン–イレブンが全店に導入したことによって，普及し始めた。

　JAN コードなど流通情報システムにおける共通ルールの策定・管理に当たっている流通システム開発センターの推計によれば，JAN 型 POS システムを導入している小売店舗は，1987 年にようやく 1 万店を超え，92 年には 10 万店に，2008 年 3 月末には 46 万店以上に達した。コンビニエンス・ストアをはじめとして，百貨店，総合量販店，食品スーパー，ドラッグストア，家電量販店などの大型店やチェーン店では，ほぼすべての店舗で導入されている。また，商品に JAN コードをつけているメーカーは約 11 万 5000 社にのぼり，日常的に取引される大半の商品にはメーカーによってコードが付されている。

　もともと POS システムは，小売店のレジにおける作業の効率化とミス発生の防止ということと，売れ筋・死に筋商品の把握や効率的・効果的なアソートメント形成のためのデータ作成という点に目的があった。しかし，消費者との接点に設置された情報ネットワーク端末であるということから，近年ではいろいろな利用が開発されてきている。

　コンビニエンス・ストアを利用した人なら誰でも知っているように，POS システムは，公共料金等の支払いという金融機関に準じた役割も果たしている。スポーツやコンサートのチケットの予約・発券などといった機能を果たすケースも多い。また，楽天 Edy などの前払い型「電子マネー」による支払いやそのチャージ，クオカードなどのプリペイド・カード，クレジットカードや銀行のキャッ

シュカード（デビットカード）での支払いにも対応している。

　これらは，各店舗の POS システムが単独のレジではなく，その店舗が属する小売チェーン全体，さらには多くの金融機関やイベント業者などともつながったコンピュータ・ネットワークを形成することによってはじめて可能となったのである。

　なお，POS システムは，組織化（チェーン化）されていない単独の小売店で活用されることは少なく，コンビニエンス・ストアなどのフランチャイズ・チェーン，総合量販店や食品スーパーといったレギュラー・チェーンあるいはボランタリー・チェーンなど，大規模小売組織で活用されている比率が高い。これは，そうした組織ではシステムを開発する費用を負担できるということとともに，組織が大きくなるほどたくさんの生情報・生データが集まるから，それを加工することで得られる有益な情報も急激に増加するという効果が生じるためでもある。その結果，組織化された小売店と単独で営業している小売店との情報格差，その結果としての経営能力の差もより拡大することになる。

| EOS と EDI | EOS とは electronic ordering system の略で，一般には電子的受発注システムと訳 |

されている。1980 年代半ば頃までは，商品名や数量等の発注内容をフロッピーなどの電子媒体に記録して発注先に届けるという方法が用いられていたこともある。これも EOS の一種である。しかし，高速・大容量のコンピュータ・ネットワークが普及した今日では，EOS とは，ネットワークを利用したオンラインによる受発注のことであるといってよい。

　具体的には，各小売店において，商品リストか商品陳列棚に記載された JAN コードから発注する商品を選択して，コンピュータ端末で読み取り，数量等の必要事項も入力したうえで，チェーン本部

や流通 VAN に送信すると，発注先の卸売業者やメーカー別に分類され，オンラインでそれぞれの発注がなされるシステムである。

日本では，1970年頃から，チェーン・ストアにおいて，発注作業合理化のために始まった。ただし，当時は電話回線を用いた異企業間でのデータ交換は自由でなかったため，多くは店舗─チェーン本部間という1組織内のシステムであった。1982年の第2次通信回線開放によって異企業間でのオンラインによるデータ交換が自由化され，さらに85年の通信自由化によって数多くの VAN が誕生したことにより，またそれらと相前後して，データ交換をするための共通なルールがつくられたことによって，EOS は急速に普及していった。なお，VAN（value added network）とは，付加価値通信網と呼ばれる共同利用型のコンピュータ・ネットワークのことであり，今日ではほとんど見かけなくなってしまったが，インターネットが普及する前の1980年代から90年代前半にかけて，オンラインによるデータ交換の中核となっていたシステムのことである。

少し古いデータだが，流通システム開発センターが，中堅クラス以上の小売企業を対象に行った調査の結果から，卸売業者やメーカーに対する小売企業からの発注方法をみてみる。表4-1に示されているように，「オンライン発注」（すなわち，EOS もしくは後述の EDI）を90％以上の企業が採用しており，かつては発注の中心であった「取引先の営業マンが注文を取りにくる」という方式を採用している企業はごく一部になってしまっている。業種や業態別では，コンビニエンス・ストアはいうまでもなく，総合スーパーや食品スーパー，衣料品スーパー，ドラッグストアでも，回答したすべての企業がオンライン発注を実施している。発注形態別の発注量構成比でも，コンビニエンス・ストアやドラッグストアでは，発注量の90％近くがオンライン発注となっている。

**表 4-1　小売企業が採用している発注形態**

| | |
|---|---|
| オンライン発注 | 93.2% |
| FAX 発注 | 91.1 |
| 電話発注 | 59.6 |
| 注文書郵送 | 6.4 |
| 取引先の営業マンが注文を取りにくる | 24.7 |
| 展示会での発注が中心 | 8.9 |
| 問屋や市場に仕入れに行く | 28.9 |
| 上記以外 | 6.0 |
| 無回答 | 2.1 |

（注）　小売企業 3803 社（有効回答数 334 社）に
　　　　対する 2009 年 1～2 月の調査結果。
（出所）　流通システム開発センター『2008 年度流
　　　　通情報システム化実態調査報告書』。

　もっとも，これはあくまで中堅クラス以上の企業の場合なので，
もう少し対象を広げてみよう。経済産業省の「商業統計」調査では，
2002 年調査から法人企業に対して電子商取引に関する事項につい
ても調査し始めた。2014 年の調査結果によると，小売企業約 20 万
社のうち仕入れに電子商取引を利用している企業の割合は 5.1%，
利用していない企業も含め年間仕入れ総額に占める電子商取引の割
合 は 6.8% と なっ て いる。2002 年 調査 では，そ れぞ れ 6.3%，
11.6% だったから，オンライン発注は必ずしも増加していない。

　数でいうと多数を占める小零細な個人商店については，商業統計
でも調査されていないので，正確な実態は明らかでないが，それら
の小売店を含めれば，オンライン発注の割合はさらに低くなるだろ
う。とはいえ，主要小売企業におけるオンライン発注は確実に定着
しており，今後，増加するとみられる（ただし「商業統計」は 2014 年
で終了し，後継の経済センサス活動調査では調査項目に含まれていない）。

　さて，最初は受発注だけが目的だったにしても，コンピュータ間

のオンライン・ネットワークができあがれば，そのネットワークを利用していろいろな情報・データがやりとりできる。たとえば，在庫状況や品切れ，配送に関する情報，加工（納品形態や値札貼付等）についての依頼，代金の請求，新商品の紹介など，取引に関連する多くの情報・データの交換が可能となる。もし，このネットワークに銀行も接続しているならば，売り手から買い手への請求だけでなく，買い手から銀行への振込依頼，銀行から売り手への入金報告と，一連の決済業務がオンライン上でできることになる。

　このように，オンライン・ネットワークで多くの情報・データをやりとりすることをEDI（electronic data interchange：電子データ交換）システムと呼んでいる。厳密にいえば，EDIシステムとは，業種・業界の枠を越えて，共通ルールによる企業間オンライン・システムを用いた，製造から販売に至る取引業務の総合的な合理化システムのこととされている。受発注は取引の中心的業務だから，EOSはEDIの中核をなすことになる。

　受発注以外の多くの業務にEDIが導入されるようになってきたのは，1990年前後以降のことである。これは，流通業務の効率化によるコスト削減という社会的な要請が強まったこととともに，高速・大容量・低料金のコンピュータ・ネットワークという基盤が整備されてきたことによる。その結果として，次章で詳しく説明するQR（quick response），ECR（efficient consumer response：効率的消費者対応），サプライチェーン・マネジメント（SCM：supply chain management）などが可能となってきたのである。

　スパイ映画の『007』を知らない人はいないだろう。この 007,
ダブル・オー・セブンと発音されることが多い。とくにアメリカで
は，007 に限らず，数字の 0 とアルファベットの Ö を区別しない
傾向にあった。しかし，1990 年代の半ばあたりから，両者を明確
に区別する人が増えてきている。それにはパソコンやインターネッ
トの普及が関係している。

　人と人との会話，情報交換なら，その場の状況，前後関係（コン
テクスト）から，オーと発音していてもゼロのことだと理解しても
らえる。しかし，パソコンではそうはいかない。0 の代わりに Ö
と入力してしまったら，まったく別の意味に解釈されるか，意味不
明としてはじかれてしまうだろう。つまり，コンピュータを核とし
た情報システムでは，007 のようなあいまいな処理は許されないの
である。この問題が，生鮮食料品流通における情報システム化の困
難性の要因になっている。

　もともと，生鮮食料品の多くは，同じ名称であっても地域ごとに
種類が違うということが少なくなかった。たとえば，ナスやキュウ
リは，関東と関西で異なる品種を指していたし，マアジはアジの仲
間のうち各地域でもっとも獲れるものを意味していた。また，ブリ
などのように，成長するにつれて呼び名が変わる（それも地域によ
って呼び名がまったく異なる）出世魚なるものもある。さらに，肉
や魚は，流通過程でカットされて姿・形が変わってしまうことが多
い。さらに，名称が同じであっても，加工食品等のように大きさや
品質が等しいということはありえないから，同じ商品として取引で
きるのかという，より大きな問題がある。

　取引にあたる人それぞれが，自分の理解で名称や品質等を理解し
て情報システムにアクセスすると，ダブル・オー・セブンではパソ
コンが認識してくれないのと同じように，システムが対応してくれ

ないことになってしまう。1990年代後半から数年間，農林水産省が助成して，産地から小売段階までの生鮮食料品流通情報システムを構築しようとしたことがあるが，なかなか軌道に乗らない理由の1つはここにある。

# *2* 物流システム化とロジスティクス革命

## ●物流のシステム化と外部化

**物流とロジスティクス**　第1章でもみたように，分業化社会では輸送・保管等の物流はなくてはならない活動である。そうした物流は，通常，調達物流，社内物流，販売物流，リバース（静脈）物流に分けられる。卸売業者や小売業者などもこのそれぞれを行っているのだが，4種類の物流の違いを理解するには，工場で生産するメーカーを考えた方がわかりやすい。そこで，メーカーを例に挙げて説明しよう。

　工場で生産するためには，使用する原材料や部品を，原材料の生産工場とか原材料となる野菜の生産農場，もしくはそれらの保管場所（倉庫）から集めなければならない。そのための物流を調達物流という。次に，集められた原材料などは工場の敷地内に一時保管され，生産の進行状況にあわせて使用され，製品ができあがっていく。できた製品は，販売先の卸売業者や小売業者向けか他の保管場所に向けて出荷されるまで，同じく工場内に一時保管される。こうした工場敷地内での保管や移動が社内物流である。いうまでもなく，販売先の指定した時と場所に輸送するための一連の活動が販売物流である。販売された商品は，場合によると返品されてくる。また，廃棄物等の回収が必要となるかもしれない。これらを，通常の物流と

逆向きという意味でリバース物流とか，老廃物を集める逆向きの血管にたとえて静脈物流などと呼んでいる。

　さて，これまで大半の企業が，調達物流は調達物流，販売物流は販売物流というように，相互の関連をほとんど考慮せず，それぞれ別々に管理・運営していた。担当する部門も，それぞれ別であった。しかし，それでは多大のむだが発生する可能性が強い。さらにいえば，物流だけでなく，生産や販売といった活動とも連携させないと，効率化は実現しないだろう。たとえば，生産の進行状況と無関係に調達物流を行っていれば，工場に大量の原材料が在庫されてしまうか，逆に原材料が足りなくなって生産に支障をきたすという事態が生じるかもしれない。

　そこで，調達から生産，さらに販売とそのための物流まで総合的にとらえ，ものの流れを全体的・体系的に管理・運営していこうという考え方が普及してきた。これがロジスティクスである。つまり，ロジスティクスとは，原材料等の調達活動，生産活動，販売活動等を総合的に考慮して，顧客（販売先）のニーズに合うように，原材料・半製品・完成品すべての効率的で効果的な物流を計画し，それを実施・管理することである。

　そうしたロジスティクスが可能となるためには，調達・生産・販売等といった活動の進行状況がリアルタイムに近い状態で把握されている必要がある。その意味で，ロジスティクスが現実化するための前提は，情報システム化・ネットワーク化である。

　日本でのロジスティクスという考え方は，1980年代に入る頃から一部の先進的な企業で検討され始めているが，本格化するのは80年代も後半になって以降のことである。それは，顧客ニーズに適合させるという意味での効果的管理や効率化がもっとも遅れていた物流業務を改善しなければならないという必要性に迫られたこと

と同時に，情報システム化・ネットワーク化が進展したことによって技術的な可能性が高まったということにもよる。そして，このロジスティクスが，サプライチェーン・マネジメントなどにおける物流の側面を担っていくことになる。いずれにしても，本格的にロジスティクスが普及し始めたのは近年になってからのことである。

| サードパーティ・ロジスティクス | サードパーティ（third party）とは，あるできごとに巻き込まれた第三者のことである。つまり，サードパーティ・ロジスティ |

クスとは，ロジスティクスを第三者が担うということを意味することになるが，実はこのサードパーティ，そしてその前提となるファーストパーティとセカンドパーティに2通りの解釈がある。

　日本で一般的なのは，対象となる商品の売り手をファーストパーティ，買い手をセカンドパーティとして，売り手から買い手への物流について荷主（商品の所有者，一般的には売り手）に代わって全面的に代行する業者をサードパーティとするとらえ方である。この場合，新たにサードパーティ専門業者が設立されるというケースもあるが，既存の物流業者（たとえば，トラック業者）がサードパーティとなるケースもある。

　もう1つのとらえ方は，売り手であれ買い手であれ荷主をファーストパーティ，トラック業者などのように実際に輸送手段をもつキャリアと称される業者をセカンドパーティとして，荷主でもキャリアでもなく，キャリアの手配等を含めて物流の管理に当たる専門業者をサードパーティとする見方である。この場合のサードパーティには，運送取次業や代理店事業等のフォワーダーと称されている事業者が当たることが多い。

　ファーストパーティ，セカンドパーティ，サードパーティをいずれとしてとらえるにせよ，サードパーティ・ロジスティクスがこれ

までの輸送業者等に委託する物流と異なるのは，これまでの委託物流では，荷主が業務ごとにそれぞれ担当する物流業者に個別に委託していたのに対して，サードパーティ・ロジスティクスでは，サードパーティがトータルな物流システムを荷主に提案し，物流業務を一括して引き受けるという点である。荷主からすると，物流システムの構築から管理・運営まで一括して外部委託化（アウトソーシング化）することで，効率的・効果的な物流を実現していこうということになる。

## **3** システム革新と流通・商業の再編成
### ●商業者の活動領域は拡大するか，縮小するか

機能・活動の再編成

　以上のような情報システム化・ネットワーク化，それと表裏の関係にあるロジスティクス革命などのシステム革新は，流通・商業におけるいろいろな機能・活動の分担の仕方について再編を迫っている。再編成の結果として，1人の流通業者が関連する多くの機能・活動を統合化・総合化して遂行するようになるかもしれない。逆に，ある1つの機能・活動に特化した新たな専門業者が生まれてくるかもしれない。

　2001年に，アイワイバンク銀行（現・セブン銀行）が開業した。これは，総合量販店のイトーヨーカ堂とセブン−イレブンの本部（フランチャイザー）であるセブン−イレブン・ジャパンが設立した，新しいタイプの銀行であった。それまでの銀行のように，銀行としての店舗をもつことはせず，セブン−イレブンなどの小売店舗内にATM（現金自動預金・支払機）を設置し，預金の出入れや振込みに24時間対応しようというものである。

　第1節で触れたように，これまでもコンビニエンス・ストアでは，

その情報ネットワークを活用して，公共料金の収納業務など金融機関に類似した業務を行っていた。また，既存の銀行の共同利用型ATMを設置する店舗も現れていた。ただ，代金収納の場合は，あくまで収納業者の代行として業務を行っていたのであり，いわば，収納業務が発生するつどネットワークと店員を収納業者に貸与したにすぎない。また，ATMの設置はまさに場所貸しである。

　これに対して，セブン銀行では，セブン-イレブン・ジャパンやイトーヨーカ堂を中心とする現在のセブン＆アイ・ホールディングスという大規模小売組織（グループ）が銀行業務そのものを兼業することになっている。消費者・利用者からすると，当初は，他のコンビニエンス・ストアが行っている収納業務代行や共同ATMの設置と目立った違いはないかもしれない。しかし，単なる預金の出入れや振込みを超えて，いろいろな金融関連業務を担当していく可能性もある。すでにセブン＆アイ・ホールディングスの店内のセブン銀行有人出張所では，住宅ローンなどの銀行代理業務や金融商品仲介サービスを始めるとともに，金融に関する顧客向けのセミナーなども開催している。

　第2章第1節で述べたように，商業者はかつて商品売買も物流も，さらに金融業務もと，1人で多くの機能・活動を担っていた。しかし，活動量が増大するにつれて，分業化した方が効率的になるということで，それぞれの活動ごとに専門業者が担うようになってきた。それが，近年の情報システム化の進展によって，情報ネットワークで結びつく多くの活動を総合的に担った方が効率的・効果的であるというケースが出現してきた。そのため，統合的・総合的に多くの機能・活動を担う企業・業者が出現してくることも，十分ありうる。

　このように，多くの業務を統合して行うようになることを融業化

ともいう。

　しかし，他方，ネットワークによって多くの業務・活動が結びつくとはいっても，それらの活動はかなり異質である場合が多い。たとえば，コンビニエンス・ストアの店頭で，もともとの商品販売業務，金融業務，さらにeリテイルによる商品・代金の受渡しやカタログ販売等，多様な業務を行っていこうとすると，ネットワーク上はきわめて効率的に行いうるものの，在庫の仕方，決済処理などがそれぞれ異なるため，業務を担う人間の立場からすると混乱を生じるなど，かえって非効率となる危険性も含んでいる。

　そこで，統合化，融業化とは逆に，異質な業務はむしろ外部に任せてしまおうという考え方もありうる。外部の資源（アウトソーシング）の積極的な活用である。前節で触れたサードパーティ・ロジスティクスは，メーカーや商業者といった荷主からすれば，物流業務を管理等まで含めてまるまるアウトソーシング化することである。そして，自社とアウトソーシングする先の企業・業者とは，情報ネットワークで密接に結ばれていることになる。

　このように，一方では1組織で多くの機能・活動を統合的に担っていこうとする動きがある。しかし，他方では，特定の機能・活動に特化した専門家になろうとする者と，そうした専門家をアウトソーシングとして積極的に活用していこうという動きもある。こうした，いわば相反する動きがしばらく続きそうである。いずれの方向を採用するかは，各企業の戦略による。

**流通チャネルの再編成**　　さて，融業化が進むとしたら，セブン銀行のように商業者が他の業務（この場合は金融）に参入していくこともあるが，逆に他産業から商業に参入して，既存の商業者の活動領域を奪うということもありうるということになる。

しかし，もっと起こる可能性があるのは，流通チャネルにおいてメーカー―卸売商―小売商という垂直的な分業の必要性が減少することである。

　第 1 章で強調したように，流通において垂直的な分業が必要とされるのは，アソートメントを効率的に形成するためである。生産者はあちらこちらに分散していて，それぞれ異なる商品を生産している。それを消費者が直接買いに行っていたら，そのための時間と費用はいくらあっても足りなくなってしまう。そこで，消費者の身近に小売店が立地し，消費者がわざわざ生産者のところまで出かけなくてもすむようにしている。しかし，小売商も世界中に散らばっている多数の生産者と直接取引したら大変だから，間に卸売商が介在してくる，ということであった。

　ただ，これはあくまで消費者や小売商が直接生産者のところまで出かけて取引するということを前提にしている。インターネットなどの情報ネットワーク化が進んで，多くの人々の間で膨大な量の情報がきわめて低コストでやりとりされるようになったできるようになった現在，事情は大きく変わってきている。なぜなら，商品の紹介，取引に関する交渉などがネットワーク上でできるようになったことから，地理的・空間的な距離が離れていても，また多くの売り手（もしくは買い手）が世界中に分散していたにしても，情報をやりとりするための時間とコストはゼロに近くなっている。さらに，情報システムに連動して，少量でも効率的に輸送できる宅配便のような物流システムが普及し，情報のやりとりだけでなく，実際の商品（現物）そのものの移動も容易になっている。

　このように，情報システム化，情報ネットワーク化の進展によって，生産者と消費者が直接取引するケースや，消費者は小売店から購入するにしても，卸売商を排除して小売商が生産者から直接仕入

れるというケースが増加してきている。一般に中抜きと呼ばれる事態である。とくに，小売商が生産者・メーカーと直結する状況は，1960 年代の問屋無用論になぞらえて，第 2 章で触れたように新問屋無用論とも呼ばれている。

情報システムや情報ネットワークによって消費者と生産者とが直結する，つまり卸売商も小売商も排除されてしまうこともありうる。その代表的なケースはメーカーが行うネット小売であるが，メーカーが行うものも含めてネット小売一般については第 8 章で説明していくことにする。

他方，小売商と生産者が直結するシステムもいろいろ試み出されている。

たとえば，世界的な大手小売企業は，1990 年前後から，多数のバイヤー（買い手：この場合は大手小売企業）とサプライヤー（売り手：この場合は世界中の生産者）がインターネット上で取引を行う e マーケット・プレイスという仮想市場を構築してきた。e マーケット・プレイスでは，買い手である小売企業が，e マーケット・プレイス内のサプライヤーたちに，かくかくの商品をこれこれの条件で販売するものはいないかと提示し，買い手にとってもっとも有利となる売り手を探す逆オークションも実施されている。e マーケット・プレイスによって，買い手・売り手とも売買に従事する従業員を大幅に削減できるし，彼らの移動に要するコストや取引時間も大きく節約できる。いうまでもなく，e マーケット・プレイスは，E コマースのうちの B to B（business to business）の一種である。

代表的な e マーケット・プレイスとしては，世界最大の小売企業ウォルマートが中心となったリテールリンク，アメリカの K マート，イギリスのテスコ，日本のイオンなどが参加する WWRE（WorldWide Retail Exchange），フランスのカルフール，ドイツのメ

トロ，イギリスのセインズベリーなどが参加する GNX（Global Net Exchange）があったが，2005 年に WWRE と GNX は統合してアジェントリクス（Agentrics）となった。

ただ，いずれの場合でも，金融取引などとは異なり，情報のやりとりだけでは流通は完結しない。生産者から消費者に向けて，実際に商品が移動しなければならない。もし，ネット小売が急増すると，道路が宅配便配送車だらけになって身動きできなくなるだろうとか，増加する配送車の排ガスで環境を悪化させるだろうといった批判もある。

また，衣料品の肌触りや風合いなどのように，実際の商品がもっている特性をどこまでデジタル情報化できるのかといった問題も指摘されている。

こうしたことから，言葉通りの中抜きがどこまで進むのかということについては疑問も指摘されているが，流通・商業の機能・活動の再編成が急速な勢いで進みつつあること，そしてそれに伴って流通チャネルの再編成がこれまた急速に進み出していることは否定できない。そうした現実について，次章以降で具体的にみていくことにしよう。

---

■**本章で学んだキーワード**

情報システム化・ネットワーク化　　POS システム（販売時点情報管理システム）　　EOS（電子的受発注システム）　　EDI システム（電子データ交換システム）　　ロジスティクス　　サードパーティ・ロジスティクス　　機能・活動の統合化・総合化　　融業化　　アウトソーシング化　　中抜き・新問屋無用論　　e マーケット・プレイス　　B to B　　流通チャネルの再編成

---

⇒**練習問題**

**1** 取引をするうえで必要となる情報にはどのようなものがあるか，できるだけたくさん挙げ，そのうちどれがデジタル化でき，どれはできないか，考えてみよう。

**2** POS システムが導入される以前には，小売店ではどのようにして売れ筋商品と死に筋商品の判断をしていたか，考えてみよう。

**3** 商業者による機能統合化・融業化についてセブン銀行以外の事例，逆に商業者以外から商業への融業化事例，さらに流通・商業の一部機能をアウトソーシング化している事例をそれぞれ挙げ，融業化やアウトソーシング化した目的や理由は何か，考えてみよう。

メーカー・卸・小売の垂直的関係の変容

### ✦イントロダクション

　個人消費は，1990年代初頭のいわゆるバブル崩壊以降，一時的に持ち直すことはあったものの，基調としては低迷傾向にある。これは少子・超高齢化・人口減少を背景にした社会保障や福祉への不安など根深い要因によるとみられている。このような状況は，消費者が小売業態を選択する際にできるだけコスト・パフォーマンスを重視する方向に作用している。消費者のサービスへの支出が増えるにつれて，消費者にモノを販売するだけでなく，モノとサービスを総合的あるいは一体的に提供できる小売業態が選好される傾向が強まる。

　消費者の変化を起点に，小売段階では総合スーパーや食品スーパー，コンビニエンス・ストアなどを展開する大規模小売組織の成長・上位集中化が促進されてきた。これによって，かつてメーカー主導で卸売業者，小売業者と形成してきた流通チャネルが変容してきた。というのは，大規模小売組織が仕入先に対するバイイング・パワーと情報力を高めることによって，流通における主導権がメーカー・サイドから小売サイドに移行していったからである。

　こうした事態に対応するために，メーカーは大規模小売組織との取引関係の見直しを進めるとともに，ICT（情報通信技術）の急速な発展とその流通への活用を背景にして，製配販が連携した協働的業務プロセスの構築やプライベート・ブランド（PB）の共同開発が推進されるようになった。

# *1* 消費の変化の流通への影響

### ●小売へのパワーシフトの前提

小売業界の構造変化

流通チャネルは，生産段階のメーカーと中間流通段階の卸売業者および小売段階の小売業者といった商業者とで形成される。1970年代頃までは主としてメーカーの大規模化・寡占化が先行することによって，メーカーが主導権を握っていた。しかし，1980年代以降，小売業の側に主導権が移行（パワーシフト）してきている。それは，小売業界の構造変化によるところが大きい。

その内容については第6章で詳しく説明するが，近年の小売業態別の販売額を概括的にみると図5-1の通りであり，総合スーパー，食品スーパー，コンビニエンス・ストア，専門量販店といったアソートメントが総合的で幅広い小売業態，あるいは奥行きが深い小売業態が大きな地位を占めていることがわかる。これはそれぞれの小売業態を展開する大規模小売組織が成長するとともに，上位集中化・寡占化してきていることの結果といえる。ただし，前年比伸び率はドラッグストアが約6％とやや高いのを除くと，ほとんどが停滞傾向にある。また，図中には明示されていないが，中小規模の専業店や，それらの多くが立地する商店街は衰退傾向が続いている。

こうした小売業態の盛衰に関係しているのは，消費者の行動である。個人消費は，1990年代初頭のいわゆるバブル崩壊以降，一時的に持ち直すことはあったものの，基調としては低迷傾向にある。消費に関する代表的な統計である「家計調査」（総務省）や「消費者物価指数」（総務省）をみても，そうした傾向は確認できる。これは少子・超高齢化・人口減少を背景にした社会保障や福祉への不安な

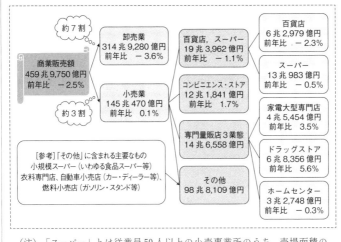

図 5-1　小売業態別商業販売額（2019 年）

約 7 割

商業販売額
459 兆 9,750 億円
前年比　−2.5%

約 3 割

卸売業
314 兆 9,280 億円
前年比　−3.6%

小売業
145 兆 470 億円
前年比　0.1%

百貨店，スーパー
19 兆 3,962 億円
前年比　−1.1%

コンビニエンス・ストア
12 兆 1,841 億円
前年比　1.7%

専門量販店 3 業態
14 兆 6,558 億円

その他
98 兆 8,109 億円

百貨店
6 兆 2,979 億円
前年比　−2.3%

スーパー
13 兆 983 億円
前年比　−0.5%

家電大型専門店
4 兆 5,454 億円
前年比　3.5%

ドラッグストア
6 兆 8,356 億円
前年比　5.6%

ホームセンター
3 兆 2,748 億円
前年比　−0.3%

[参考]「その他」に含まれる主要なもの
小規模スーパー（いわゆる食品スーパー等）
衣料専門店，自動車小売店（カー・ディーラー等）、
燃料小売店（ガソリン・スタンド等）

（注）「スーパー」とは従業員 50 人以上の小売事業所のうち，売場面積の
　　　50％ 以上についてセルフサービス方式を採用し，売場面積が 1500 m² 以
　　　上の事業所。「小規模スーパー」とは，上の「スーパー」に該当しないス
　　　ーパーを指す。
（出所）　経済産業省『METI Journal』2020 年 5 月 13 日（https://meti-
　　　journal.jp/p/10833-2/）。

ど根深い要因によるとみられている。このような状況は，消費者が
小売業態を選択する際にできるだけコスト・パフォーマンスを重視
する方向に作用している。

消費のサービス化の進展

　　　　　　　　　小売段階の動向に関係する消費行動のもう
　　　　　　　　　1 つの変化として注目されるのは，消費の
　　　　　　　　　サービス化のいっそうの進展である。家計
の財・サービスへの支出構成比をみると，図 5-2 に示すように，
2019 年の「二人以上の世帯（農林漁家世帯を除く。）」では，教養娯
楽や外食，住居等の「サービスへの支出」が 4 割を超え，食料や光
熱・水道等の「財（商品）への支出」は 6 割を下回っていることが

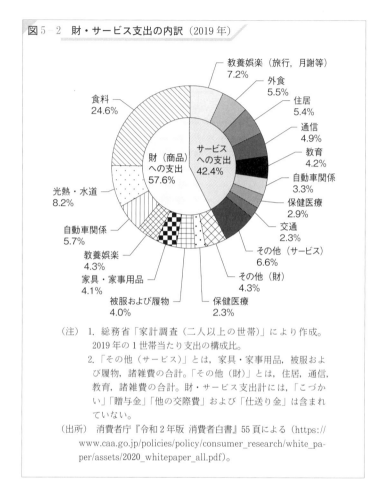

図5-2 財・サービス支出の内訳（2019年）

教養娯楽（旅行，月謝等）
7.2%

外食
5.5%

住居
5.4%

通信
4.9%

教育
4.2%

自動車関係
3.3%

保健医療
2.9%

交通
2.3%

その他（サービス）
6.6%

その他（財）
4.3%

保健医療
2.3%

被服および履物
4.0%

家具・家事用品
4.1%

教養娯楽
4.3%

自動車関係
5.7%

光熱・水道
8.2%

食料
24.6%

財（商品）への支出
57.6%

サービスへの支出
42.4%

（注）　1.　総務省「家計調査（二人以上の世帯）」により作成。
　　　　　2019年の1世帯当たり支出の構成比。
　　　　2.　「その他（サービス）」とは，家具・家事用品，被服および履物，諸雑費の合計。「その他（財）」とは，住居，通信，教育，諸雑費の合計。財・サービス支出計には，「こづかい」「贈与金」「他の交際費」および「仕送り金」は含まれていない。

（出所）　消費者庁『令和2年版 消費者白書』55頁による（https://www.caa.go.jp/policies/policy/consumer_research/white_paper/assets/2020_whitepaper_all.pdf）。

わかる。図5-3は，1994年を100とした費目別の消費支出の推移を示しており，通信費をはじめとして保健・医療，娯楽・レジャー・文化といったサービスに関する支出の増加率が相対的に高いことがわかる。

　このように消費者のサービスへの支出が増えるにつれて，消費者

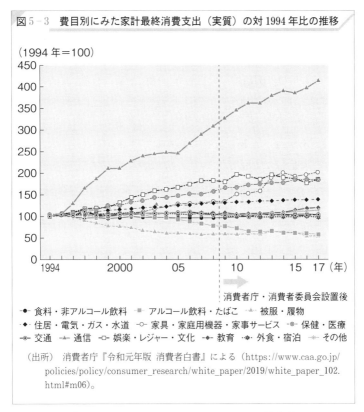

図 5-3　費目別にみた家計最終消費支出（実質）の対 1994 年比の推移

（1994 年＝100）

消費者庁・消費者委員会設置後

-●- 食料・非アルコール飲料　-■- アルコール飲料・たばこ　-▲- 被服・履物
-◆- 住居・電気・ガス・水道　-□- 家具・家庭用機器・家事サービス　-◎- 保健・医療
-◉- 交通　-▲- 通信　-□- 娯楽・レジャー・文化　-◆- 教育　-✱- 外食・宿泊　-✳- その他

（出所）　消費者庁『令和元年版 消費者白書』による（https://www.caa.go.jp/
policies/policy/consumer_research/white_paper/2019/white_paper_102.
html#m06）。

にモノを販売するだけでなく，モノとサービスを総合的あるいは一体的に提供できる小売業態が選好される傾向が強まる。

| EC 利用の拡大 |

さらに，近年の消費行動の変化として注目すべきなのは，ICT（情報通信技術）の革新やインターネットの普及を背景とした，消費者向け電子商取引（B to C EC: business to consumer electronic commerce）によるネット販売の利用の拡大である。

　ネット販売額が小売総販売額に占める比率は，いまだ 7％ 弱

（2019年現在）にとどまっており（経済産業省［2018］「電子商取引に関する市場調査」），韓国の約18%，中国の約15%，イギリスの約15%，アメリカの約11%などと比べると（ほぼ同時期のEuromonitor社による調査データ），国際的には相対的に低い水準にある。しかし，その影響は見かけの数値以上に広く深く及んでいる。たとえば，消費者による商品の探索や比較など，あるいは消費者への情報提供や販売促進などがネット経由で行われる比率が高まるとともに，現実（リアル）の店舗で商品をみて，ネットで注文するなど，ネットとリアルの垣根を越えた購買行動が広がる一方で，事業者の側もネットとリアルの融合（あるいはオンラインとオフラインの融合）を推進していることが挙げられる。

　ここで注目されるのが，EC事業の担い手が厳密な意味で，仕入販売を行う「商業者」ではないことが多い点である。詳細は第8章で取り上げるが，たとえば日本におけるEC事業の先駆者である楽天市場は，ネット上にショッピング・モールを構築し，そこへの出店者からテナント料等を徴収することで収益をあげるというプラットフォーム型のビジネスモデルを形成しており，商業者とはいえない。また，EC事業をグローバルに展開するアマゾンは，もともと書籍や音楽CD，DVD，家電・パソコンなどの仕入販売を行う自社販売型ビジネスモデルでスタートしたが，アソートメントの幅と深さを追求するために，マーケット・プレイスと称するプラットフォームを並行して運営する，自社販売とプラットフォームのハイブリッド型のビジネスモデルを採用している。あるいは，中国におけるEC市場トップのアリババ（阿里巴巴）集団は，C to C ECの淘宝（Taobao），B to C ECの天猫（Tmall）ともにプラットフォーム型のビジネスモデルを展開している。

　こうした状況は，商業者の役割を中心に位置づけてきた従来の流

通論の枠組みを見直す契機を提供するものといえる。しかし，ここでは問題の確認にとどめ，議論を先に進めていく。

# 2 流通におけるパワー関係の変化
### ◉大規模小売組織へのパワーシフト

> **大規模小売組織の成長・上位集中化**

これまでみてきた消費と小売の変化を起点にして，卸売業やメーカーとの関係，すなわちチャネル関係の変化がもたらされる。以下では，そうした変化の内容について，1970年代まで時間をさかのぼって確認していこう。

1973年の第1次石油ショックは，高度成長期に終止符を打ち，低成長期に突入する決定打となった。高度成長期は「三種の神器」（白黒テレビ，電気冷蔵庫，電気洗濯機）や「3C」（カラーテレビ，クーラー，カー）という言葉に象徴される横並びを良しとする大衆消費の時代であったが，低成長期は価格志向，利便性，個性，さらには格差といった言葉に象徴される成熟消費の時代となったのである。

低成長期に転換して，まず消費者の支持を集め業績を伸ばしたのが総合スーパーであった。総合スーパーは1970年代末から80年代初頭にかけていったん成長のスピードを鈍化させたが（第7章参照），その後回復し，80年代を通じて小売市場における地位を躍進させてきた。1990年代に入って消費の成熟化傾向が深化するにつれて，総合スーパーに代わって顕著な成長軌道に乗ったのがコンビニエンス・ストアや専門（量販）店であった。

そうした成長業態の入れ替わりはあるものの，1980年代以降，小売業界においては大規模小売組織の成長と，中小小売商の衰退という構造的な変化が進展したことは上述した通りである。そして，

大規模小売組織のなかでも上位と中下位との販売額の格差の拡大，すなわち大規模小売組織の上位集中化が進展した。このような小売段階の変化を促したもう1つの要因として，当時，大規模小売店舗の出店規制の緩和をはじめとして，市場における競争を重視する方向で流通政策の転換が推進されたことが挙げられる（第10章参照）。

　ここで上位集中化の実態を，スーパー等（総合スーパー，食品スーパー，生活協同組合）とコンビニエンス・ストアという2つの代表的な小売業態の例でみてみよう。図5-4は，日本経済新聞社「日本の小売業調査」（各年版），「コンビニエンスストア調査」（各年版），および各社IR資料に基づいている。ここで横軸は上位企業3社の業界主要企業中に占める相対シェアが，2010年から19年にかけてどの程度変化したかを示している。対象は，スーパー等については，単体で上位50社とし，イオングループとセブン＆アイ・ホールディングスに含まれる企業を合算して1位，2位とした。その結果，2010年は42社，19年は39社となった。また，コンビニエンス・ストアについてはグループの再編成等が急速に進んだことから，2010年は上位23社，19年は10社となった。また，縦軸は業界主要企業中の寡占度指数HHIの同期間における変化を示している。図中の円の大きさは，各業態の合計売上高を表している。

　ここでHHIとはハーフィンダール・ハーシュマン指数であり，業界全体（ただし，ここでは上位企業中に限定）の競争状態を測る指標で，各企業のシェアの2乗を足し合わせて求める。たとえば，100社がそれぞれ1％のシェアであればHHIは100になり，1社が突出して100％近いシェアを握っているのであればHHIは1万に近くなる。公正取引委員会ではHHIを企業結合審査基準に利用しており，結合後のHHIが2500以下，当該会社のシェア35％以下の場合，「競争を実質的に制限することとなるおそれは小さいと通常

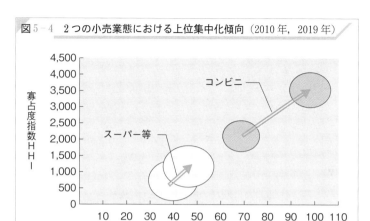

図5-4　2つの小売業態における上位集中化傾向（2010年，2019年）

| | スーパー等 | | コンビニ | |
|---|---|---|---|---|
| | 2010年<br>（50社中） | 2019年<br>（50社中） | 2010年<br>（23社中） | 2019年<br>（10社中） |
| 上位3社相対シェア | 39.8 | 46.5 | 68.8 | 92.6 |
| 寡占度指数 HHI | 739 | 1171 | 2115 | 3066 |
| 合計売上規模 | 14,695,458 | 15,878,052 | 8,487,073 | 11,874,809 |

（注）　1.　それぞれの円の面積は当該小売業態の合計売上高の規模を示す。
　　　　2.　スーパー等については，単体で上位50社のうちイオングループと
　　　　　　セブン＆アイ・ホールディングスに含まれる企業を合算して1位，2
　　　　　　位とした。なお，西友は2002年に非公開会社となったため本調査に
　　　　　　含まれない。
（出所）　日本経済新聞社「日本の小売業調査」（各年版），「コンビニエンス
　　　　　ストア調査」（各年版），および各社 IR 資料より作成。

考えられる」としている（2007年4月改正基準による）。

　　上位3社の相対シェアの動向，および寡占度指数から，いずれの
業態ともに上位集中化が進展していることが確認できる。なかでも，
スーパー等はいまだ競争的な状態にあるものの，コンビニエンス・
ストアはすでにかなり寡占的な状態となっているといえる。

小売段階において大規模小売組織が成長し
上位集中化することは，次のことを意味す
る。すなわち，食品や日用雑貨品などとい
った一定の商品分野ごとに，メーカーや卸売業者による少数の大規
模小売組織への販売先としての依存は強まり，逆に大規模小売組織
によるメーカーや卸売業者への仕入先としての依存は弱まる。これ
は，大規模小売業者のメーカーや卸売業者に対する影響力の増大を
もたらす。

こうして，流通におけるパワー関係が，大規模メーカーが中小・
零細規模の小売業者に対して有利な立場にあるメーカー優位型から，
大規模メーカーと大規模小売組織が対峙するメーカー・小売拮抗型
へと変化し，さらに大規模小売組織がメーカーに対して有利な立場
に立つ小売優位型へと変化する。その時期は商品分野によって異な
るが，食品・日用雑貨品の分野を例に挙げると，1970年代までは
メーカー優位型であったが，80年代のメーカー・小売拮抗型とい
う移行期を経て，90年代以降，小売優位型に転換しつつあるとい
うことができる。要するに，流通チャネルにおけるリーダーシップ
の所在がメーカー側から小売側へと移行しているということであり，
これを流通におけるパワーシフトという。

パワーシフトによって，大規模小売組織は大量仕入・大量販売の
力，すなわちバイイング・パワー（購買支配力）を背景にして，卸売
業者やメーカーとの取引交渉を有利に進めることができるようにな
る。その交渉の内容は，価格面の条件を中心にして，発注方法，支
払条件，納期，配送方法など多様な側面に及ぶ。そのため，そうし
た大規模小売組織の要請に応えられるかどうかが，卸売業者やメー
カーにとって重要な課題となるのである。

しかも大規模小売組織は，第4章でみたように，1980年代以降，

POSシステムの導入をはじめとした情報システム化を急速に進めてきている。これは大規模小売組織が，情報面でも有利な立場に立つことを意味する。たとえば，大規模小売組織はPOSシステムによって消費者の購買データをリアルタイムでもてるようになり，これを分析して得られる需要動向に関する情報をアソートメントや仕入量・在庫量の決定（売れ筋商品の取扱い拡大，死に筋商品の取扱い中止など）に活用したり，新商品開発に役立てたりできるのである。こうした大規模小売組織の情報力が，彼らの需要対応力を高めるとともに，卸売業者やメーカーに対する交渉力を強くすることは明らかであろう。

取引依存度の量的側面
と質的側面

ここで販売先と仕入先への依存度について，あらためて考えてみよう。流通におけるパワー関係は，売り手と買い手との取引における相手への依存の程度，すなわち取引依存度に規定される。取引依存度のうち，ある売り手の総販売額に占める特定の買い手への販売額の側面を販売依存度といい，ある買い手の総仕入額に占める特定の売り手からの仕入額の側面を仕入依存度という。一般に，相手から依存されるほど自らの立場は強くなり，相手に依存するほど自らの立場は弱くなる。大規模小売組織の仕入量の増大は，個々の仕入先への量的な依存の低下をもたらし，逆にそれぞれの仕入先にとっては特定の販売先に対する量的な依存の上昇をもたらすことから，大規模小売組織のパワーは相対的に高まることになる。

　以上を取引依存度の量的側面と呼ぶとすると，依存度は量的側面だけでなく，取引主体のそれぞれがもつ経営資源の異質性という質的側面も有している。これは，資源ベース理論などと呼ばれる考え方であり，取引相手の自社への依存度は，自社がもつ資源の取引相手にとっての稀少性が高いほど高くなり，他組織からの調達などに

*Column* ❺　もう１つのパワー関係の規定因：パワー源泉

　流通チャネルにおけるパワー関係の規定要因については，もう１つ有力な説明がある。すなわち，取引主体ＡとＢとの取引において，ＡがＢに対して発揮するパワーの程度は，Ａがいかなるパワー源泉（基盤ないし資源ともいう）を保持しているかによって決まるとする考え方である（パワー源泉論）。本文中で述べた依存性は，いわば取引主体ＡとＢとの相対的な関係に注目する考え方であるが，これはＡとＢそれぞれがパワーの源泉を有しているとする考え方といえる。

　パワー源泉は，一般に，報酬，制裁，正統性，一体化・準拠，専門性・情報という５つに分類される。このうち報酬は，有利なマージンやリベート，販売促進費の提供，優先的（独占的）販売権の付与，新商品やヒット商品の優先的配荷などからなる。逆に制裁は，マージンやリベートの縮小，優先的（独占的）販売権の廃止，取引停止などからなっている。また正統性は，契約や価値観などによって，チャネル・リーダーに対して他のチャネル・メンバーが従う義務があるとする状態や雰囲気をつくりだす能力のことである。一体化・準拠とは，ブランド・イメージや評判，リーダーのカリスマ性などによってチャネル・リーダーに対して他のチャネル・メンバーが強い結びつきを求める意識のことである。さらに専門性・情報とは，他のチャネル・メンバーにとって重要な専門的知識や情報を収集・蓄積していることであり，メーカーがもつ製品や技術に関する情報，小売業者（チェーン本部）がもつ POS データに基づく需要情報やカード等から得られる顧客情報などが挙げられる。

　この考え方によれば，近年のメーカーから大規模小売組織へのパワーシフトは次のように理解できる。すなわち，大規模小売組織の成長・上位集中化によって，これまでメーカーのパワー源泉として有力であった制裁，報酬という経済的パワー源泉の有効性が低下し，

表　依存性とパワー源泉

| パワー関係の規定因 | 量 的 側 面 | 質 的 側 面 |
|---|---|---|
| 依 存 性 | 取引依存度の高さ | 相手の経営資源への依存度 |
| パワー源泉 | 経済的パワー源泉 | 非経済的パワー源泉 |

逆に大規模小売組織がバイイング・パワーを背景にして制裁パワー（取引停止など）を握るとともに，POS データや顧客情報等の情報パワー，言い換えれば非経済的パワー源泉を手にしたことで，パワーシフトが進展したといえる。依存性とパワー源泉という考え方について，パワー関係の規定因に関する量的側面と質的側面という観点から整理したのが，上の表である。

よる代替可能性が低いほど高くなる。大規模小売組織のもつ情報資源は，取引相手の依存度を高める資源といえる。

　このように，大規模小売組織がバイイング・パワーと情報力をもつことによって，流通における主導権がメーカー側から小売側への移行，すなわち流通におけるパワーシフトが進展してきたのである。

**メーカー主導型流通チャネルの変容**

それでは，こうしたパワーシフトによって，メーカー主導で形成されてきた流通チャネルはどのように変容したのであろうか。

　かつてメーカーは，自社のマーケティングを有利に展開するために，流通チャネルのリーダー，すなわちチャネル・リーダーとして，卸売業者や小売業者を組織化することによって，その活動を管理・コントロールしようとしてきた。こうしたメーカー主導型の流通チャネルの形成を，日本では流通系列化と呼んでいる。流通系列化によってメーカーは，系列内に組織化した卸売業者や小売業者との間に協力的な関係を構築するとともに，系列内の卸売業者同士や小売

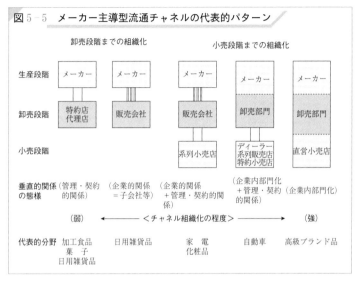

図5−5 メーカー主導型流通チャネルの代表的パターン

業者同士の結束を高め，系列全体としての成長をめざしてきた。

　流通系列化の具体的形態は，すでに第3章でみたように多様であるが，その代表的なパターンをあらためて整理すると，図5−5に示すように，卸売段階までを組織化するものと，小売段階を含めて組織化するものとに分けられる。

　こうしたメーカー主導の流通系列化は，すでに述べたように1980年代以降の大規模小売組織の成長・上位集中化を背景にした，小売側へのパワーシフトによって岐路に立たされている。そうした状況が典型的に現れている業界として，家電や化粧品を挙げることができる。両分野では，すでに地域の系列小売店よりも専門量販店やドラッグストア，さらにはネット販売などが大きな販売シェアを有しており，メーカーの管理・コントロールが効きにくい状況にある。

　さらに，メーカーが卸売業者を特約卸・代理店として組織化して

きた加工食品や日用雑貨品などの分野においても，総合スーパーや食品スーパー，コンビニエンス・ストアなどの大規模小売組織の成長・上位集中化によって，メーカー，卸売業者，小売業者の関係に大きな変化が生じている。そこで次節では，加工食品業界のケースを中心にして，大規模小売組織主導の流通再編成の経緯について歴史的に振り返りながらみていこう。

# **3** 大規模小売組織主導の流通再編成

### ●メーカーのチャネル戦略転換

加工食品業界の流通チャネル

第2次世界大戦後，加工食品の大手メーカーは，需要が供給を上回る売り手側に有利な市場状況（売り手市場）のもとで，大量生産体制を徐々に確立していった。しかし，当時はまだ大規模小売組織が未成長で，小売段階は中小小売商を中心とした小規模分散的な状態にあった。そのためメーカーのチャネル戦略上の最重要課題は，いかにより多くの小売商を自社商品の販路として確保し，全国的な販売網を形成するかにあった。

そこでメーカーは，各地の有力卸売業者に商品・地域ごとの優先的な販売権を付与することによって，1次卸＝特約卸のネットワークを組織化していった。これによって，それぞれの特約卸は，特定のメーカーの特定の商品群について特定の地域内（多くの場合，都道府県ないしそれ以下の範囲）で優先的に販売する権利を得て，全国に分散的に立地する小売商に対して直接に，あるいは各地のより小規模な2次卸や3次卸を経由して，商品の販売と代金回収を行った。いわば特約卸は，メーカーの限られた営業力を補完・代行する役割を与えられていたといえる。

こうしてメーカーは，商品別・地域別の特約卸制度によって，卸売段階における自社の系列内企業間あるいは自社製品間の競争，すなわちブランド内競争をある程度抑制しながら，他の系列企業あるいは他社製品との競争，すなわちブランド間競争を推進したのである。

　これと並行して，多くのメーカーは，建値制やリベート制の整備も進めた。建値制とは消費者向けの希望小売価格をベースにして，その何割掛けという形で流通段階ごとに設定される標準的な価格の体系のことである。建値を守って販売すれば卸売業者や小売業者には一定のマージン（粗利益）が保証されることになるから，建値制は流通の各段階における価格競争を抑制する効果がある。たとえば，希望小売価格を100とするならば，卸売業者の販売価格（すなわち小売業者の仕入価格）は70，メーカーの販売価格（すなわち卸売業者の仕入価格）は60などと決められる。

　また，リベートとは取引時に決めた販売価格によって支払いが行われた一定期間後に，売り手側であるメーカーがその代金の一部を割戻し金として，買い手側である卸売業者や小売業者に払い戻す制度である。つまり，取引時点からみて事後的な値引制度といえる。メーカーは卸売業者や小売業者に対して，基本（年間契約）リベートをベースにして，自社商品の販売促進，卸売業者や小売業者のマージン補塡，代金回収の効率化のための現金決済奨励，自社のマーケティング目標や手法への忠誠度など，やや恣意的で不透明なものも含めて，さまざまな名目でリベートを支払ってきた。

**流通再編成の進展**　以上のように，特約卸，建値，リベートを軸に形成された加工食品業界のメーカー主導型流通チャネルは，1980年代以降，広域的ないし全国的に店舗ネットワークを拡大する総合スーパー等の大規模小売組織が主導す

る形で再編成されてきた。そのきっかけとなったのが，1970年代末から80年代初頭にかけて業績不振に陥った総合スーパーが，80年代前半から取り組んだ，チェーン本部一括仕入れをはじめとするチェーン・オペレーション（チェーン・ストアとしての統一的な管理・運営）強化の動きである（第7章参照）。

　こうした動きは，小売段階が小規模分散的な状態にあることを前提に設定された特約卸の地位を揺るがすこととなる。広域的ないし全国的に店舗展開する大規模小売組織との取引をめぐって，特約店間の競争が激化した。なかでも特約卸のうちの一部有力卸売業者は，大規模小売組織の店舗展開に合わせて自らの商圏を拡大し，他の特約卸の商圏となっていた地域に参入する一方で，大規模小売組織の新しい仕入方式に対応するための物流機能の強化に取り組んだ。

　これと並行して，建値制やリベート制も当初のメーカーの意図から離れて運用される傾向が強まった。大規模小売組織は，自らの競争力の向上のために消費者への販売価格の引下げを追求したことから，卸売業者やメーカーに対して，バイイング・パワーや情報力を背景にして仕入価格の引下げを厳しく迫った。その結果，流通段階ごとの標準的な価格体系として設定された建値は形骸化し，リベートは大規模小売組織向けの値引きの原資となってしまったのである。

**パワー関係変化へのメーカーの対応**

　こうした状況に対応するために，1990年代後半以降，加工食品メーカーの多くが大規模小売組織への対応に主眼をおいた制度改定と，営業内容の見直しに着手した。

　(1) 特約卸制の再編成　　大規模小売組織の幅広いアソートメント，広域的ないし全国的に店舗展開，本部一括仕入れなどに対応するため，商品別・地域別に設定していた特約卸を全商品・全国一律での設定に再編成した。

(2)　オープン・プライス化　　オープン・プライス化とは，メーカーが卸売業者や小売業者の販売価格について希望価格を提示しないことであり，販売価格は卸売業者や小売業者自身が独自に設定する。従来，多くのメーカーは出荷価格，希望卸売価格，希望小売価格という3段階の建値制を敷いていたが，これを廃止し，メーカー出荷価格のみとした。これによって，大規模小売組織が値引き販売することで希望小売価格と実際の小売価格との差が顕在化し，ブランド・イメージの低下，安売りイメージの定着を防ぐことがめざされた。

(3)　リベートの簡略化ないし廃止　　それまで設けられていた複雑なリベートを簡略化ないし廃止し，その代わりに数量や支払方法，物流など取引条件に応じて取引時点でメーカー出荷価格を割り引く方式に改めた。オープン・プライス化とリベート廃止によって，メーカーの販売管理費用の削減や，企業間取引の情報化促進による効率化といった効果も期待された。逆に，特約卸や小売側は，自らのコスト条件や目標利益に応じて，販売価格を設定する方式，すなわちコスト・プラス・マージン方式への転換が求められた。

(4)　営業内容の見直し　　従来の取引条件の交渉においては，価格に焦点が当てられがちであったが，以上の制度改定に合わせて，営業内容の刷新が図られた。すなわち，小売店頭にどの商品をどれだけ陳列するかに関する棚割りや，消費者向けの販売促進施策などの提案を軸にした提案型営業への転換である。たとえば，一定期間継続して販売されている定番商品の売場活性化のためのカテゴリー・マネジメント提案や，自社の加工食品と生鮮食品売場とを連動させたクロス・マーチャンダイジングを通じた食事メニュー提案などがそれである。

# **4** 製配販連携による新しいチャネル関係

● 協働的業務プロセスの構築と PB 共同開発

"囚人のジレンマ"状況

大規模小売組織の成長・上位集中化は，これまでみてきた範囲にとどまらない抜本的なチャネル関係の変更を迫った。すなわち，流通チャネルにおける製配販連携，すなわちメーカー，卸，小売の連携関係の構築である。アメリカにおいて，1980 年代後半から大手メーカーと大手小売との間で先駆的に取り組まれたケースをモデルにして，日本では，1990 年代中頃から取組みが開始された。その背後には，当時の ICT（情報通信技術）の急速な発展・普及と，その流通への活用の進展がある。

かつてのように小売業者が小規模分散的に存在していた状況では，メーカーにとって 1 小売業者ごとの販売依存度は微々たるものであった。しかし，大規模小売組織の成長・上位集中化が進展すると，メーカーにとって少数の大規模小売組織への販売依存度が大きく上昇し，全国市場で売上を拡大するためには，大規模小売組織当たりの販売額の増大が重要になる。

こうした状況においては，大規模小売組織の側はより有利な仕入条件を求めて，仕入先変更の脅しなどの圧力を強めがちになる。そのため，取引交渉や取引の履行，取引後のフォローなどに要するメーカーのコストは上昇する。同時に大規模小売組織の側も，メーカーからより有利な仕入条件を引き出すために，ますます複雑化する取引交渉に臨まなければならなくなるなど，有利な取引条件を引き出し，履行するためには，それらに要するコストの上昇を負担しなければならなくなる。逆に，メーカーにしても大規模小売組織にし

表 5-1　メーカーと小売業者との取引関係（ゲームの利得例）

| | | メーカー | |
|---|---|---|---|
| | | 対抗戦略 | 協調戦略 |
| 小売業者 | 対抗戦略 | (3, 3) | (7, 2) |
| | 協調戦略 | (2, 7) | (6, 6) |

ても，こうした取引にかかわるコストをいたずらに節約すると，競合企業に比して不利な取引条件に甘んじなければならなくなる可能性がある。

　要するにこれは，お互いは自らの利益のために行動したつもりでも，結果として双方の利益が損なわれてしまうという状態である。こうした状況をゲーム理論では，"囚人のジレンマ"と呼んでいる。

　ここでメーカーと小売業者との取引関係に関して，表 5-1 に示すようなゲームを想定してみよう。両プレーヤーには，取引の進め方について，自社の当面の利益を優先して徹底的な価格交渉を行うなどの対抗戦略をとるか，双方の長期的な利益の最大化を優先する行動等の協調戦略をとるかという選択肢がある。そして，それぞれの戦略の組合せについて表中に示すような利得が与えられるとする。たとえば，(2, 7) は小売業者が協調戦略をとり，メーカーが対抗戦略をとった場合，小売の利得は 2，メーカーの利得は 7 となることを示している。

　この状況において，たとえば小売業者はどのように行動するであろうか。小売業者は，メーカーが対抗戦略をとった場合，協調戦略で対応したのでは利益が減ってしまうため，対抗戦略をとらざるをえない。また，メーカーが協調戦略で臨んだ場合であっても，厳しい価格交渉等を行うなどの対抗戦略を採用した方が利得は大きくなる。これはメーカーの行動を考えても同様のことがいえる。つまり，

両者は相手がどちらの戦略をとろうとも対抗戦略を採用することになるのである。

　ここで注意してほしいのは，両者の合計利得を最大化する選択肢は，両者が協調戦略をとることであるにもかかわらず，合計利得が最小となる対抗戦略を両者ともに採用してしまうという点である。そうなってしまうのは，自社が協調戦略を採用したとしても，相手が自らの利得最大化を優先して対抗戦略をとるのではないか，という裏切りに対する懸念を双方ともにもっているからといえる。

**製配販連携の進展**　こうした状況を打開するには，お互いの信頼関係を構築することによって，合計利得を最大化する協調戦略を双方が採用する必要がある。ここで信頼とは，取引先の担当者に対する人間的な信頼といった狭義のそれではなく，相手の組織的な能力や資産・設備に対する信頼を指している。そして，信頼関係の構築には，そうした関係の基盤を整えること，すなわち関係の継続に対して双方が深く関与（コミットメント）すること，あるいはその姿勢を示すことが鍵となる。たとえば，取引特殊的資産，すなわち特定の相手との取引関係に特殊的な情報・物流システムに投資し設備として保有することや，それを効果的に使いこなす高度な能力をもつこと，それらをベースにして情報共有化を実現することなどが挙げられる。

　なお，こうした取引特殊的資産をもつことは，両者の関係にプラスとマイナスの方向に影響を及ぼすことが知られている。ここではその説明は省略し，発展問題として残すので，自身で調べてほしい。

　さて，以上に述べてきた合計利得最大化の発想，さらには顧客（消費者）満足の向上を重視する観点に基づいて，大手メーカーと大手卸売業者，大規模小売組織との間で，単なる取引関係を超えた，対等かつ緊密な連携関係を構築しようとする取組みが開始された。

しかし，そうはいってもそもそもメーカーと卸，小売との間には，事業目標の相違があり，連携関係の構築は簡単ではない。たとえば，メーカー側は，限られたアソートメント範囲の自社商品の売上や利益の最大化を目標としているのに対して，幅広いアソートメントを行う小売側は，自社の店舗ないし売場全体の売上や利益の最大化をめざしており，卸は両者の利害の狭間で調整にあたらなければならない。

そのため，3者の間で信頼関係の構築をベースにして，製配販連携に関する目標や情報共有化，リスク分担，利益配分などに関する合意が必要になる。そうした合意を実際に有効なものとするため，双方がお互いの関係に関与し続ける「証」として，次のような取組みが行われる。すなわち，メーカーと卸，小売が受発注や納品に関してICTを駆使した協働的業務プロセスを構築すること，あるいは特定の大規模小売組織向けの専用商品やプライベート・ブランド（小売業者や卸売業者の独自ブランドのことでPBと略される）を共同開発することなどである。なお，製配販連携における卸売業者の役割や影響についての検討は，第7章であらためて行うこととする。

**QRとECRの取組み**　ここではまず，協働的業務プロセス構築の側面に焦点を合わせ，アメリカで先駆的に取り組まれたQR（quick response）とECR（efficient consumer response）について説明しておこう。両者に共通するのは，ICTを活用して情報の共有化を図り，流通の効率と効果の向上を図るところである。

QRは，1980年代半ばにアパレル企業とディスカウント・ストアを中心に展開していたウォルマートなどが提携して開始された。その目的は，小売店頭での品切れによる販売機会損失を少なくすることや，流通の各段階の在庫削減，商品回転率の向上などに置かれ

ていた。これを実現するための障害は，アパレル産業が製品企画，紡績，織物・編物，染色加工，縫製と多段階に分化し，情報が遮断されているところにあった。そこで，POSデータ等を各段階で情報共有化し，生産や物流などの活動の同期化がめざされた。日本でも1990年代以降，百貨店とアパレル企業との間でQR導入が行われた。

　以上に刺激を受けて，食品スーパーと加工食品メーカーが同様のコンセプトを加工食品流通に応用したのがECRである。ECRは，流通の各段階の情報共有化によって，消費者起点の需要情報を効率的に流通の上流に伝達し，その情報に基づいて流通の各段階の活動を同期化することで，迅速かつ効率的な商品供給を実現することを目的としている。その際，流通の各段階における部分最適ではなく，流通チャネルを通じた全体最適がめざされる。日本でも1990年代後半から，スーパー等と加工食品メーカー，日用雑貨品メーカーとの間で，ECRの取組みが推進された。

**サプライチェーン・マネジメントの展開**

　1990年代末になると，QR，ECRの取組みをさらに発展させる形でサプライチェーン・マネジメント（SCM）への取組みが，さまざまな業界で展開されてきた。サプライチェーン（供給連鎖）とは，原材料の調達から生産，流通，消費に至る一連のプロセスを指している。これを，ICTを駆使したロジスティクス・システムなどに基づいて効率的かつ効果的に管理し同期化しようというのがSCMである。なお，大規模小売組織等では，同様の仕組みを需要側の要因の主導性を強調する意味から，DCM（ディマンドチェーン・マネジメント）と称することがあるが，ここではそれらを含めてSCMと呼ぶことにする。

　SCMにおいては，図5-6に示すように，原材料の供給業者やメ

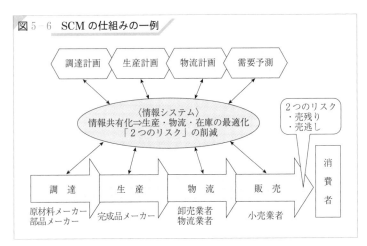

図 5-6　SCM の仕組みの一例

〈情報システム〉
情報共有化⇒生産・物流・在庫の最適化
「2つのリスク」の削減

調達計画　生産計画　物流計画　需要予測

2つのリスク
・売残り
・売逃し

調　達　　生　産　　物　流　　販　売　　消費者

原材料メーカー　完成品メーカー　卸売業者　　小売業者
部品メーカー　　　　　　　　　物流業者

ーカー，卸，小売（ないし産業用使用者）が，EDI などのオンライン・システムを介して必要な情報を共有し，生産，在庫，配送，販売などの計画を互いに調整することによって，一貫したモノの流れをつくりだすことがめざされる。また，相互の役割やリスク分担，利益配分などについて事前に明確化しておくことが必要である。

　近年では，サプライチェーン全体での協働的な計画，需要予測，在庫補充を重視する CPFR（collaborative planning, forecasting, and replenishment）という考え方が主流になっている。とくに需要予測の側面では，参照される情報として，天候・天気や地域イベントなど地域ごとに特殊な情報の重要性が高まっている。これらによって生産，物流，在庫等を最適化し，最終消費者との接点に存在する2つのリスク，すなわち売残り（在庫ロス）と売逃し（機会ロス）の削減がめざされる。

　なお，流通が多段階に分断されているほど，情報が増幅して伝えられることなどから（これをブルウィップ効果と呼ぶ），川下から川上への需要情報の伝達が非効率になりやすいといわれる。その意味で，

情報共有化をベースにする QR，ECR，SCM の取組みはブルウィップ効果抑制をめざすという点で共通している。

さて，SCM の遂行において重視されるのが，いかにすれば消費者や顧客企業がもっとも満足度の高い価値を受け取ることができるかという視点であり，そうした顧客価値を基点にして，迅速で低コストの流通システムを実現することが課題となっている。顧客価値の追求のためには，事業者間の既存の関係や地理的制約にとらわれずに，最適な機能や能力をもつ外部の事業者と提携するなど，まったく新たな視点に立って事業を再構成することがめざされる。

わが国においても，SCM 導入はさまざまな業界に普及している。たとえば，アパレル，日用雑貨品，自動車，家電・情報機器などの分野における取組みがよく知られている。それらは，定番商品ないし機能的商品の流通を対象に物理効率を重視するタイプの SCM と，流行性商品ないし革新的商品の流通を対象に市場応答を重視するタイプの SCM とに分けることができる。

### 流通 BMS の普及

SCM など製配販連携の基盤となっているのが，EDI などによるオンラインでの受発注データの交換である。2000 年以降，インターネットが急速に普及するのに伴って，次世代 EDI の検討が開始され，2006 年の経済産業省委託事業による共同実証実験を経て，2007 年 4 月に流通 BMS（Business Message Standards）という名称で Ver1.0 がリリースされた。2009 年には加工食品・日用雑貨，アパレルに加え，新たに生鮮を統合した Ver1.3 が公開され，2018 年には消費税軽減税率制度施行に伴う改定として Ver2.0 が公開されている。インターネットを活用する流通 BMS では，従来の EDI に比して，標準化によってシステムの開発が容易で，稼働後の通信費用も低下し，導入・運用の費用が削減でき，海外との取引も容易になることから，

大企業のみならず，中小事業者にとっても比較的導入しやすいといわれている。これによって，伝票レス，データ精度の向上，仕入確定の早期化などが実現し，業務の効率化，経営状況の見える化，製配販の情報連携が期待されている。

　以上の効果をビジネスの現場に定着させるため，2011 年 5 月，経済産業省の支援のもと，メーカー，卸，小売の 3 者による製・配・販連携協議会が発足し，流通段階や業種業態の垣根を越えた取組みが開始された。当初の加盟企業 50 社で「流通 BMS 導入推進宣言」を発表するとともに，それぞれが導入・拡大に取り組んできた。2020 年 6 月 1 日現在，加盟企業はメーカー 22 社，卸 9 社，小売 21 社の計 52 社にのぼる。並行して 2009 年 4 月，流通 BMS の標準規格等を定めるために小売業団体，卸売業団体，製造業団体などによって流通 BMS 協議会が組織されている（現在 49 団体が加盟）。流通 BMS の導入を公開している企業は 2020 年 8 月 1 日現在で小売 205 社，卸・メーカー 203 社に達し，公開していない企業を含めると卸・メーカーは 1 万 4600 社以上に及ぶと推計されている（2020 年 6 月 1 日現在）。

**垂直統合と SPA**

　ここまでは，流通チャネル上の異なる企業同士が情報共有化を基礎にして，それぞれの活動を同期化する動きに焦点を当ててみてきた。しかし，同期化が実現できるのはこうした方法によるだけではない。もう 1 つの有力な方法として，垂直統合が挙げられる。

　これは，ある企業が流通の川上ないし川下にある企業を，買収・合併などの資本的な統合によって自社の一部門ないしは子会社化する方法である。もう一度，図 5-5 をみてみよう。メーカーが卸売業者を実質的に子会社化することによって，自社専属の販売会社とするケース，卸売企業がメーカーを自社内に統合するケース，生産

から小売販売まで1つの企業が一貫して担うケースなど挙げられる。取引コスト経済学では，統合が行われるのは，企業間の市場における取引に要するコストが，統合のための投資や管理のためのコストを上回ったときであると説明している。この点については，発展的レベルのテキスト等で学んでほしい。

　垂直統合タイプの代表的なビジネスモデルとして，SPA（specialty store retailer of private label apparel）が挙げられる。これは自社ブランドを展開するアパレルの製造小売業のことで，アメリカのギャップが自社のビジネスモデルを表す用語として最初に用いたといわれる。日本では，ユニクロなどを展開するファーストリテイリングが代表的なSPA企業である。これらは，小売段階から川上にさかのぼって，製品企画，物流，生産を一貫して担っている。また，アパレル製造卸のワールドのように，オゾックなどのブランドを立ち上げて卸売段階から小売段階に進出し（直営小売店の展開），SPA型の事業を進めている企業もある。

　かつてSPAは，先述のSCMの分類でいえば物理効率を重視する傾向にあったが，その後ZARA，H&Mなどのように市場応答を重視する傾向が強まっている。これらを第2世代のSPAと呼ぶことがある。

**"全体最適化"の難しさ**
　以上，製配販連携や垂直統合に基づいて，需要情報を生産・流通の各段階で共有化し，活動を同期化することによって，流通チャネル上のさまざまな業務を最適化する方策について考察してきた。これらは，理論的観点から整理すると，いわゆる延期と投機の理論にいう延期化の試みということができる。

　延期と投機の理論とは，製品形態や在庫・生産量をいつの時点で決めるのが最適かについての考え方である。延期とは，製品形態・

在庫量等の決定をできるだけ需要の発生時点に近づける（先延ばしする）ことを，投機とは，それらをできるだけ早く決定することを指している。

　それでは，製配販連携や垂直統合による延期化には，どのようなメリットやデメリットがあるのであろうか。まず，延期化は需要発生に近い時点での意思決定であるから，需要予測の精度が相対的に高まり，在庫ロスや機会ロスを削減できるというメリットがある。しかし，投機化における大量生産・大量物流による規模経済のメリットが失われ，逆に多品種・少量生産，多頻度・小口物流が進むことによるコスト上昇というデメリットが生まれる。製配販連携や垂直統合がめざしているのは，こうした延期化のメリットを享受する一方，ICT活用などでデメリットをできるだけ減らすという方向である。

　しかし，製配販連携や垂直統合の仕組みの形成途上において，たとえばメーカーと大規模小売組織との関係は最適化でき，顧客満足を当面得られたにしても，川上の原材料・部品メーカーや，中間に介在する卸売企業，実際にものを運ぶ物流企業などに何らかのシワ寄せが行われる可能性がある。フランチャイズ・チェーン本部と納入企業，加盟店との関係についても，同様の視点からとらえることができる。あるいは，交通量や二酸化炭素排出，廃棄物などの増大といった地球環境問題への負の影響の問題もある。

　これらは，その仕組みが部分最適しか実現しておらず，負の外部性（取引等の当事者以外へのマイナスの影響）をもたらしていることを意味する。もともとSCM等は，サプライチェーンの全体最適化をめざして取り組まれてきた仕組みであり，こうした部分最適の問題の発生について，当事者はもちろん社会的にも常にチェックすることが求められる。さらに，地球環境の全体最適化の視点をもち続け

ることが，今後ますます重要になる。

**PB の共同開発**

　　製配販連携による取組みのもう1つの側面
である，PB共同開発について確認しよう。
日本におけるPB開発の歴史を振り返ると，1972年に小売販売額
第1位となったダイエーが，70年代前半に先陣を切って開始した
第1次ブーム，バブル崩壊後の景気低迷と超円高を背景にした90
年代前半のダイエーによる開発輸入に代表される第2次ブームが挙
げられる。これらにおいてPBは，大手メーカーのナショナル・ブ
ランド（NB）への対抗策として，品質よりも価格の安さを重視し
ていたことも影響して，PBブームはまさに一時的なブームとして
終焉した。

　そして，2007年にセブン＆アイのセブンプレミアムやイオンの
トップバリュに代表されるPBが市場に相次いで投入されたことで，
第3次ブームが始まった。これらセブン＆アイやイオン等のPBは，
単なるNBへの対抗策として低価格訴求一辺倒ではなく，NB並み
かそれ以上の品質の高さをめざしたことから，今回は一時的ブーム
で終わらず，PBの隆盛は現在も続いている。これを実現するため
に，従来，PB開発・生産は中下位メーカーを委託先としていたが，
あえて上位メーカーを委託先とした。それが可能になったのは，い
うまでもなく大規模小売組織の上位集中化が進展し，上位メーカー
に対する交渉力が高まったためである。

　かつて上位メーカーは，小売からPB生産委託要請を受けた際，
自社のNBを守るため，その要請を断ることが少なくなかった。
しかし，もし断った場合にPBの委託先がライバル・メーカーに移
ってしまうとともに，その小売への自社NBの売上まで失ってし
まうリスクが高まることから，受け入れざるをえないケースが増え
たのである。

こうして，製配販連携の取組みとして PB の共同開発が行われるようになった。ただし，セブン＆アイとイオンとでは，PB の開発方式に若干の違いがある。セブン＆アイはチーム MD という言葉に象徴されるように，小売とメーカー，物流業者などの関係者がチームを組んで開発にあたるところに特徴がある。そのため，PB に製造企業名を明記することがほとんどであった。これは PB のブランド価値の向上にメーカーの名前を活用することや，小売とメーカー等とがリスク分担することを意味している。これに対して，イオンは，欧米の大規模小売組織と同様に，PB 開発の全責任を負う姿勢を明確にし，製造企業名を表示してこなかった。

　なお，2015 年 4 月に食品衛生法，JAS 法，健康増進法を統合して施行された食品表示法によって，PB の食品についてパッケージに製造者名称等を表示しなければならなくなった（製造所固有記号を表示する場合は，消費者が製造者名を調べられる情報を併記する）。これには 2020 年 3 月末までの経過措置期間が設けられたが，以降は食品 PB であれば製造者名を開示しなければならなくなった。PB 開発方式にどのような影響があるか，今後の動向が注目される。

---

■本章で学んだキーワード

消費のサービス化　　消費者向け電子商取引　　大規模小売組織の上位集中化　　パワーシフト　　バイイング・パワー　　取引依存度　　チャネル・リーダー　　ブランド内競争　　ブランド間競争　　チェーン・オペレーション　　オープン・プライス化　　提案型営業　　製配販連携　　取引特殊的資産　　プライベート・ブランド（PB）　　サプライチェーン・マネジメント（SCM）　　流通 BMS　　SPA　　延期と投機

**1** 高齢化・少子化，女性の社会進出が，流通にどのような影響を及ぼしているか，調べてみよう。

**2** SCM 等の製配販連携や SPA 等の垂直統合に関する具体的な事例を調べ，延期化の仕組みを考察するとともに，部分最適の問題が発生していないか，考えてみよう。

**3** さまざまな PB における製造者名の表記の仕方を調べ，それが PB のブランド価値という観点から消費者にどのような影響を及ぼしているか，考えてみよう。

## 第6章

*激変する小売業*

**⊕イントロダクション**

　流通の世界は非常にダイナミックである。変化は頻繁でかつ激しい。そのなかでとりわけ大きく変動するのが小売業である。現代の小売業はこれまで経験したことがないほどの大変革期のまっただ中にいる。かつて隆盛を誇った業態や小売業者が勢いを失い，衰退しつつあった小売業者が存立機会を奪われていく。逆に登場したばかりの小売業者が飛躍的な成長を遂げる。まさに，小売業はいま勝ち組と負け組がくっきりと明暗を分ける時代を迎えている。

　本章では，小売業の成長を小売を取り巻く環境との関連において理解しようとしている。具体的には，①環境と小売業者が相互依存関係にあることを示し，②負け組としての中小小売商，同じく負け組の百貨店や総合スーパーに代表される大規模小売企業の現状を分析し，③勝ち組としてのコンビニエンス・ストア，新・専門店の成長ぶりを検討する。そして④負け組が負ける理由と勝ち組が勝つ理由を分析することによって，成長するために必要な条件が，ベンチャー精神，リーダーの存在，商人マインドの活用，商品開発への積極的介入，ビジネス・システムの構築・維持であることが明らかにされる。

# 1 環境と小売業者

●環境の重要性

小売業者を取り巻く環境

小売業は環境適応業である——しばしば耳にするこの言葉の意味は,「小売業はそれを取り巻く環境と無関係には成立せず,企業成長は環境への適応能力に依存している」ということである。また同じような意味で,「小売業の植物性」という表現もある。植物というものは,根を張った一定の範囲内の土壌から栄養分を吸収することで成長しているが,ひとたび別の場所へ植え替えたとたん枯れてしまうことがある。その理由は,新しい土壌になじむことができず,以前と同じようにしっかりと根を生やし定着することができないからである。

これらの言葉は小売業の特徴をきわめてうまく表現している。基本的に小売業の活動主体である小売業者は,一定の環境のもとで活動している。ここでいう環境には大きく分けて2つの種類がある。

第1は,一般環境(あるいは間接環境)である。これは政治的要因,経済的要因,社会的要因,技術的要因,自然要因,文化的要因などからなる。具体的には,流通政策,所得水準,人口数や世帯規模,通信技術,宗教などの諸要因である。これらの環境要因は,小売業者の諸活動の範囲を方向づけ,あるいは限定する役割を果たしており,その影響から小売業者は逃れることができない。いわば小売業者にとって制御不可能な環境である。それに対して第2は,タスク環境(あるいは直接環境)である。これは小売業者が直接働きかけることが可能であり,また影響を与えることができる環境要因である。主たるタスク環境としては,消費市場特性,競争状況,取引関係が

ある。たとえば消費者欲求の特徴，買い物行動パターン，競合企業の業態特性，競合企業の規模，卸売商への取引依存度などが，これに属する。

　小売業者はこうした2種類の環境要因が及ぼす影響のもとで活動しているのであるが，実はこれら環境から影響を受けているのは，小売業者ばかりではない。一般に，すべての企業は――製造業であろうとサービス業であろうと――環境と無縁でいることはできない。しかし小売業者の場合，とりわけ消費市場特性の影響が強いことが特徴的である。なぜならば，小売業者は流通システムにおいてもっとも川下に位置し，直接消費者と向かい合っているからである。メーカーにせよ卸売業者にせよ，ともに流通システムにおいて小売業者を経由して間接的に消費者の影響を受けているにすぎない。ところが小売業者は，日々消費者との接点で活動している。この点からみて小売業者にとって，消費市場特性の分析は欠くことができない。加えて消費市場特性は移ろいやすい。間接環境や他の直接環境と比較すると，消費市場特性の安定性は相当に低い。そのために，小売業者は絶えず消費市場特性に目配りし，その変化にいち早く気づくことが求められている。

### 環境変化と小売業者の対応

　このように小売業者は，環境の影響を受けながら諸活動を展開しているが，しかし一方的に環境から影響されているだけではない。逆に小売業者は，取り巻く環境に適応することによってより大きなビジネス・チャンスをつかもうと試みてもいる。たとえば，消費者が買い物場所に出かけるとき，徒歩あるいは自転車を利用するのではなく，モータリゼーションを背景に自家用車を利用する傾向が見え始めたとしよう。このとき徒歩あるいは自転車で来る消費者を前提としていた小売業者にとって，来店客数が減少するであろう

　およそ小売企業は，環境の変化から目をそむけていては成長のチャンスを獲得することはできない。そこでまず小売企業が最初に行うべきことは，環境の変化を探知し分析したうえで，何をすればよいのかという対応策を考えることである（戦略構想力）。

　次の段階では構想した戦略を遂行することになるが，ここで注意すべきことは考えた戦略がその通り遂行できるかどうかは不確実だということである。たとえば新業態を展開しようと考えたとする。しかし，必要な資金の手当てがつかないことがある。あるいは，創業以来一貫して守り続けてきた伝統の経営方式を変えたくないというオーナー経営者の強い反対に遭遇するかもしれない。理由はともかくとして，構想した戦略が遂行可能な戦略であるかどうかは小売企業の組織能力に依存している。

　さらにこの能力が備わっていたとしても，それだけで戦略の遂行が可能であるとは限らない。おそらく実際にその戦略を遂行し始めてみると，思わぬ障害に出くわしたり，予期せぬ事態に立ち往生する可能性が残っている。そのとき，問題を乗り越え構想通りに戦略を実行するためには強烈な意志とリーダーシップが必要となる（戦略推進力）。

　このようなステップをたどることができた小売企業は，環境の変化をビジネス・チャンスとして利用することによって成長機会をつかみとることができるのである。

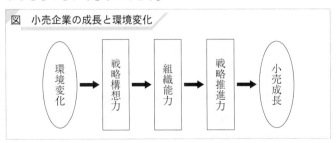

**図　小売企業の成長と環境変化**

環境変化 → 戦略構想力 → 組織能力 → 戦略推進力 → 小売成長

ことは容易に予想できるであろう。そして事実，売上減少に苦しむ小売業者も出てくるに違いない。ところが，すべての小売業者が同じ結果になるとは限らない。たとえば車を利用する消費者に便利な場所，つまり幹線道路沿いに立地し，大きな駐車場を設置する小売業者が出現するかもしれない（ロードサイド店の登場）。あるいは都心から郊外に立地移動する商業施設が現れるかもしれない。さらに，駅前商店街で商売する中小小売商店が駐車場と契約して駐車スペースを確保するかもしれないし，商店街全体で専用駐車場を経営するかもしれない。

　以上のように小売業者は，一方的に環境の影響を受けるわけでもなく，そうかといって環境を無視して経営が成り立つわけでもない。成長のチャンスは，小売業者と環境との相互作用のなかに見いだすことができるのである。

## *2* 中小小売商の苦境
### ●激変する環境に適応できない中小小売商

小売商店数の動向 　わが国小売業全体の変動を商店数の推移という基準からみたのが，図6-1である。この図から読み取ることができる大きな特徴は，小売商店数が1982（昭和57）年をピークにしてその後減少に転じていることである（2007年時点で商店数は113万7859店。2016年時点では約99万店に激減しているが，12年以降調査方法・調査対象が変更されたことが影響していると思われる）。

　先進諸国のなかでも珍しく小売商店数が増加し続けたわが国小売業であるが，1982年を境にして欧米並みの長期にわたる商店数減少時代に一気に突入している。

図6-1　小売商店数の推移

（出所）『商業統計表』各年版より作成。

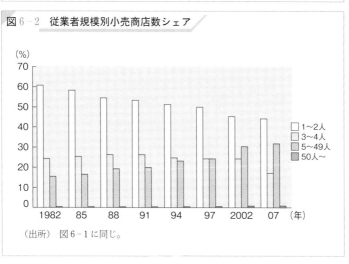

図6-2　従業者規模別小売商店数シェア

（出所）図6-1に同じ。

次に，こうした商店数減少傾向が，小売業のいかなる部分で発生しているのかをみてみよう。図6-2はそれを示している。この図は従業者数を基準に小売店を区分し，各区分に属する商店数が小売業全体に対してどの程度の構成比を占めているかを表したものである（図6-1と同じ理由で，継続性ある最新データは2007年である）。特徴的であるのは，従業者数1～2人クラスに属する中小（零細）規模の商店数のウェートが一貫して減少を続けていることである。このクラスに属する小売店のほとんどが中小（零細）小売商による経営であることを考えれば，わが国における商店数減少は，主として中小（零細）小売商（端的にいえば，近所のお店）の商店数減少によって引き起こされていることがわかる。まさに中小（零細）小売商受難の時代ということができる。

**業種動向**　　もう少し中小小売商の動きを探ってみよう。表6-1は高度成長期まっただ中の1960年から約8年ごと（統計調査年度のずれにより若干の差異がある）の期間をとり，その間に商店数が増加した業種と減少した業種の各上位10業種を比較したものである。一般に中小小売商は，「…屋」と呼称する業種店に分類することができる。たとえば靴を取り扱う商店は靴小売業であり，パンを販売する商店は「パン小売業」というわけである。何でも取り扱う万屋は「各種商品小売業」に分類される。

　ある業種において，ある期間に商店数が増加したとしよう。商店数が増加する業種は，市場が成長している領域だと考えられる。需要が拡大することによって，その成長性に注目した小売商店が続々とその業種に参入することの結果，商店数が増加するからである。逆に商店数が減少する業種の場合は，たとえば何らかの理由によって市場が縮小しつつあるために過剰な商店が経営を維持できなくなって，店舗が消えるかもしれない。あるいは限られたパイをめぐっ

て競争が激化することによって，市場を失う商店が増えるかもしれない。このように商店数の増減は，業種の盛衰を表しているのである。

　さて，表6−1を期間ごとに詳細にみてみると，以下のような点に気づくであろう。

　(1)　1960〜68年と2007〜16年を比較すると，成長業種の顔ぶれはほとんどすべて入れ替わっている。また衰退業種の顔ぶれでは，1業種が共通しているだけで他の9業種は異なっている（ただし，両期間で業種の分類の仕方が変わっているために一部比較できない業種が存在することに留意する必要がある）。これは，時とともに業種間で成長の程度に差異があることを示している。言い換えると，業種とは長期にわたって継続的に成長するものではなく，その時々の環境から影響を受けることによって，成長格差が生まれるのである。現時点で成長度が高いからといって，けっして油断できるわけではなく，環境の変化から目を離すことはできないのである。

　(2)　各期間を通して安定的に推移する業種が存在する。比較的安定的に成長している業種は，「婦人・子供服小売業」「料理品小売業」であったが，2000年代に入って以降その勢いは消失している。逆に衰退し続けている代表的業種は「履物小売業」「パン（非製造）小売業」「菓子（非製造）小売業」「豆腐・かまぼこ等加工食品（非製造）小売業」である（非製造とは，店舗内で商品を手作りしない小売業）（ここで注意すべきことは，1997〜2007年の増加率上位10業種のなかで「医薬品小売業」のみが商店数を増加させ，他の9業種は減少させていることであり，2007〜16年では増加率上位10業種のすべてが商店数を減少させていることである。すなわち，実質的には1つを除いてすべての業種で商店数は減少しているのである。最近20年間におけるほぼすべての業種の商店数の落ち込みは著しい）。

|  | 1960〜68年 | 1968〜76年 | 1976〜85年 |
|---|---|---|---|
| 増加率上位<br>10業種 | 牛乳<br>楽器<br>婦人・子供服<br>寝具<br>卵・鳥肉<br>家庭用電気機械器具<br>食肉<br>スポーツ用品<br>各種食料品<br>男子洋服（製造小売） | 百貨店<br>スポーツ用品<br>料理品<br>家具（非製造）<br>婦人・子供服<br>楽器<br>骨董品<br>ガソリン・ステーション<br>花・植木<br>玩具娯楽用品 | 料理品<br>パン（製造）<br>婦人・子供服<br>自動車<br>その他の什器<br>写真・写真材料<br>化粧品<br>書籍・雑誌<br>楽器<br>スポーツ用品 |
| 減少率上位<br>10業種 | その他の中古品<br>荒物<br>履物<br>乾物<br>他に分類されない<br>　飲食料品<br>呉服・服地<br>苗・種子<br>燃料<br>紙・文房具<br>他に分類されない<br>　織物・衣服・身<br>　の回り品 | その他の中古品<br>履物<br>家具（製造）<br>パン（非製造）<br>乾物<br>荒物<br>豆腐・かまぼこ等<br>　加工食品（製造）<br>他に分類されない<br>　織物・衣服・身<br>　の回り品<br>他に分類されない<br>　飲食料品<br>自転車 | 履物<br>男子洋服（製造小売）<br>乾物<br>豆腐・かまぼこ等<br>　加工食品（非製<br>　造）<br>卵・鶏肉<br>牛乳<br>菓子（非製造）<br>豆腐・かまぼこ等<br>　加工食品（製造）<br>建具（製造）<br>果実 |

（出所）『商業統計表』各年版より作成。

| 1985〜91 年 | 1991〜97 年 | 1997〜2007 年 | 2007〜16 年 |
|---|---|---|---|
| その他の中古品 | その他の中古品 | 医薬品 | 洋品雑貨・小間物 |
| 料理品 | 他に分類されない | その他の各種商品 | 自動車（新車） |
| その他の各種商品 | 　飲料品 | 時計・眼鏡・光学 | 自転車 |
| 婦人・子供服 | その他の各種商品 | 　機械 | パン（製造小売） |
| 他に分類されない | パン（製造） | 骨董品 | スポーツ用品 |
| 　飲食料品 | 料理品 | 菓子（製造） | 肥料・飼料 |
| 自動車 | 肥料・飼料 | 燃料 | 時計・眼鏡・光学 |
| 他に分類されない | かばん・袋物 | 花・植木 | 　機械 |
| 　織物・衣服・身 | 医薬品 | かばん・袋物 | 燃料 |
| 　の回り品 | 花・植木 | パン（製造） | 家庭用電気機械器 |
| パン（製造） | 骨董品 | 新聞 | 　具 |
| 他に分類されない | | | 医薬品 |
| 　その他 | | | |
| 履物 | 家具（製造小売） | 写真機・写真材料 | 男子洋服 |
| パン（非製造） | パン（非製造） | 肥料・飼料 | 写真機・写真材料 |
| 男子洋服（製造小 | 菓子（非製造） | パン（非製造） | 家庭用機械器具 |
| 　売） | 豆腐・かまぼこ等 | 菓子（非製造） | たばこ・喫煙具専 |
| 写真・写真材料 | 　加工食品（非製 | 建具 | 　門 |
| 各種食料品 | 　造） | 紙・文房具 | 履物 |
| 建具（製造） | 履物 | 酒 | 料理品 |
| 卵・鶏肉 | 畳（非製造） | 米穀類 | その他の什器 |
| 菓子（非製造） | 家具（非製造） | 荒物 | 豆腐・かまぼこ等 |
| 金物 | 自動車（新車） | 履物 | 　加工食品 |
| 豆腐・かまぼこ等 | 乾物 | | 果実 |
| 　加工食品(製造) | 家庭用機械器具 | | その他の各種商品 |

(3) 環境の変化の影響を直接受けることによって，衰退を余儀なくされている業種が多い。「履物小売業」「呉服・服地小売業」の衰退は，ライフスタイルの変化の影響を直接受けている。かつて和服生活が主流であった時代には安定的な市場を確保することができたが，生活が洋風化するに伴って和服は洋服に，草履・下駄は靴に代わっていった。主婦が裁縫をして衣服を縫った時代から，既製服を購入する時代への移り変わりも，両業種の存立基盤を奪うことになった。一方「男子洋服小売業」「豆腐・かまぼこ等加工食品小売業」「荒物小売業」「乾物小売業」「牛乳小売業」「卵・鳥肉小売業」「建具小売業」などは，異形態小売業との競争の影響によって市場を奪われたケースである。総合スーパーや食品スーパー，ホームセンターの成長に伴う競争の激化が，業種店としてのこれらの小売業を衰退させたのである。このことから，生活環境・競争環境の変化が，小売業の盛衰に直結することがわかる。

**商店街の景況**

　中小小売商は店舗規模が小さいために，単独では消費者が日常生活を営むうえで必要としている多種多様な商品すべてを取り扱うことはできない。つまり，取り扱う商品種類に限界があり，取り扱う量にも限りが存在するのである。これは消費者にとって好ましい状況ではない。そこで中小小売商は，消費者に便宜を図るため，そして個々の集客力の弱さを補う目的で，集中して立地しようとする。こうして中小小売商が１カ所に集まった代表例が商店街である。多業種の中小小売商が１つの場所に集積することによって全体としてワンストップ・ショッピング機能を提供し，集客力を強化しようとしているのである。

　ところが商店街は，いま大きな難題に直面している。商店街の外部に起因する問題として，たとえば郊外立地のショッピング・センターや新業態に消費者を奪われるという競争問題がある。他方，商

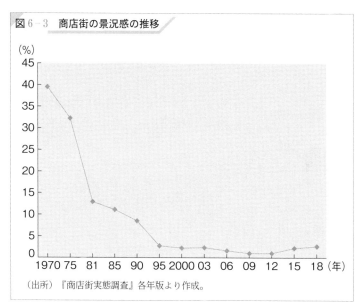

図 6-3　商店街の景況感の推移

(%)

（出所）『商店街実態調査』各年版より作成。

店街内部にも問題がある。それはたとえば後継ぎがいないことによって廃業に追い込まれたり，経営不振で閉店する店舗の増加によって，商店街全体の業種バランスが崩れ，商店街の魅力が失われるという問題である。こうした事態を端的に示しているのが図 6-3 である。これは，「あなたの商店街が繁栄しているかどうか」を全国の商店街に尋ねた結果である。「繁栄している」と回答した商店街の比率は 1970 年以降急落し，その後は長期にわたって変化がみられない（2018 年度 2.6%）。わが国のほとんどの商店街は，20 年以上もの間，窮地に陥ったままなのである。

# 3 大規模小売企業の不振

### ●百貨店と総合スーパーの苦悩

百貨店の窮状　第2章でみたように，1904（明治37）年に登場した百貨店は，当時の小売業界の常識を破る近代的経営手法（現金払い制度，正札販売，店頭陳列販売，近代的設備）を導入した革新業態であった。当初は「今日は帝劇，明日は三越」と称されたように，高級品を取り扱う上流階級向けの業態であったが，やがて中間大衆をターゲットにし始めることによって，小売業に一定の地位を築くことになった。その後，長年にわたってわが国小売業の主役として君臨し続けた百貨店であるが，高度経済成長期を通じて急速に勢力を増した総合スーパーに主役の座を譲ることになる。

　この間の推移を象徴的に示すのが表6-2である。この表は，わが国小売企業の年間売上高ベストテンをおよそ10年ごとに比較したものである。1960年には上位10社すべてを百貨店が占めており，70年でも6社がトップ10に顔を揃えている。しかしその後，総合スーパーが上位を占めるに至り，2000年には4社がランク入りしているのみであり，直近2019年ではわずか2社のみがランク入りしているにすぎない。これと対照的に，最近は新たな企業が上位にランクインしている。2010年には，3位と8位に家電量販店が初登場し，同年にはファーストリテイリングもランク入りしている。

　このようにかつて革新的業態であった百貨店も高度経済成長期を経て，その地位の凋落傾向が顕著であることがわかる。図6-4は小売業態別の小売販売額シェアの推移を示しているが，7〜8％程度で横ばいであった百貨店シェアも近年は微減傾向にあり，2014

表6-2　小売業売上高ランキング

| | 1960年 | 1970年 | 1980年 | 1990年 | 2000年 | 2010年 | 2019年 |
|---|---|---|---|---|---|---|---|
| 1位 | 三越 | 三越 | ダイエー | ダイエー | イトーヨーカ堂 | セブン&アイ | イオン |
| 2位 | 大丸 | 大丸 | イトーヨーカ堂 | イトーヨーカ堂 | ダイエー | イオン | セブン&アイ |
| 3位 | 髙島屋 | 髙島屋 | 西友 | 西友 | ジャスコ | ヤマダ電機 | ファーストリテイリング |
| 4位 | 松坂屋 | ダイエー | ジャスコ | ジャスコ | マイカル | 三越伊勢丹 | アマゾン |
| 5位 | 東横 | 西友 | 三越 | 西武 | 髙島屋 | ユニー | ヤマダ電機 |
| 6位 | 伊勢丹 | 松坂屋 | ニチイ | 三越 | ユニー | J.フロントリテイリング | PPIH |
| 7位 | 阪急 | 西武 | 大丸 | 髙島屋 | 西友 | ダイエー | 三越伊勢丹 |
| 8位 | 西武 | ジャスコ | 髙島屋 | ニチイ | 三越 | エディオン | 髙島屋 |
| 9位 | そごう | ユニー | 西武 | 大丸 | 大丸 | 髙島屋 | H2Oリテイリング |
| 10位 | 松屋 | 伊勢丹 | ユニー | 丸井 | 伊勢丹 | ファーストリテイリング | ビックカメラ |

（注）　1．セブン&アイはセブン&アイ・ホールディングスの略。
　　　　2．PPIHは，パン・パシフィック・インターナショナルホールディングスの略。
（出所）　鈴木安昭・関根孝・矢作敏行編［1997］『マテリアル流通と商業（第2版）』有斐閣，「小売業調査」，『日経MJ』各年版より作成。

年には4.0％にまで落ち込んでいる。ところが，そればかりではない。長引く不況による売上不振やトップの放漫な経営姿勢，さらには過剰投資などが原因となって，経営破綻に追い込まれる百貨店が発生し，その結果として大手百貨店同士の経営統合が目立ち始めている。

　大手百貨店そごうは2000年7月民事再生法の適用を申請した。負債総額は1兆8700億円にのぼり，金融機関を除いて過去最大の倒産となった。その後そごうは西武百貨店主導で再建に取り組み始め，2003年6月両社は持株会社ミレニアムリテイリングを発足させ，その傘下に入ることになった。ミレニアムリテイリングをめぐ

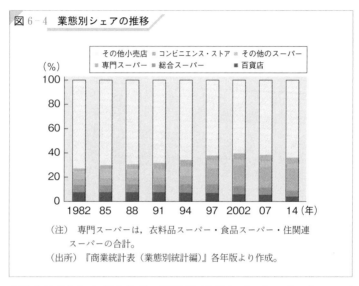

**図 6-4　業態別シェアの推移**

凡例：その他小売店　コンビニエンス・ストア　その他のスーパー
専門スーパー　総合スーパー　百貨店

(%)

(注)　専門スーパーは、衣料品スーパー・食品スーパー・住関連
スーパーの合計。
(出所)『商業統計表（業態別統計編）』各年版より作成。

る動きはこれにとどまらず、2005年12月セブン＆アイ・ホールディングスがミレニアムリテイリングを経営統合し、翌年には完全子会社化した。

　しかし百貨店業界再編の動きはこれだけではない。2007年9月には大丸と松坂屋が統合してJ.フロントリテイリングが設立され、その直後10月には阪急百貨店と阪神百貨店が経営統合してエイチ・ツー・オーリテイリングを発足させた（2010年高島屋との経営統合を画策したが断念し、その後、資本業務提携し、互いに5%の格式を持ち合っている）。2008年4月には三越と伊勢丹が経営統合し、日本最大の百貨店が誕生することになった。このように、業態としての勢いを失った百貨店は、再編に生き残りをかけようとしている（図6-5は代表的な百貨店グループを示している）。

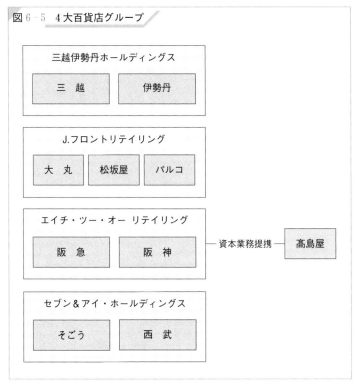

図6-5　4大百貨店グループ

三越伊勢丹ホールディングス

| 三越 | 伊勢丹 |

J.フロントリテイリング

| 大丸 | 松坂屋 | パルコ |

エイチ・ツー・オー リテイリング

| 阪急 | 阪神 |

── 資本業務提携 ── 髙島屋

セブン＆アイ・ホールディングス

| そごう | 西武 |

総合スーパーのリストラ

　ダイエー，西友，ジャスコ（現・イオン），イトーヨーカ堂などに代表される総合スーパーは，まさにわが国流通革命の旗手であった。1950年代に創業したこれら小売企業は，戦後初の革新業態として革命的な経営手法を採用することであっという間に市場を席巻していった。日用必需品に関してありとあらゆる商品を取り扱うことでワンストップ・ショッピングを可能にし，かつ圧倒的な低価格訴求によって消費者の強い支持を得ることに成功した。その象徴は，1972年に，総合スーパーのリーダー的存在であったダイエー

が，長年小売業界の首位の座についてきた三越を創業後わずか20年足らずの間に追い越したことである。その後の動きは表6-2でみた通りである。以降も売上高において，総合スーパーが中心的地位を占め続けている。高度経済成長を追い風に成長の道をひた走る総合スーパーはやがてアソートメントを拡大し，それに応じて店舗を大型化し，さらに全国へと店舗網を拡張していった。1970年代後半以降，日本経済は低成長時代に突入するが，総合スーパーの拡大路線はとどまることを知らず，やがて新たな事業分野への進出を図るようになっていった。それが多角化戦略である。総合スーパー業態だけではなく，百貨店，コンビニエンス・ストア，専門店，ディスカウント・ストアといった他の小売業態の開発に取り組む一方で，さらに外食事業，ホテル開発，ファイナンス，レジャー，不動産など，ありとあらゆる新規事業分野に手を染めることになった。

　ところが1990年代に入ってバブル経済が終焉し，それに続いて不況が長期化し始めると，業績の落込みが目立ち始めた。2000年度以降は，大手総合スーパーといわれるイトーヨーカ堂，ダイエー，マイカル，西友などは売上高を減少させ，営業利益も落ち込み始めた。2000年度には，小売業売上高第1位の座を長年にわたって守り通してきたダイエーが，その地位をセブン-イレブン・ジャパンに28年ぶりに明け渡しており，これはまさに総合スーパーの時代が大きく転換したことを物語るものであった。

　しかし総合スーパーの衰退はこれだけにはとどまらなかった。売上の不振・利益の減少と，これまでの他部門への巨額の投資は，総合スーパー各社の財務状態を急速に悪化させずにはおかず，ついに2000年2月，長崎屋が本体約3000億円，関連会社を含めて約3800億円の負債を抱えて会社更生法の適用を申請し，事実上倒産することになった。大手の一角を占めていた西友は，2002年アメリカの

ウォルマートの資本参加を仰ぎ，マイカルは 2001 年 9 月倒産し，2003 年にはイオンの子会社となった。

　そればかりではない。総合スーパーの雄として君臨してきたダイエーは，2 兆 9000 億円にのぼる有利子負債を抱えて再建をめざしたが，ついに 2007 年イオンの傘下に入ることとなった。またフランスのハイパーマーケットであるカルフールが日本から撤退する際には，その店舗を買収したのもイオンであった。このように，イオンはスーパー業界再編の主役に躍り出るとともに，セブン＆アイ・ホールディングスとともに小売の 2 大勢力を形成するに至っている。

　以上のように，これまでわが世の春を謳歌してきた感のある総合スーパーは，もはや業態としての使命を終えたとさえいわれるほどの苦境にある。

# 4 新業態の成長
### ●競争激化するコンビニと専門店

　百貨店と総合スーパーがわが国小売業ですでに一時代を築いた旧世代であるとすれば，新世代の業態はどのようなものであろうか。最近の業態別販売額の変化をみると，既述の通り旧世代 2 業態の売上高は減少し，一方でドラッグストアが高い成長率を示しており，および専門店もプラスの成長を示している。しかし，これまで高い成長を続けてきたコンビニエンス・ストア（以下コンビニ）の成長の伸びは，衰え始めている。本節では，これら新世代の業態に光を当て，その動向を検討する。

| コンビニ | 私たちの生活に不可欠の存在となっているコンビニがはじめてわが国に登場したのは |

1969 年であり，アメリカでの成功を受けて 70 年代に入って総合ス

ーパーが続々とコンビニ事業に乗り出していった（74年にはイトー
ヨーカ堂がセブン-イレブンを，75年にはダイエーがローソンを，78年に
は西友がファミリーマートを開店）。その後のコンビニの快進撃には目
をみはるものがある。

　たとえばセブン-イレブンはわずか6年目に1000店舗に達し，そ
こから4年目に2000店舗に，その後急速にペースを上げ2003年に
は1万店を超え，2020年には2万935店に達している。コンビニ
全体としては2019年時点で5万8250店である（19年度コンビニ調
査）。

　このような成長の背景には，①若者単身者世帯の増加，②消費者
の買い物時間帯の変化（昼間から深夜へ），③地域コミュニティの変
化（近所付き合いの希薄化）という消費市場特性の変化があり，さら
に，④大店法の規制強化（規制対象規模の引下げ）という政治的要因
の変化もあった。コンビニはこうした変化に「日用必需品に絞り込
んだアソートメントと，長時間営業，約100坪の店舗面積」という
明確な経営形態を打ち出すことで戦略的に対応した。

　コンビニのこの業態特性を維持するためには，「限られた店舗ス
ペースのなかに，必要なものを必要なだけアソートメント形成し，
かつ営業時間中の需要の変動にタイムリーに対応すること」が求め
られた。この難題を解決するためにコンビニが構築したのが，情報
システムと物流システムであった。各店舗にPOSシステムを導入
し，店頭での商品の動き（いつ，何が，どれだけ売れたのか）をリア
ルタイムでとらえて，商品の動きを把握する。同時にデータはオン
ラインで本部や納品業者に送信され，店舗への商品配送が速やかに
行われる。また商品データを分析することによって，①需要時点に
合わせたタイムリーな多頻度小口配送や商品混載による共同配送の
仕組みを整備するなど，より効率的な物流システムが構築され，②

売れ筋・死に筋がつかめる効果として店頭のアソートメントの最適化が実現し，さらに蓄積した情報をもとにしてメーカーとの共同商品開発も活発に行われるようになった。

　以上のように，すでにコンビニは小売市場に確たる地位を築いているが，実は店舗数の増加率は1990年代後半から減少を続けており，2019年度には過去20年間で初めて店舗数が減少した。また全店舗の売上高や来店客数は2010年以降減少し続けている。これらのことから，コンビニ市場が飽和状態になりつつあると考えられている。その原因としては，人手不足やそれによる24時間営業の困難化，食品廃棄問題，経営者の高齢化などが考えられる。成長を謳歌してきたコンビニは，いまその事業モデルの抜本的見直しを求められようとしている。

| 専門店 |

　(1)　アウトレット・ストア　ブランド品が通常価格の30〜70％引きで購入できる店であるアウトレット・ストア，そしてアウトレット・ストアの集積であるアウトレット・モールの集客力の高さとその存在は，いまや消費者の間に定着している。1970年代にアメリカで生まれ急速に成長したアウトレット・モールが，最初にわが国にできたのは93年3月開業の「マーケット シーン・リバーモール」(神戸六甲アイランド) であった。それ以来，各地で開業していて，いまや全国で30カ所以上が営業中である。モールの規模はさまざまであるが，新しく出店するモールほど大型化し，アウトレット・ストア数300店弱，駐車場台数6000台に達するモールも登場しており，立地としては共通して車でのアクセスのよい郊外の場所が選択されている。

　このようなアウトレット・モールの急速な成長を促す要因として考えられる第1は，長引く不況やデフレ経済に直面して消費者の価格意識がきわめて厳しくなっていることである。第2は，国内で販

売される有名ブランド品に対する消費者認識の変化である。海外でブランド品を購入したり，インターネットで価格探索する消費者は，従来の消費者がもちえなかった価格感覚をもつに至っている。第3は，売り手であるメーカーの売上不振である。消費不況だけが原因ではなく，高頻度で大きく変化する消費者需要に対応することが困難になりつつあることから，大量の在庫を抱えがちになる。とりわけアウトレット・モールの主力店であるアパレルについては，在庫処理のための店舗として大きな意味をもっている。

　アウトレットが破格の低価格を打ち出すことができる基本的な理由は，アウトレットが「通常の販売ルートに乗らない商品，あるいは乗ったにもかかわらず販売に至らなかった商品」を販売しているからである。すなわち，①製造時に傷や汚れがついたB級商品，②サンプル商品，③過剰生産のための余剰商品，④廃番商品（製造中止になった商品），⑤売残り在庫品，などが主たる取扱商品となっている。このうち①～④の商品は，ブランドを製造した企業が抱える商品であり，これらを販売する店をアメリカでは元来「ファクトリー・アウトレット」と呼んでいた。一方，⑤は小売企業が抱える商品である。いったん通常のチャネルで販売を試みたが，販売を実現できず抱え込んでしまったものである。アメリカにおいては買取りが取引の基本形態であるため，小売店は在庫を自ら処分する必要があり，それがこうしたタイプのアウトレットの出現を促している。

　アウトレットは今後も数を増やす勢いであるが，①既存店舗で販売されるブランド品との競合関係の発生，②アウトレット・モールの本来の性格を逸脱して，はじめからアウトレットで販売する目的でつくりだされた「アウトレット用商品」の出現，③情報システム効率化によってメーカーがアウトレット向けに出す商品そのものが少なくなる可能性，④アウトレット間競争の始まり，などの理由か

ら，今後業態としてどこまで定着するかが注目される。

(2) 新・専門店　　専門店とはそもそも，取扱商品のアソートメントを狭く深く絞り込むことによって商品にこだわりをもった消費者の愛顧を獲得しようとする小売店をいう。しかし近年，取り扱う商品種類は既存の専門店と同様でありながら，まったく新しいシステムを導入することによって精彩を放っている新・専門店が輩出している。

①ユニクロ──ファーストリテイリングが1984年に第1号店を広島に出店以降，順調に店舗数を増加させていったユニクロが一躍全国的な注目を浴びたのは，98年フリース1900円を打ち出して，1シーズンで800万枚を売り上げたときであった。以来ユニクロは成長神話を次々につくりだしている。2019年8月期には店舗数は世界で2905店，売上高1兆8989億円に達している（ファーストリテイリングとしては，店舗数3589店，売上高2兆2905億円）。

成長の背景には消費者の低価格志向があることはいうまでもないが，ユニクロの真髄は低価格で高品質な商品を安定的につくり続ける独自の仕組みを生み出したことにある。いわゆるSPA業態（第5章第4節参照）であるが，その完成度はわが国随一であろう。企画から素材調達・生産（主として中国の工場に委託）・販売まで一貫して手がけ，取扱品目を大型店で500〜700程度に限定しながら生産量を1品目当たり100万枚単位で大量生産するという仕組みは，日本初である。ユニクロはM&A戦略および海外展開に力を注いでおり，20019年8月時点で，海外19カ国で1379店舗を展開している。第9章でも述べるように，ユニクロは日本を代表する国際小売企業として真の競争優位性をグローバルに確立しようとしている。

②無印良品──わが国におけるPB（プライベート・ブランド：小売業者による自社開発商品）の歴史は古いが，成功を収めたPBの数は

はなはだ少ない。そんななかでもっとも成功したPBであり，いまやNB（ナショナル・ブランド：メーカーが付与するブランド）と肩を並べるほどに有名になったのが無印良品である。

　良品計画が1980年に発売した無印良品は，それまでのわが国のPBが消費者に植え付けてきたイメージをくつがえさんとする意図をもっていた。つまり，従来のPBは「価格はNBより安いが，品質もそれなりである」と思われていた。無印良品はこの価格—品質バランスを壊し，「良品質で構造的に廉価な商品」を創造しようとした。そのために生産過程にまで踏み込んでコスト削減努力を重ね，また良品質を維持するために素材開発にも徹底的にこだわった。さらに素材の調達や生産プロセスを海外に広げ，物流システムを整備するなど，ユニクロに先駆けてグローバルな企画・開発から生産・販売に至る体制を構築したのが，無印良品であった。「シンプルでナチュラル」という統一的なコンセプトのもとで衣食住全般にわたるライフスタイルを提案する小売企業である良品計画は，世界的にもきわめて稀な存在である。

　③マツモトキヨシ——1932年に松本薬舗として創業，その後成長を続け，2020年3時点では売上高5906億円，店舗数1717店に達したマツモトキヨシは，ドラッグストア業界をけん引するリーダー企業であった。高齢化の進行を受けて健康志向が高まっていることを背景にして，マツモトキヨシはそれまでの暗くて気軽に足を運べないという薬局のイメージを払拭することに成功した。医薬品だけではなく化粧品，日用雑貨，育児用品など，アソートメントを多様化し，積極的な広告によって，気軽に立ち寄れるコンビニ感覚のドラッグストアというイメージを形成し，若い女性を呼び込んだ。

　ところが，やがて化粧品・医薬品以外の商品の売上比率が半分近くに達するに至って，コンビニ・食品スーパーとの競合が発生し，

さらに業界内の競争も激化するようになった。結果として，業界内順位はここ数年低下傾向にある。そこで同社は，環境面では医薬分業の方向が明確となりつつあることを背景に，薬剤師を常駐させた調剤薬局の拡充にも乗り出したり，低価格訴求に取り組んでいる。

さらに業界再編の動きが活発化するなかで，マツモトキヨシは2021年10月に業界第7位のココカラファインと経営統合することを発表し，これによって同社は売上高約1兆円・3000店以上を抱えて業界首位に返り咲くことになった。業界に新しいイメージを吹き込んだマツモトキヨシは，今後も立ち止まることなく革新の要となり続けるであろう。

④ダイソー——1977年創業，売上高5015億円，店舗数国内3493店，海外2248店（2020年3月時点）に達する100円ショップ業界のガリバー企業がダイソーである。100円ショップのようなあらゆる商品を均一価格で販売する業態は，19世紀末のアメリカにおいて，また日本においても20世紀前半にも存在し，いまもみつけることができる。

しかし現代の100円ショップがそれらと異なる点は，単なるディスカウント・ストアではなく，5万種類にも及ぶ多種多様な商品の大部分を自社企画で，しかも中国・東南アジアへの委託生産によって調達していることである。生産ロットも100万個単位にも及んでおり，いわば低価格を実現する構造的な仕組みによって100円という価格が実現しているのである。不況期における消費者の低価格志向の高まりという環境を追い風にしていたとはいえ，多種類の独自商品を次々に開発することによって，売場の絶えざる変化を実現していることが，消費者を引きつける魅力となっている。

⑤ドン・キホーテ——1980年に創業し，89年にドン・キホーテ第1号店を出店した。その後2007年には総合量販店の長崎屋を，

2019年には同じくユニーを子会社化して社名をPPIHに変更した。2019年度のドンキ業態の店舗数は368店（別に海外4カ国に35店），全体では643店舗・売上高1兆3289億円の多業態をかかえる小売企業である。中核業態ドン・キホーテは，ディスカウント事業であるが，通常のディスカウントとはその特徴が大きく異なっている。他に類を見ないこの独特の事業スタイルが消費者を聞きつけている。

　たとえば，①営業時間は，平均的には朝10時から深夜3時までであり，夜8時以降の売上構成比が50％以上といわれるほど，深夜市場を開拓している，②生鮮食品も取り扱い，コンビニエンス・ディスカウント＋アミューズメントというコンセプトのもとに，買い物の便利さだけではなく楽しさ・娯楽性を提供している，③圧縮陳列と呼ばれる，通路にはみ出して床から天井まで商品を山積みに陳列していること，④迷路のように入り組んだわかりにくい売場をつくっている，⑤買い物時間を短縮しようという傾向に逆行し，買い物時間を消費しながら面白い商品を発見して衝動買いすることをねらっている，などである。

# 5　小売企業成長の原動力

●成長には何が必要か

伝統型小売業者停滞の原因

わが国の小売業を終始リードしてきた伝統型小売業者——中小小売商と大規模小売企業——は，いまともに存亡の危機に立たされている。前者が苦境に立たされた最大の原因は戦略構想力の欠如である。どのような環境の変化が発生しているのか，そのために何をすることが有効なのかを察知することに後れをとってきた。「まだまだ大丈夫，これまではこの方法で問題はなかった」という過去

のよき経験から脱却できなかったのである。それゆえ何も変わることなく現在に至っている中小小売商が非常に多い。もちろん，なかには状況を適切に把握している小売商も存在する。しかしその場合でも，戦略を実行に移すための組織のまとまりが欠如している。たとえば商店街としていかに戦略を実行するかという段階になると，まとまりのない組織の存在が，商店街活性化の大きな障害となってしまうのである。

　一方，大規模小売企業——百貨店・総合スーパー——でも似たようなことがネックになっている。彼らの場合，障害は組織能力と戦略推進力にある。彼らは環境の変化を適時に把握する能力はもっている。整備された情報システムを通じて，あるいは各店舗を通じて，そうした変化を探知する能力には優れたものがある。しかし，考えられた戦略を現実のものにする能力が劣っている。近年のように環境の変化が大きい場合に有効な戦略は，過去の戦略と大きく異なることが多い。このことは，組織内関係や組織間関係（＝取引関係）に変更を求める。しかし巨大化した組織は，そうしたドラスティックな変化に拒否反応を示しがちである。これまでの慣習に従うことを優先させてしまうのである。このとき力となるのは，トップのリーダーシップである。ただ残念なことに，近年の大規模小売企業にはかつてのようなリーダーが存在しない。存在してもその影響力は，巨大化した組織の末端まで行き渡らないのである。

　以上のように，伝統型小売業者は環境変化に対する機動的な対応ができず，時代から取り残されつつある。

### 新・専門店成長の駆動力

小売企業の最近の業績を眺めてみると，成長型小売企業と停滞型小売企業とにくっきり二極分化している。その象徴的存在が，前節で述べた新・専門店である。これら成長型小売企業には，共通

するいくつかの特徴がみられる。

(1) 変化を恐れないベンチャー精神　　環境が変化したとき，その環境の変化に的確に対応するためには自社がそれまでに蓄積してきたビジネスの仕組みやノウハウの修正が求められる。往々にして企業は変化に尻込みをしがちである。いったん構築したシステムを変更することのコストは，思いのほか大きい。ところが新・専門店はこうした変化を自ら求めているかのごとく，変化に対して敏感であり，迅速である。たとえばユニクロや無印良品，ダイソーのように，低価格志向に応えるべき商品を入手するために海外に生産委託することは，従来の取引業者に依存した仕入れを続けることと比べると，相当に大きな変化である。しかも自ら企画して素材を調達し，生産を管理するといった川上過程にまで立ち入ることは，わが国の小売企業にとっては未体験の領域である。

おそらく新・専門店たちは，自社のビジネスが常に未完成であると認識しているに違いない。そして完成途上にあると考える限り，変化は次なる成長への確実なステップとなるのである。

(2) リーダーの存在　　企業を象徴する顔が，多くの新・専門店にはある。私たちは，企業名を聞くと同時にその企業のリーダーの顔を目に浮かべることができる。たとえば，ユニクロには柳井正，ダイソーには矢野博丈，マツモトキヨシには松本和那，ドン・キホーテには安田隆夫。実はかつての総合スーパーも同様であった（ダイエーの中内㓛，イトーヨーカ堂の伊藤雅俊，西友の堤清二）。変化をいち早く読み取り，新たな方向へ大胆に舵取りをするためには，強烈なリーダーシップが不可欠である。そのリーダーシップが組織全体に染み渡ることで，企業は成長に向かうのである。

(3) 商人マインドの活用　　大規模なチェーン店では，すべての決定権が本部に集中し，各店舗は本部の決定に従属するのみになり

がちである。本来，小売業では従業員の個性・熱意が顧客吸引の大きな武器となるにもかかわらず，自主性を発揮できず単なる歯車と化した店舗ができてしまう。しかし店舗に，あるいは従業員に自由裁量権を与えることによって各店舗の活力を引き出すことに成功している企業がある。

ユニクロの柳井正は，かつて「日本の小売業の問題点は，サラリーマン店長が多すぎるところです。小売業として生き残ろうと思ったら，最大の政策は，店長を店主にすることです」と述べた。ドン・キホーテは，「店舗のスタッフが商品仕入れ，価格設定，陳列及び販売に至るまで，あらゆる自由裁量権をもつ『権限委譲』というシステムを構築」しており，商品別の売場ごとに担当者に権限を与えている。こうした特徴は，従業員を独立した経営者のように取り扱うことによって，小売企業に従事するものがもっているべき商人としてのマインドを大切にし，個々の従業員の意欲を企業全体の活力に結束させようとしていることの表れである。

(4)　商品開発への積極的介入　　ものづくりが，新・専門店に共通するキーワードになっている。そもそも小売業はもっぱらものを売るのであって，ものは作らない。唯一の例外は，表6−1に散見される「製造小売」であった。つまり，菓子（製造小売）やパン（製造小売）にみられるような，小売店頭で商品を作るタイプの業種である。これらものを作る小売業は厳しい環境下の現在でさえ，成長を維持できていることは何を意味しているのだろうか。

それは与えられた品揃えから創造的品揃えへの転換である。ものを作らない小売業は，ものを作る生産者のものを仕入れて販売することになるが，そのものを取り扱うことができるのは，自分だけではなく，誰でも可能なのである。その結果，誰もが扱っているものを自分も扱うことになり，他との差別化ができない。ところが自ら

作ったものは自分だけのものである。他社は取り扱えない。そうした自分だけのものを取り扱うことによって，品揃え全体が独自性の高いものになる。もちろん，新・専門店のものづくりは，製造小売のような単純なものではなく，はるかに高度に仕組まれている。だが，その意味は同じなのである。

(5)　ビジネス・システムの構築・維持　　第2章でみたように一般に小売業では，成功した革新業態もやがてトレーディング・アップすることによって革新性を失い，次なる革新業態に取って代わられる。しかし新・専門店たちはこの点でいささか異なっている。

彼らは，従来にない新しい仕組み（＝ビジネス・システム）をつくりあげようとしてきた。ユニクロ，良品計画，マツモトキヨシ，その他，取り上げた企業群はすべてユニークなビジネス・システムをみごとに創造してきたのである。過去の例に従えば，小売企業はここからトレーディング・アップ（たとえば，取扱商品を大幅に拡大したり，店舗を豪華に装飾したり，無関連にみえる事業分野に進出したり……）を開始する。これが苦労して築き上げた仕組みを崩壊させ，革新性を喪失させることは，過去の小売の歴史が証明している。だが，新・専門店たちは築き上げたシステムを維持し，さらに効率化することに力を注いでいる。自分たちのビジネス・システムが他の追随をまったく許さないほどの競争優位性を獲得するまで，わき目もふらずに邁進する頑固さをもっている。彼らにとって小売業は「安く買って高く売る機会を探求する場」ではなく，「利益を生み出すシステム創りの場」なのであろう。

⇒練習問題

**1**　あなたがこれから小売業に参入しようとする場合，どの業種を選択しますか。またその理由は何だろうか。

**2**　任意の大規模小売企業を取り上げてその盛衰プロセスを調べることによって，企業が犯しやすい経営上の誤りを発見してみよう。

**3**　ファーストリテイリングに代表されるSPA業態の小売企業が，他の小売企業と比較して際だって異なる特徴は何かを，具体的に考えてみよう。

# 第7章　存在意義を問われている卸売業

## 「機能強化」に向けた卸売業者の取組み

### ✦イントロダクション

　大規模小売組織の成長・上位集中化を背景にして，メーカーと小売とが直接的な取引関係を結ぶことによって，これまで両者の中間に介在していた卸売業者が流通から排除されるのではないかといった議論がある。これは「卸中抜き論」ないし「新問屋無用論」と呼ばれている。類似した議論は1960年代にも「問屋無用論」としてなされたが，今回の状況はかつてのそれ以上に卸売業者にとって深刻である。

　というのは，たしかに現在のところ，メーカーと小売とが全面的に直接取引の関係に移行することは考えにくいが，ICT活用の進展を背景に，両者は流通情報ネットワークで緊密な関係を形成してきているからである。このことは，卸売業者の活動内容や活動領域に大きな影響を及ぼしつつあり，いわば卸売業は，流通における存在意義をあらためて問い直される状況に置かれている。

　「商業統計」等のデータをみても，卸売業者の経営状況の厳しさがわかる。しかし，そうしたなかにあって，業界を代表するいくつかの卸売業者が，自らの機能高度化によって，現状を打開しようとする取組みを開始している。とりわけ，そうした動きは加工食品と日用雑貨品の業界で顕著にみられる。両業界における卸売業の機能強化は，販売ネットワークとアソートメントの拡充，ロジスティクスとリテイル・サポートの能力高度化といった方向で進められている。

# *1* 新しい問屋無用論

### ●問い直される卸売業の役割

「卸中抜き」の危機？　この間，卸売業が「中抜き」の危機に直面している，といったことがよくいわれてきた。これは，消費財分野についていえば，大規模小売組織の成長・上位集中化を背景にして，メーカーと小売とが直接的な取引関係を結ぶことによって，両者の中間に介在していた卸売業者が排除されるような事態を指している。

実際，大規模小売組織がメーカーから直接仕入れを行う動きは一部でみられる。たとえば，外資系のコストコは，日本市場への参入当初こそ卸売業者からの商品調達に依存する部分が少なくなかったが，大ロットの定番商品を中心にメーカーからの直接仕入れの比重を高め，他を圧倒するような低価格販売に努めている。イオンをはじめとする国内資本の大規模小売組織の一部も，鮮魚・青果など生鮮食品を含めて直接取引を拡大しつつある。一気に卸売業者を排除するまでにはいかなくても，取引先の卸売業者の数を絞り込み，部門ごとに特定の1社ないし数社に絞り込むことによって効率化を図る動きは広がっている。

これらは，インターネットを利用したB to B（business to business）取引の普及によって，さらに加速する方向にある。

大規模小売組織と卸との関係変化　卸売業者が既存の取引関係から排除されるのではないかという見方は，第2章で述べたように，1960年代のいわゆる流通革命の時期に主張された「問屋無用論」と同趣旨のものといえる。しかし，その後の現実の展開は，問屋無用論が予想したような方向には

進まず，大規模小売組織は依然として仕入れ面で卸売業者に依存し続けた。

　そうした状況に転機が訪れたのは，1980年代以降のことである。すなわち，1970年代まで総合スーパーのほとんどは，チェーン本部が全国規模で事業展開する卸売業者（全国卸）から一括して商品を仕入れる以外に，各店舗がそれぞれの状況に応じて全国卸の支店・営業所からの仕入れ，一定の地域内を事業領域とする卸売業者（地方卸）からの仕入れを組み合わせ，アソートメントの拡大を図っていた。

　しかし，1970年代末から80年代初頭になって，第2次石油ショックや市場の成熟化，大規模小売組織間の競争激化などによって，多くの総合スーパーの経営が悪化していった。そのため，1980年代前半から総合スーパー各社は業績回復をめざして，一方で在庫の単品管理の徹底により，いわゆる“売れ筋・死に筋”の把握の強化を図った（その後，POSシステム等による商品管理の効率化につながった）。同時に，上述のような各店ばらばらの仕入方式を一新し，本部一括仕入れを強化することによって，より効率的なチェーン・オペレーションの実現を図った。

　その際，物流システムに関してとられた具体的な方策は，次のように2つに分かれた。

　その1つは，自社の配送センターを整備し，メーカーからそこに直接配送させ，店舗別仕分けをして，各店に配送する，という実質的に卸売業者を排除した自社物流方式であり，ダイエーの物流システムに代表される。この方式では，形式上の取引関係においては，メーカーと小売との間に卸売業者が介在していることになっている。そのため，配送センターの在庫は，形式上，卸売業者の在庫とされ，卸売業者に売残り等のリスク負担を求めるとともに，小売側が卸売

業者から配送センター利用料（センター・フィー）を徴収するのが一般的である。

　もう1つは，従来，複数の卸売業者が納入してきた商品を，いったん特定の卸売業者の配送センターに集約し（卸売業者に共同で新たな施設を設置させることもある），そこから各店舗に共同配送で一括納品するという仕組みである。納品にあたる卸売業者をベンダーと呼ぶことから，ここではこの仕組みをベンダー一括方式と呼ぶ（最初にこの仕組みを導入したイトーヨーカ堂にならって，窓口問屋制と呼ぶこともある）。この方式においては，店舗への納入窓口となった卸売業者が他の卸売業者から配送センター利用料を徴収するのが一般的である。

　自社物流方式は，従来の卸売業者依存型の流通のあり方を一新させる可能性があった。だが，小売側に配送センター運営のノウハウが蓄積されていないことや，配送センター建設のためのコスト負担が重くのしかかることになったため，ほとんどのケースで当初期待された効果を上げることができなかった。そのため，1980年代後半からの主流はベンダー一括方式となり，卸売業者への依存は続いた。

　しかし，ベンダー一括方式のもとでの卸売業者は，大規模小売からアソートメントの機能よりも，在庫・仕分け・配送といった物流機能の効率的な遂行を優先的に求められるようになった。その結果，卸売業者は，メーカーの販売代理人的な立場から，大規模小売組織の購買代理人的な立場に変質していくことになり，卸売業者への依存といっても，その内実は以前とは大きく異なり，物流機能にどんどん限定されていくようになった（卸のベンダー化）。

1980 年代末になると大規模小売組織は，コンビニエンス・ストアを中心にして，ますます多様化，個性化する消費者ニーズへの対応を目的に，卸売業者やメーカーに対して多頻度・小口・指定時間配送（たとえば，1 日 3 回，多様な商品を 1 個単位で，小売側が決めた時間帯に配送する仕組み）など，物流機能の強化をよりいっそう求めるようになった。さらに，1990 年代中頃以降，ECR や SCM といった新しいコンセプトに基づく流通システムの構築がめざされた（第 5 章参照）。

こうした小売側の要請に対して，卸売業者，とりわけ大手以外の卸売業者が単独で対応するのは困難な面が多い。そのため，大手卸を軸にした共同配送・一括納品の取組みがさらに加速され，中堅・中小の卸売業者はこれに組み込まれたり，資本的な系列化や吸収合併の対象にされたりした。また，大規模小売組織が，自らへの納品業務に特化させるために，納入先の卸売業者の組織化に乗り出すケースも出てきた。

以上のような大規模小売組織が主導する形での物流システム再構築の動きは，従来のメーカー主導の特約店・代理店制度や販売会社制度との衝突を引き起こすことになる。というのも，これらの制度はメーカーごとに商品別・地域別に設定されており，もともと共同配送・一括納品のような仕組みは想定されていなかったからである（第 5 章参照）。

こうして卸売業者のベンダー化がますます進んでいくなかで，1990 年代末から，次のような卸の集約化や中抜きの動きが広がり，あらためて卸売業者の存在意義が問われるようになった。すなわち，大規模小売組織が主導して，一括供給型物流センターを整備し，そこに全取引先の商品の在庫を保管させ，店舗からの注文に応じて，

短いリードタイムで欠品なく配送する仕組みの構築である。ここで，一括供給型物流センターの施設整備や運営は，ロジスティクス能力に優れる特定の卸売業者に委託したり，物流業者に委託するなどしたのである（たとえば，前者のタイプの代表はイトーヨーカ堂，後者のタイプの代表はイオン）。

　以上を1960年代における問屋無用論との対比で，新問屋無用論と呼ぶことがある。新問屋無用論は，かつての問屋無用論と共通する面もあるが，いくつかの決定的な相違点がある。その1つは，1980年代初頭をピークに中小小売商が淘汰の方向に転じる一方で，大規模小売組織への上位集中化が進展したことである。さらに，これに勝るとも劣らないくらい重要なのは，いうまでもなく流通におけるICT（情報通信技術）活用の急速な進展である。こうして，問屋無用論の時代にはなかなか実現しなかった，メーカーと大規模小売組織との直接的関係の構築が，いまや現実のものとなってきているのである。

# *2* 構造変化が進む卸売業
## ●厳しい経営環境に置かれる卸売業者

変化の趨勢

　これまでみてきたように，現在，卸売業者はあらためて流通における存在意義を問われる状況に置かれている。そうしたなかで，いくつかの卸売業者がアソートメントやロジスティクスの機能高度化に取り組み始めている。ここでは，そのような取組みについてみていく前に，卸売業の全般的な動向について，政府公式統計をはじめとする各種の統計データによって確認しておこう。

　従来，卸・小売の政府統計は事業所を調査単位とする商業統計調

査によって扱われてきた。しかし，厳しい財政状況を踏まえつつ，国全体の産業を包括的に調査し，国民経済計算（とくに GDP）の精度向上等を図るため，政府統計全般を統廃合することが，2005（平成 17）年閣議決定により提言された。これを受けて，2009（平成 21）年に経済全般を対象に，事業所・企業を調査単位とする経済センサス（基礎調査）が実施された。基礎調査の目的は，事業所・企業の名称や所在地，属性等の基礎的事項を把握することにある。そして基礎調査を踏まえて，事業所・企業の売上，費用，設備投資など経済活動を明らかにすることを目的とする，経済センサス（活動調査）が，2012（平成 24）年に実施された。その後，2014（平成 26）年に基礎調査，16（平成 28）年に活動調査，19（令和元）年に基礎調査，21（令和 3）年に活動調査が実施される。

　この間，2014（平成 26）年に，経済センサス（活動調査）の中間を埋めるため，商業統計調査が実施された。商業統計調査はこれを最終回として廃止され，新たに経済構造実態調査が創設された。経済構造実態調査は，商業統計調査，特定サービス産業実態調査，サービス産業動向調査（拡大調査）の 3 つを統合・再編し，製造業およびサービス業（ここでは卸・小売，金融業等を含むいわゆる第三次産業）について，企業等を調査単位として売上，費用等を横断的に把握することをめざしている。この調査は，経済センサス（活動調査）を除いて毎年実施され，初回は 2019（令和元）年に行われている。

　さて，以上の政府統計の統廃合を踏まえて，卸売構造に関する基本データを整理すると，表 7-1 のようになる。また，長期的な趨勢をとらえるために，前回調査比の推移をまとめると，図 7-1 のようになる。これらから，1990 年代初頭まで，わが国の卸売業の事業所数，従業者数，年間販売額は増加基調にあったものの，その後，いずれの指標も減少傾向に向かい，2010 年代半ばには，また

表7-1 卸売業の事業所数，年間商品販売額，従業者数の推移

| | 2002 年 | 2007 年 | 2012*年 | 2014 年 | 2016*年 |
|---|---|---|---|---|---|
| 事業所数（店） | 379,549 | 334,240 | 371,663 | 382,354 | 364,814 |
| 　対前回調査の平均伸び率 (%) | −3.76 | −3.79 | −0.12 | 1.94 | −0.46 |
| 年間商品販売額（100 万円） | 413,354,831 | 410,678,894 | 365,480,510 | 356,651,649 | 436,522,525 |
| 　対前回調査の年平均伸び率 (%) | −5.86 | 0.42 | −1.29 | −1.99 | 4.54 |
| 従業者（人） | 4,001,961 | 3,544,507 | 3,821,535 | 3,932,276 | 3,941,646 |
| 　対前回調査の年平均伸び率 (%) | −3.81 | −2.32 | 0.06 | 1.49 | 0.78 |

（注）　1.　＊印の 2012 年と 16 年は経済センサス（活動調査），それ以外は商業統計調査による。
　　　　2.　従業者数は「個人事業主」「無給の家族従業者」「有給役員」「常用雇用者」の合計。なお，商業統計では 1999 年から就業者数のデータをとっている。これは従業者数に「臨時雇用者数」および「他からの派遣・受入者数」を加え，「他への派遣・出向者数」を除いたもの。
（出所）　経済産業省『商業統計表』（各年版），総務省『経済センサス』より作成。

図7-1 卸売構造の変化（前回調査比の推移）

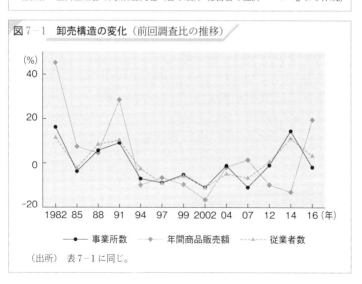

（出所）　表7-1 に同じ。

増加傾向にあることがわかる。

　ただし，ここで注意すべきは，商業統計の卸売業にはメーカー等の支店・営業所などが含まれていることである。つまり，卸売業のデータの時系列的な変化は，卸売業内部の要因だけでなく，取引先の変化によってももたらされている。

**規模構造の推移**　次に，卸売業の従業者の規模構造についてみていこう。表7-2は，従業者規模別の事業所数と年間商品販売額の構成比の変化（2007年と16年）についてまとめたものである。

　まず，事業所数と年間商品販売額が全体として減少傾向にあるなかで，従業者4人以下の小規模事業所の事業所数，年間商品販売額の構成比が，微増傾向にあることが挙げられる。1990年代においては，景気の低迷や流通段階の短縮化，中小小売商の淘汰などを背景にして，小規模事業所の減少傾向が続いたが，2000年代に入って，それが一段落したとみられる。

　また，事業所数と年間商品販売額の関係をみると，事業所数構成比で50％近くを占める小規模事業所が，年間商品販売額構成比では5％強にすぎないのに対して，事業所数構成比で1％に満たない大規模事業所（従業者100人以上）が，年間商品販売額構成比では30％台後半に達していることがわかる。いわば，経験則としてよく指摘される"パレートの法則"（80：20の法則）に近い状況にあるといえる。

**卸売業の業種構造**　ここまでは卸売業全体についてみてきたが，当然そこには主として消費財を扱う卸と，主として産業財を扱う卸との両方が含まれている。本書が主として対象にしているのは消費財の流通であることから，これらのうち消費財卸の実態を知る必要がある。

表 7 - 2　卸売業の従業者規模別の事業所数と年間商品販売額の構成比

（単位：％）

| 従業者規模 | 事業所数 | | 年間商品販売額 | |
|---|---|---|---|---|
| | 2007 年 | 2016 年 | 2007 年 | 2016 年 |
| 2 人以下 | 22.2 | 25.7 | 1.5 | 2.7 |
| 3〜4 人 | 23.7 | 22.1 | 3.6 | 4.1 |
| 5〜9 人 | 27.5 | 25.8 | 10.9 | 11.0 |
| 10〜19 人 | 15.9 | 15.3 | 15.3 | 15.0 |
| 20〜49 人 | 8.1 | 8.3 | 20.2 | 19.1 |
| 50〜99 人 | 1.8 | 1.9 | 12.4 | 11.6 |
| 100 人以上 | 0.9 | 1.0 | 36.0 | 36.5 |

（出所）　表 7-1 に同じ。

　だが，商業統計のデータから消費財卸だけを抜き出すのは簡単そうでいて，実はなかなかやっかいな作業である。というのは，商業統計において，卸売業は主たる取扱商品に応じて，6 つの中分類を基本に，小分類，細分類と段階的に業種区分されているのだが，同じ商品でも用途によって産業財になったり消費財になったりするため（たとえば，パソコンは家庭で使えば消費財だが，オフィスで業務用に使えば産業財になる），業種分類だけで消費財卸かどうかを識別することは，厳密にいうとできないからである。

　そこで，ここでは便宜的にそれぞれの業種の主たる取扱商品の主要な用途に注目して，卸売業を主として，産業用使用者向けの商品を扱う産業財卸，すなわち原材料・部品などを扱う生産財卸と，機械設備などを扱う投資財卸，そして消費者向けの商品を主として扱う消費財卸，すなわち飲食料品を除く消費財卸と，飲食料品卸，各種商品卸（総合商社など）に再構成し，それぞれの商店数と年間販売額の推移をまとめた。その結果が図 7-2 である。

　ここからまず，産業財卸の構成比は事業所数，年間商品販売額と

図 7-2 卸売業の取扱商品類型別の事業所数と年間商品販売額の構成比の推移

(1) 事業所数　　　　　　　　　　　　　　　　(単位：%)

| 年 | 0.0/0.2/0.3/0.4 | 各種商品卸 | 飲食料品卸 | 消費財卸 | 投資財卸 | 生産財卸 |
|---|---|---|---|---|---|---|
| 1991年 | 0.0 | 21.7 | 28.4 | 34.6 | | 14.8 |
| 2002年 | 0.2 | 22.0 | 29.5 | 35.3 | | 12.9 |
| 2007年 | 0.3 | 22.7 | 28.5 | 34.7 | | 13.8 |
| 2014年 | 0.4 | 21.9 | 27.8 | 35.3 | | 14.5 |
| 2016年 | 0.4 | 20.1 | 27.3 | 37.3 | | 14.8 |

□各種商品卸 □飲食料品卸 ■消費財卸 □投資財卸 ■生産財卸

(2) 年間商品販売額　　　　　　　　　　　　　(単位：%)

| 年 | 各種商品卸 | 飲食料品卸 | 消費財卸 | 投資財卸 | 生産財卸 |
|---|---|---|---|---|---|
| 1991年 | 17.3 | 19.0 | 16.9 | 28.5 | 18.1 |
| 2002年 | 11.6 | 20.4 | 19.7 | 30.8 | 17.5 |
| 2007年 | 11.9 | 18.3 | 18.6 | 29.5 | 21.7 |
| 2014年 | 7.3 | 20.1 | 18.4 | 27.3 | 27.0 |
| 2016年 | 7.4 | 20.9 | 18.4 | 22.5 | 30.8 |

□各種商品卸 □飲食料品卸 ■消費財卸 □投資財卸 ■生産財卸

(注)　主要取扱商品類型別の卸売業の区分は，次の通り。
　　　各種商品卸＝各種商品卸。飲食料品卸＝飲食料品卸。消費財卸＝衣服卸＋
　　　身の回り品卸＋その他の卸。投資財卸＝建築材料卸＋機械器具卸。生産財
　　　卸＝繊維品卸（衣服・身の回り品を除く）＋化学製品卸＋石油・鉱物卸＋
　　　鉄鋼製品＋非鉄金属卸＋再生資源卸。
(出所)　表7-1に同じ。

もに卸売業全体の半分近くを占めており，そのなかでも生産財卸の
年間商品販売額構成比が増加傾向にあることがわかる。また，消費
財は事業所数，年間商品販売額ともに横ばい状態にある。各種商品

卸は，事業所数については横ばいであるが，年間商品販売額は減少傾向にあることが注目される。

なお，商業統計調査の時代には，卸・小売業ともに産業分類別の集計は，大分類，中分類，小分類，細分類まで公表され，産業分類ごとの分析を詳細に行うことが可能であった。しかし，経済センサスにおいては，現在のところ小分類レベルまでの公表にとどまっており，産業分類ごとの詳細な分析ができない状況にある。この点は，卸・小売業の業種構造に関する詳細な分析を行う際に限界となる点であるので，注意が必要である。

> **卸売業の財務指標**　以上のような構造変化のなかで，卸売業者がどのような経営状況に置かれているかをみるために，代表的な財務指標について，他の産業分野と比較して確認しよう。

表7-3は，中小企業庁が中小企業基本法第10条に基づいて実施している「中小企業実態基本調査」から製造業，卸売業，小売業，宿泊業・飲食サービス業の売上高総利益率（粗利益率）と売上高営業利益率を算出したものである。いずれの指標においても，卸売業が他の産業に比してかなり低い水準にとどまっていること，2010年から19年にかけての変動は，ごく一部を除いてあまりないことがわかる。ここから，卸売業の利益率が相対的に低い水準にあることが確認できる。

これに対して，費用の側面について製造業，卸売業，小売業で共通して負担する物流費に注目してみよう。物流費の調査は日本ロジスティクス協会が毎年度，アンケート調査方式で実施している。2019年度調査（有効回答219社）において，物流費が売上高に占める比率（売上高物流費比率）は，全業種平均で4.91％であった。2018年度調査では，物流事業者からの引上げ要請などを理由に同

**表 7-3　産業別の財務指標の推移**

(単位：％)

| 産　業　別 | | 売上高総利益率 | 売上高営業利益率 |
|---|---|---|---|
| 製　造　業 | 2010 年 | 20.1 | 0.6 |
| | 2019 年 | 22.0 | 3.9 |
| 卸　売　業 | 2010 年 | 15.9 | 0.9 |
| | 2018 年 | 17.3 | 1.8 |
| 小　売　業 | 2010 年 | 30.5 | 1.9 |
| | 2018 年 | 30.1 | 1.5 |
| 宿泊業・飲食サービス業 | 2010 年 | 62.6 | 7.4 |
| | 2018 年 | 65.2 | 5.2 |

（注）　産業別の数値は法人企業と個人企業の合計。
（出所）　中小企業庁「中小企業実態基本調査」各年版より作成。

**表 7-4　業種別の売上高物流コスト比率の変化**（連続回答企業）

(単位：％)

| | 2018 年度 | 2019 年度 | 変　化 |
|---|---|---|---|
| 製造業（n=102） | 4.90（n=159） | 4.94（n=151） | ＋0.04 |
| 卸売業（n=33） | 5.55（n=37） | 4.77（n=45） | −0.78 |
| 小売業（n=12） | 4.50（n=17） | 4.35（n=19） | −0.15 |

（注）　$n$ は調査への回答企業の数を示す。回答企業が毎年
　　　異なるため、過去にさかのぼっての単純な経年比較は
　　　できない。
（出所）　日本ロジスティクス協会「2019 年度 物流コスト
　　　調査報告書」より作成。

比率は 4.66％ から 4.95％ へと大きく上昇したが、2019 度において
は、ほぼ横ばいに近い結果となった。ただし、これは直近 10 年間
の調査結果のなかで 3 番目に高い数値であり、高水準を維持してい
るといわなければならない。

　業種別の売上高物流コスト比率は、表 7-4 のようになる。ここ

から，卸売業の売上高物流費比率は，製造業よりもやや低く，小売業よりもやや高い水準にあり，前年度に比してやや低下したということがわかる。

# 3 大手卸主導の業界再編成
### ●合併・買収・提携による上位集中化の進展

| 食品卸売業界の動向 | ここでは，卸売業界の具体的な動向について，消費財卸の代表的存在である食品卸と

日用雑貨卸を対象にみていこう。

　表7-5は，日本経済新聞社の「日本の卸売業調査」（各年版）に基づいて作成した食品卸売業界の売上高ランキングの変化（2008年と19年）である。ここから，上位卸のなかでもトップ3社とそれ以下との間に比較的大きな規模格差が存在することがわかる。また，この10年超の間での順位の変動は比較的小さく，業界構造はどちらかというと安定的といえる。しかし，その前の20年間，すなわち1990年代と2000年代には，業界構造が大きく変動した。

　まず，1990年代においては，国分（2016年に国分グループ本社に社名変更），菱食（2011年に同社を中心とする三菱系4社の統合により三菱食品に）といった最大手クラスの全国卸が，各地の中堅・中小クラスの地方卸をM&A（合併・買収）によって子会社化したり，提携によって自社グループに組織化したりという動きが目立った。同時に，もともと常温管理の加工食品を中心的な事業領域としてきた国分や菱食などは，温度管理が必要な冷蔵（チルド）・冷凍食品，卸売免許が必要な酒類，鮮度・品質管理が重要な生鮮食品，取扱方法や単価が異なる菓子などへと事業領域の拡張を図った。

　さらに，準大手クラス同士が合併によって大手の一角入りを果た

| 順位 | | 社　名 | 本社 | 売上高<br>（100 万円） | 対前年度<br>経常利益<br>伸び率（%） | 取扱商品 |
|---|---|---|---|---|---|---|
| 2019 | 2008 | | | | | |
| 1 | — | 三菱食品 | 東京 | 2,654,698 | ▲9.3 | 総合食品 |
| 2 | 3 | 日本アクセス | 東京 | 2,154,392 | 8.9 | 総合食品 |
| 3 | 1 | 国分グループ本社 | 東京 | 1,891,676 | ▲3.0 | 総合食品 |
| 4 | 4 | 加藤産業 | 兵庫 | 1,063,219 | 8.4 | 総合食品 |
| 5 | 6 | 三井食品 | 東京 | 820,200 | ▲43.2 | 総合食品 |
| 6 | — | トモシアホールディングス* | 東京 | 740,630 | ▲36.8 | 総合食品 |
| 7 | 5 | 伊藤忠食品 | 大阪 | 661,244 | 15.3 | 総合食品 |
| 8 | 7 | 日本酒類販売 | 東京 | 560,474 | ▲12.0 | 酒 |
| 9 | 11 | ヤマエ久野 | 福岡 | 522,102 | 27.2 | 総合食品 |
| 10 | 12 | スターゼン | 東京 | 351,356 | ▲9.7 | 総合食品 |

（注）　*旭食品（2008 年 8 位），カナカン（同 21 位），丸大堀内（同 39 位）
　　　　の 3 事業会社が経営統合し 2013 年 1 月 26 日に発足。
（出所）　日本経済新聞社「日本の卸売業調査」（各年版）より作成。

そうと，業界再編を仕掛ける動きも目立った。雪印アクセス（現・日本アクセス），伊藤忠食品，三友小網（三井食品の前身）の誕生が，その代表である。

　こうした最大手および準大手クラスの卸の動向が，業界構造の変動をもたらす主因となっていた。

**総合商社の積極的関与**　2000 年代に入ると，それまで海外直接投資や輸出入などを中心な事業領域としてきた総合商社が，食品の国内取引分野に積極的にかかわりをもとうとして，食品卸の業界再編を後押しするようになった。これを総合商社の川下戦略という。その結果，2019 年の上位 10 社のうち，資本系列として総合商社系といえるのは，三菱食品（三菱商事系），日本アクセスと伊藤忠食品（伊藤忠商事系），三井食品（三井物産系）の 4社で，さらに国分グループ本社も 2015 年に丸紅と包括提携した。

それでは，総合商社のねらいはどこにあるのであろうか。国内での食品卸売事業そのものは，すでにみたように利益率は低く，今後の市場の成長性への期待もそれほど高くはない。それでもあえて仕掛けるのは，大規模小売組織の上位集中化が顕著になるなかで，巨大化した上位大規模小売組織とのビジネスが，総合商社にとって魅力的なものとなっているからである。そのため，従来は食品原料の輸入販売といういわゆる川上事業を中心に，国内の消費市場との接点が間接的なものにほぼ限られていたビジネスモデルを転換し，川中の卸売事業に積極的に関与することによって，川下の大規模小売組織と緊密な関係を築いたり，三菱商事によるローソンの子会社化や，伊藤忠商事によるユニー・ファミリーマートホールディングスの子会社化などのように，出資比率を引き上げたりすることによって，消費市場そのものに近づこうとしているのである。

逆に，食品卸売業にとっては，資本力や信用力のある総合商社の支援は魅力的である。こうして，両者の思惑が合致し業界構造の変動がもたらされた。

日用雑貨卸売業界の動向

次に，日用雑貨卸についてみてみよう。表7-6は，表7-5と同じ調査データに基づく売上高ランキングの変化（2008年と19年）である。ここから，上位卸のなかでもトップ2社とそれ以下との間に比較的大きな規模格差が存在することがわかる。また，この10年超の間での順位の変動はあまりなく，業界構造は比較的安定している。しかし，その前の20年間には，業界構造が大きく変動した。

もともと，日用雑貨卸の業界においては，メーカーによる地域別の代理店制度の影響から，かつては上位卸といえども全国的な販売網をもっておらず，地域ごとに有力卸が群雄割拠するといった状況

表 7−6　日用雑貨（洗剤・化粧品等）卸売業の売上高ランキング

| 順位 2019 | 順位 2008 | 社　名 | 本社 | 売上高 (100万円) | 対前年度経常利益伸び率(%) | 取扱商品 |
|---|---|---|---|---|---|---|
| 1 | 1 | パルタック | 大阪 | 1,046,414* | ▲4.2 | 総合（洗剤・化粧品） |
| 参考 | — | 花王グループカスタマーマーケティング | 東京 | 838,990* | — | 総合（洗剤・化粧品） |
| 2 | 2 | あらた | 東京 | 796,227 | 7.4 | 総合（洗剤・化粧品） |
| 参考 | — | 資生堂ジャパン | 東京 | 365,500 | ▲6.7 | 化粧品 |
| 3 | 4 | 井田両国堂 | 東京 | 174,533 | — | 化粧品 |
| 4 | 3 | CBグループマネジメント | 東京 | 146,799 | ▲14.5 | 化粧品 |
| 5 | 8 | 広島共和物産 | 広島 | 72,678 | — | 洗剤・紙・紙おむつ |
| 6 | 5 | 東京堂 | 東京 | 70,147 | — | 総合（洗剤・化粧品） |
| 7 | 6 | 東流社 | 宮城 | 56,200 | — | 総合（洗剤・化粧品） |
| 8 | 10 | ハリマ共和物産 | 兵庫 | 51,829 | 1.2 | 総合（洗剤・化粧品） |
| 9 | 7 | 小津産業 | 東京 | 40,500 | — | 洗剤・紙・紙おむつ |
| 10 | — | OATホールディングス | 東京 | 36,565 | ▲35.3 | 化粧品 |

（出所）　日本経済新聞社「日本の卸売業調査」（各年版）および各社ウェブサイトより作成。ただし，＊は各社IR情報による。

にあった。そのため，全国的ないし広域的にチェーン展開をする大規模小売であっても，地域ごとに異なる卸売業者から仕入れなければならなかった。

　そうしたなかで，1990年代に入って，業界再編を促す次のような要因が顕在化してきた。すなわち，大規模小売組織が上位集中化してくるなかで，価格や物流をはじめとする各種の取引条件に関して，全国同一水準での商品供給を強く求めるようになった。ドラッグストアが売場面積の拡大に伴い日用雑貨品の取扱いを強化するとともに，M&A等によって広域的なチェーンへと成長してきたことの影響も大きい。さらに，日用雑貨分野のメーカーで唯一，販売会社制度をとる花王が，地域ごとに独立していた販売会社を1990年

代後半から一気に再編し，花王販売会社（現・花王グループカスタマーマーケティング）1 社に統合するとともに，他社商品も含めて小売に一括供給する子会社・花王システム物流を立ち上げたことも挙げられる。また，資生堂も 2015 年，化粧品販売を主体とする販売会社を資生堂ジャパンに再編，社名変更している。花王と資生堂の販売会社の売上等については，表 7-6 に参考として示した。

**上位と中下位との規模格差拡大**

こうした諸要因が重なって，日用雑貨卸各社は当時の状況に強い危機感を抱くようになり，1990 年代後半以降，急速に M&A 等を展開した。1998 年には，業界最大手で関西を基盤としたパルタックが，北陸を基盤とする準大手の新和（業界最高水準の物流・情報システムで有名）を吸収合併し，さらに神奈川地盤の地方卸から営業権を取得することにより関東市場での地歩を固めた。また，業界第 2 位で北海道・東北を基盤としたダイカが，秋田の地方卸や関東の大手家庭紙卸を吸収合併し関東進出を進めた。これに対抗して，関東を基盤とする業界大手の中央物産が，医療用品卸や中堅日用雑貨卸を吸収し，さらに当時業界 10 位で静岡を基盤とするチョカジ（リテイル・サポート能力の高さに定評があった）と合併することによって，関東周辺市場の基盤固めを行うとともに，業界第 3 位の地位を確保した。

しかし 2002 年，ダイカと当時の業界第 4 位，第 5 位のサンビック（福岡），伊藤伊（愛知）の 3 社が持株会社方式で経営統合し，あらたを誕生させ業界最大手となった。これによって，あらた，パルタックの上位 2 社の売上が突出する，いわゆる 2 強状況が形成されることとなった。

さらに，2005 年にはパルタックと医薬品卸最大手のメディセオホールディングスとが持株会社方式で経営統合し，メディセオ・パ

ルタックホールディングス（現・メディパルホールディングス）が発足した。この業種の壁を越えた統合は，ドラッグストアの急激な上位集中化や，医薬分業のいっそうの進展によって調剤薬局の成長が見込まれること，2009年の改正薬事法施行によって登録販売者制度が導入されたこと，およびリスクの低い医薬品がスーパーやコンビニ等で販売可能になったこと，といった日用雑貨と医薬品の両業界を取り巻く環境変化をにらんだものといえる。

**上位集中化の進展状況**　　ここで食品卸売業界および日用雑貨卸売業界の上位集中化状況について確認しよう。

図7-3は，日本経済新聞社「日本の卸売業調査」（各年版）等のデータに基づいている。ここで，横軸は上位企業3社の業界主要企業に占める相対シェアが，1990年から2019年にかけてどの程度変化したかを示している。なお，食品卸は上位100社，日用雑貨卸は上位20社に占める上位3社の相対シェアである。また，縦軸は業界主要企業中における寡占度指数HHIの同年間における変化を示している。図中の円の大きさは，それぞれの合計売上高を表しており，食品卸は1990年の約8兆9000億円から2019年の約17兆2000億円に，日用雑貨卸は同じく約6000億円弱から約2兆6000億円に拡大している。

ここから，食品卸については，上位3社の相対シェアは18％から39％へと顕著に上昇しているものの，寡占度指数HHIはいまだ低い水準（225から656に上昇）にあり，競争的状態にあることがわかる。一方，日用雑貨卸については，上位3社の相対シェアは35％から77％へと，HHIは790から2628へといずれも大幅に上昇しており，かなり寡占的な状況になっているということができる。

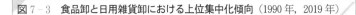

図 7 - 3　食品卸と日用雑貨卸における上位集中化傾向（1990 年, 2019 年）

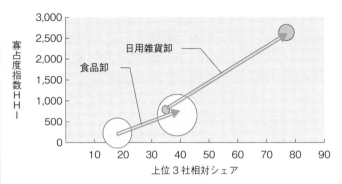

|  | 食品卸 | | 日用雑貨卸 | |
|---|---|---|---|---|
|  | 1990 年<br>（100 社中） | 2019 年<br>（100 社中） | 1990 年<br>（20 社中） | 2019 年<br>（20 社中） |
| 上位 3 社相対シェア | 18.1 | 38.9 | 34.9 | 77.0 |
| 寡占度指数 HHI | 225 | 656 | 790 | 2,628 |
| 合計売上規模（100<br>万円） | 8,870,530 | 17,233,536 | 593,228 | 2,618,830 |

（注）　1.　それぞれの円の面積は当該業種の合計売上高の規模を示す。
　　　　2.　日用雑貨卸については，メディバル HD のうちのパルタック単体
　　　　　を 1 位とした。
（出所）　表 7 - 5 に同じ。

# 4　卸売業の機能強化の課題と方向

### ◉大規模小売組織への対応を主眼にした機能強化

卸売業が期待される役
割の縮小

これまでみてきたように，現在，卸売業者
は厳しい経営環境に置かれており，とりわ
け中小卸売業者には淘汰の波が押し寄せて

*Column* **❼** 生鮮品の卸売市場の役割と課題

　生鮮品（青果物，水産物，食肉，花き）は，①必需性が高い反面で腐敗しやすい，②商品の規格化が困難，③生産への自然的条件の影響が大きい，④生産期間が比較的長い，⑤生産構造が小規模・分散的，といった工業製品にはない特徴をもっている。そのため，売り手と買い手とが一堂に会して，商品の現物を評価しながら迅速・公正に価格を決定し，商品引渡しから代金決済までを行う卸売市場が，多くの国々で形成されてきた。

　わが国の卸売市場の制度は，卸売市場法（1971年制定）によって定められている。ただし，卸売市場外での取引が禁止されているわけではないことには留意が必要である。同法はたびたび改正されており，直近の改正は2018年6月（20年6月施行）となっている。

　この改正以前の同法では次のように規定されていた。卸売市場は都道府県および政令指定都市（以下では都道府県等）が開設し，卸売業者の業務許可等の厳しい国の関与のもとで運営される。卸売市場において売り手となる卸売業者（卸売人）は，産地の出荷者（生産者およびその代理人）から商品販売の委託を受ける（買付けも一部ある）。その際，受託拒否や差別的取扱いは禁止されている。買い手は，仲卸業者や売買参加者（市場の開設者から認められた小売商や業務用需要家など）であり，彼らはセリまたは入札，あるいは相対取引（1対1の売買取引）によって卸売人から購入する。仲卸業者は購入した商品を小分けし，小売商などに販売する。

　しかし，こうした仕組みはこの間，形骸化が進んできた。とりわけ大規模小売組織や外食産業などの大口需要家が，セリ開始時間前に商品を納入させ事後に決済する「先取り」方式を多用するとともに，産地直送など卸売市場外での仕入れを拡大していることの影響が大きい。その背景には，生産技術や冷凍・冷蔵など保存技術の進歩，国際化による輸入品の急増などの要因がある。この間の卸売市

場法の改正は，こうした環境変化に対応するための制度改革をめざすものといえる。

1999年の法改正では，従来，卸売市場における取引の基本とされていた委託出荷原則，セリ取引原則，商物一致の原則の見直し（商物分離の許容）が行われた（2000年4月施行）。また，2004年の法改正では，品質管理の高度化，商物一致規制の緩和，委託手数料等の規制緩和，卸売市場の再編の促進などが実施された（委託手数料規制緩和は2000年4月施行，その他は2004年6月施行）。

さらに，直近の改正では，生産者の所得向上と消費者ニーズへの的確な対応，卸売市場を含めた食品流通の合理化，生鮮食品等の公正な取引環境の確保の促進を目的として，さらに踏み込んだ改正が行われた。改正の主要な内容は，開設主体が都道府県等から民間含め無制限とされたこと，卸売業務の許可等に関する国の関与規定の廃止，取引ルールの大幅な規制緩和である。規制緩和された取引ルールとしては，卸売業者の第三者販売，商物一致原則，仲卸業者の直荷引き等が挙げられる。それ以外の規制については，差別的取扱いの禁止，売買取引の条件の公表，売買取引の結果等の公表などが共通の取引ルールとして義務化され，公正かつ透明な市場運営が図られている。以上の法改正を踏まえて，都道府県・政令指定都市では法施行日に向けて，実際の市場運営のための条例改正を行っている。

こうした卸売市場制度の根幹にかかわる制度改定によって，生鮮品の流通がどのように変化するか，卸売市場のいっそうの再編成が進むかなど，今後の展開に注目してほしい。

いる。大手卸売業者も，大規模小売組織とメーカーとが直接的な関係の構築に本格的に乗り出してくるなかで，中小卸ほどではないにしても厳しい状況に置かれていることに変わりはない。

第4章でも述べたように，たとえば，メーカーと大規模小売組織との間では，専用回線による電子データ交換（EDI）や，インターネットを活用して，流通情報ネットワークを構築する動きが盛んに進められている。これによって，流通の各段階間の取引において必要とされる商品情報や在庫情報，発注・納品情報，決済情報などをはじめとしたほとんどの情報の処理が，オンラインでリアルタイムに行われるようになる。

　現在のところ，卸売業者もこうした流通情報ネットワークに参加していることが多い。しかし，メーカーと大規模小売組織とが流通情報ネットワークを通して緊密な関係を形成することは，卸売業者の活動内容や活動領域に，次のような深刻な影響を及ぼす。

　すなわち，卸売業者はこれまでメーカーと小売との中間にあって，需給情報の結節点的な役割を果たすとともに，在庫調整機能や物流機能を担ってきた。しかし，流通情報ネットワークが形成・発展することによって，そうした卸売業者の役割の一部は，メーカーや大規模小売組織自らが，あるいは物流業者が遂行できるようになる。このことは，生産活動と小売活動とをつなぐ卸売活動の必要性や重要性は変わらないものの，その担い手が卸売業者である必然性が低下することを意味する。つまり，卸売業者がこれまで流通において果たすことが期待されてきた役割が，縮小・低下傾向にあるといえる。

### 販売ネットワークとアソートメントの拡充

こうした活動領域の縮小の危機という現状を打破するために，いくつかの大手卸売業者が主導して，機能強化の取組みが開始されている。加工食品と日用雑貨の業界は，そうした卸売業者の取組みが活発に行われているので，前節に引き続いて両業界の卸に焦点を当ててみていくことにする。

両業界における大手卸売業者の取組みは，大規模小売組織との取引に対応するための機能強化という共通したねらいのもとで進められている。その具体的内容としてまず挙げられるのが，全国的ないし広域的な販売ネットワークの形成と，大規模小売組織のアソートメントに対応した取扱商品の拡大，すなわちフルライン・一括供給である。

　これらは，全国各地の同業種あるいは隣接業種の地方卸（県単位ないしそれより狭い地域を商圏とする中小規模の卸売業者）や，地域卸（複数の県にまたがる広域的な商圏をもつ中堅の卸売業者）を吸収・合併したり，系列化したりすることによって，実現が図られている。こうした取組みが必要とされるのは，かつて両業界の卸売業者が，メーカー主導の商品別・地域別の特約店制・代理店制によって，限られた地理的範囲の大規模小売組織との間で，限定された商品分野についてのみ取引関係を取り結ぶことができるという状況にあったからである。前節でみた1990年代以降の上位集中化の動きは，まさにこうした壁を突破するためのものといえる。

　かつての標準的な食品スーパーと加工食品卸との取引関係では，食品スーパーの加工食品の仕入額構成比は20％程度で（仕入額構成比がもっとも高い分野は生鮮食品），そこに少ない場合でも数社，多い場合には十数社から数十社に及ぶ卸売業者が取引関係をもつのが一般的であったといわれる。隣接分野の菓子や酒類，日用雑貨品においても，状況はほぼ同様であった（なお，酒類については，免許制度がしかれており，卸売販売は卸売免許がないと，小売販売は小売免許がないと行えない）。これではいずれの分野においても，1卸売業者当たりの小売との接点は，わずか数％にも満たないことになる。

　こうした卸売業者からみた販売依存度の高さと，小売側からみた仕入依存度の低さというアンバランスによって，卸売業者は大規模

小売組織に対して不利な状況に置かれた。たとえば，情報という側面からみても，卸売業者は自社取扱商品に限っての商圏内情報や地域間比較情報はもてるにしても，競合品を含めた商品部門単位，あるいはそれより下位の分類である商品カテゴリー単位の情報はもてないという制約を負わされた。

これに対して，アメリカの食品スーパーの場合，大手のほとんどはチェーン本部がメーカーとの直接取引によって商品調達を行っているが，中堅以下になると，グローサリー・ホールセラーと呼ばれる卸売業者がチェーン本部の機能を補完し，1社でおよそ80%の商品をフルライン・一括供給するのが普通である（残りの20%はメーカーからの店舗直送など）。その意味で，日本の加工食品業界における大手卸売業者の動きは，従来，商品別・地域別に形成されてきた流通システムを切り崩して，アメリカ型のグローサリー・ホールセラーへの脱皮を図る取組みといえる。

ICT活用による機能強化

卸売業者の機能強化の方向は以上に限らない。さらに大手卸売業者は，ICTを積極的に活用することによって，次のような方向で自らの機能強化を図っている。

その1つは，大規模小売組織に対する単品単位での店舗別仕分けや，異なる温度帯（常温，冷蔵，冷凍，定温など）での温度管理が必要な商品を含めた一括供給などの仕組みを整備することをはじめとした，ロジスティクス能力（第4章参照）の高度化である。これらによって大手卸売業者は，卸という中間流通の立場から，サプライチェーン全体の効率化を図ろうとしているといえよう。

他方で，大手卸売業者は，ICT活用を基礎にしてリテイル・サポート（小売店支援活動）の能力を高めることによって，営業力を強化することにも力を入れている。ここでいうリテイル・サポートとは，

一般に，商品の棚割り・陳列，広告・販売促進企画，店舗レイアウトなどの提案，消費者調査の実施といった小売業の営業面の支援，および従業員の教育・訓練，会計・税務処理，情報システム整備，新規出店計画や店舗設計，保険の相談や銀行取引の仲介などの小売業の経営面の支援からなっている。

　もともとリテイル・サポートは，中小小売商向けの支援活動として開始されたものである。しかし近年，大手卸売業者が大規模小売組織向けの活動としてとくに注力しているのは，上記のうち商品（自社取扱商品に限らず競合品も含めたカテゴリー全体として）の棚割り・陳列など売場づくりの提案や，広告・販売促進企画などの提案である。

　以上のような ICT 活用を通じた機能強化は，先に述べた「卸売業者のベンダー化」という大規模小売組織による卸売業者への依存状況を踏まえて，卸売業者が SCM（第 5 章参照）における結節点的な役割を担うこと――いわば日本型 SCM の形成――をめざした取組みと理解できる。これらを実現するためには，卸売業者にはこれまで以上に流通情報システムへの投資能力や，ソフト面でのシステム開発力が求められるようになる。

**機能強化の 4 つの方向**　これまでの議論を踏まえて，食品や日用雑貨の業界における大手卸が，大規模小売組織に対応するための機能強化の戦略的方向をあらためてまとめよう。販売ネットワークとアソートメントの拡充は機能強化の量的側面，ICT 活用は機能強化の質的側面と位置づけられ，図 7 - 4 のように整理できる。

　(1)　量 的 側 面

　①全国的・広域的な商品販売網の形成――大規模小売チェーンの全国的・広域的な店舗展開に対応するために，大手卸が全国各

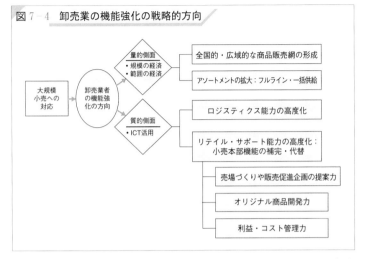

図7-4 卸売業の機能強化の戦略的方向

地の地方卸を吸収・合併し自社グループに系列化したり，有力
卸同士が合併・提携したりする。

②アソートメントの拡大——大規模小売チェーンの幅広いアソー
トメントに対応するために，自社が手薄な商品分野や隣接分野
の卸売業者との合併・提携などを通じて品揃え幅を拡大し，た
とえば食品卸であれば，食品スーパーが取り扱っている商品
（加工食品に加えて，冷蔵・冷凍食品，酒類，菓子，生鮮食品，場合に
よっては日用雑貨品など）のフルライン・一括供給をめざす。

(2) 質 的 側 面

①ロジスティクス能力の高度化——ICT を基盤にした単品単位
の店舗別仕分けや，異なる温度帯の商品を含めた一括供給など
により，中間流通の立場からサプライチェーン全体の効率化を
図る。

②リテイル・サポート能力の高度化——ICT をベースに小売業
を営業面および経営面から支援する能力を高度化し，小売業の

本部機能を補完したり代替したりすることをめざす。とりわけ重視されているのは、売場づくりや販売促進企画などに関する提案力の強化、オリジナル商品の開発力の向上（小売業のPBとしての提供を含む）、利益とコストの管理力の向上である。

**機能強化の焦点：ロジスティクス**

卸売業の機能強化に関する上述の方向のなかでも、これまで焦点に位置づけられてきたのがロジスティクスの領域である。大手卸は、ロジスティクスを焦点にして激しい機能強化競争を展開している。

その先行事例として挙げられるのは、食品卸では三菱食品（当時は菱食）であった。同社では、2000年から「新物流」と称する取組みを開始し、顧客サービスの最適化、物流コストの最小化、企業利益の最大化を図ってきた。

大規模小売組織は自らのオペレーション・コスト引下げのために、卸に対して、店舗別の仕分け機能の高度化を求めてきた。しかし、物流の現場では、1個単位のバラで扱われる低回転商品と、ケース単位で扱われる高回転商品や特売向け商品とが混在している。これらを並行して仕分け処理すると、作業が複雑となり人件費がかさむとともに、誤納品や欠品の要因にもなる。同社は、次のような方法で、こうした問題を解決し低コスト化を実現しようとする戦略を採用した。

すなわち、まずバラ商品の小分けおよび仕分けを専門に担当する後方支援型物流センター（RDC）を設ける。そして、そこで店舗別に仕分けした商品を、ケース単位の仕分けを担当する既存物流センター（FDC）に転送し、バラ商品とケース単位商品とを組み合わせて各店舗に納品するという仕組みである。同社では、当時、これによって全国9カ所にRDCを整備し、そのそれぞれに7〜8カ所の

FDC を対応させた全国的な物流インフラを構築した。そして，この物流インフラを基礎にして，発注業務の地域発注センターへの集約化による在庫の削減・物流サービス向上・発注業務効率化や，需要予測システムの導入による予測精度の向上と在庫日数の削減などをめざしてきた。

同時に，特定の大規模小売組織との取引関係を強化するために，その小売向けの専用物流センター（SDC）の開発にも注力してきた。従来の SDC は，基本的に自社の取扱商品のみを配送するセンターで，商流と物流がほぼ一体となっていた。しかし，より効率化を図るために，商流と物流を切り離す商物分離によって，自社が取り扱っていないメーカーの商品を，異分野の商品も含めて自社で一括供給する仕組みの構築に注力している（たとえば，食品スーパーに加工食品・菓子，日用雑貨を一括供給したり，ドラッグストアに加工食品と生鮮3品を一括供給したりするなど）。

こうした動きに対抗するようにして，国分も国内最大級の規模の首都圏向けフルライン汎用センター（取扱商品は加工食品・酒類・菓子など）を開設することをはじめとして，物流施設の整備を進めてきた。また，日本アクセスも冷蔵・冷凍設備を備えた物流拠点のネットワークを全国的に張り巡らしていくなど，大手卸各社は，物流分野への投資をこの間急速に拡大してきている。さらに近年，スーパーや外食産業が仕入先を集約化するとともに，物流センター運営等の物流業務をアウトソーシング（外部委託）するケースが増えており，これを1社で受託するための競争が激化している。

> **小売本部機能の補完・代替：提案力と開発力の強化**

これまでみてきたように，大手卸は主としてロジスティクス機能の強化を通じて，大規模小売組織との取引を確保・拡大してきた。しかし，そのようにして小売に選ばれてきた卸の地位も，けっ

して盤石とはいえない。というのは，物流業務の委託は通常，見積り合わせのコンペ等を通じて実施されることから，卸同士だけでなく，物流業者等の新規参入組，いわゆるサードパーティ・ロジスティクス（3PL）との競争を激化させる。と同時に，それは卸からアソートメント等の機能をますます奪い，ベンダー化を深化させることにもなり，卸の事業の低付加価値化を促進する傾向にあるからである。つまり，ロジスティクス強化は，物流施設の整備等で大きな投資を必要とする一方で，競争激化やベンダー化の深化をもたらすことから卸の事業の収益性を低下させる要因の1つにもなってきた。これはまさに，ロジスティクス強化のジレンマと呼べるような事態である。

　こうした事態に対処するためには，卸ならではの機能領域である，リテイル・サポート能力の強化にあらためて取り組むことによって，付加価値の確保・向上を図ることが必要である。この領域の取組みは，上述したように，売場づくり提案，商品開発，利益・コスト管理の3つの側面に分けられる。これはいわば卸売業者が，ICTを駆使する高度な情報の仲介者として，SCMにおける結節点を担うキー・プレイヤーとなると同時に，提案力と開発力に磨きをかけることによって自らのコア・コンピタンス（他にまねのできない中核的な競争能力）を再構築することを通じて，小売本部機能の補完ないし代替をめざす戦略といえる。

---

■本章で学んだキーワード

自社物流方式　　共同配送　　一括納品　　ベンダー一括方式
多頻度・小口・指定時間配送　　新問屋無用論　　フルライン・一括供給　　リテイル・サポート　　商物分離　　アウトソーシング
サードパーティ・ロジスティクス　　提案力　　開発力

⇒**練習問題**

**1** 加工食品や日用雑貨品以外の分野における卸売業の再編成の具体的
動向について，それを促している要因や，再編成の目的と関連させて
調べてみよう。

**2** 卸売業者によるリテイル・サポートについて，いくつかの業界の具
体的な事例を調べてみよう。

**3** 大手の卸売業者以外に，革新的な取組みを行っている卸売業者の事
例を調べてみよう。

**4** インターネットをはじめとする ICT の発展が，卸売業者にいかな
る影響を与えるかを考えてみよう。

# 第 **3** 部
# これからの流通と商業

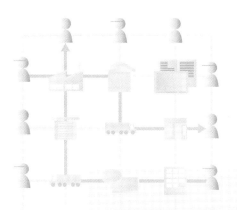

第**8**章
時空間を超えるニュービジネス

第**9**章
流通活動空間の広がり

第**10**章
流通・商業と社会

# 第8章　時空間を超えるニュービジネス

## ネット小売の世界

**✛イントロダクション**

　商品を購買するためにお店に買い物に出かける。これは，説明を要しないほど日常私たちが経験する，当たり前の出来事である。ところが……。「お母さんは買い物に，スーパー（あるいは百貨店）へ出かけていて，いま留守です」から「お母さんはパソコンでお買い物中です。ちょっとお待ちください」へ。これまで子どもが電話で答えていたフレーズが，最近変わりつつある。その最大の原因がインターネットを使ってショッピングする小売業（ネット小売）の登場である。

　本章では，まずネット小売の現状を詳細に検討することによって，ネット小売による販売額の急速な増加が今後見込まれていること，そして現在多様な形態のネット小売業者が存在することを示す。そしてネット小売業者を5つの類型に分類することによって，その特徴を明らかにする。次に，歴史的に検討すると，きわめて先端的な技術を駆使したネット小売の世界が，実は商業の発生プロセス（すなわち行商から市（いち）の発生，さらに商業者の登場）で起こったことと類似していることを示す。さらに，ネット小売の世界と伝統的な商業の世界を対比することによって，①商圏の制約，②店舗規模の制約，③機能の制約，④買い物時間の制約という4つの観点からネット小売の特徴を指摘する。最後に，ネット小売の今後の展望と課題として，ネットとリアルの融合化，越境化，ネット商人誕生の可能性について検討する。この章では，一貫してネット小売というITの最先端を行く新しいビジネス手法が「商業」の世界との対比において検討される。

# *1* ネット小売市場の急成長

### ●ネット人口の急増とネット小売業者

| ネット人口の推移 |
|---|

インターネットを使って電子メールを交換する，各種ホームページを閲覧する，さまざまな資料を収集してレポートを書く，そして買い物をする。インターネットを利用する機会が飛躍的に増えている。はたしてインターネットはどれくらい普及しているのであろうか。

図8-1は，インターネットの普及状況を示している。これによると，2018年末時点で9500万人がインターネットを利用している。1997年の約1000万人からのわずか20年間で利用者数が飛躍的に増加していることがわかる。また，対人口普及率（6歳以上の人口数に対する普及率）も同様に急速に伸びており，2018年時点では79.8％となっている。

図8-2は，インターネット利用に際してどのような端末を利用しているかを示している。2011年からの推移をみて明らかなことは，①家でパソコンの前に座ってインターネットを利用しているケースが減少を続けていること，②携帯電話の利用者が激減していること，③これらに代わって携帯可能な端末の利用者が急速に増加しており，とくにスマートフォンでインターネットを利用する人の割合が大幅に増加している，ことがわかる。今やインターネットは，机の前に座って，いわば特定の場所に固定された状態で利用するのではなく，移動可能で場所を選ばず利用されるようになっている点に，注目しなければならない。

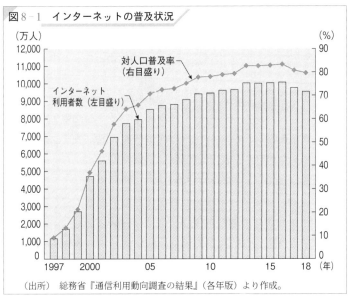

**図8-1 インターネットの普及状況**

（万人）

対人口普及率
（右目盛り）

インターネット
利用者数（左目盛り）

（出所）　総務省『通信利用動向調査の結果』（各年版）より作成。

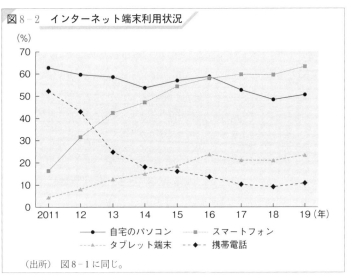

**図8-2 インターネット端末利用状況**

（%）

── 自宅のパソコン　──■── スマートフォン
──▲── タブレット端末　──◆── 携帯電話

（出所）　図8-1に同じ。

ネットワーク上で商取引の一部または全部を行うことをEコマース（電子商取引）というが，インターネットが普及するにつれて，インターネットを使って商取引を行う動きが目立ってきている。Eコマースは2つのタイプに大別できる。それはB to B（business to business）とB to C（business to consumer）である（その他，C to C〔consumer to consumer〕やD to C〔direct to consumer〕などの新しい動きもEコマースの一種であると考えられる）。よく知られているように，前者は企業対企業，すなわち企業がインターネットを使って他の企業に販売するものであり，後者は企業が消費者に販売するものである。このうち後者，つまりインターネットを使って消費者に商品あるいはサービスを販売する形態がとりわけ注目を浴びつつある。これが本章で取り上げるネット小売である。

オンライン・ショッピング，ネット通販，エレクトロニクス・ショッピング，電子小売取引など，さまざまな名称が用いられることがあるが，その意味するところ――「実際に店舗に足を運ぶことなく（ただし現状では多様な形態が存在し，店舗に出向く場合もある）インターネットに接続することによって売り手のホームページにアクセスし，商品やサービスを選択して購入する」――は同じである。①アクセス可能な端末が利用できる環境が整っていること，②買い物するためには必要な個人情報を入力しなければならず，そのデータが漏洩する可能性があること，③注文した商品が届かない，あるいは注文した商品と異なる商品が届く可能性があること，などの制約条件があるにもかかわらず，ネット小売は大きな伸びを示している。

インターネット利用を前提とするEC市場は，すでに述べたインターネットの普及やインターネット利用場所の変化を背景に，どのように推移しているのだろうか。これを示したのが，図8-3であ

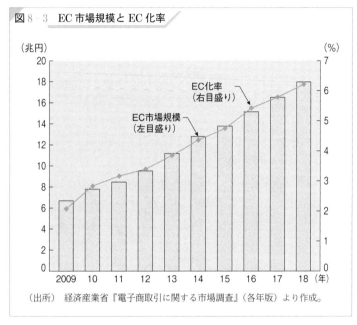

図 8-3 EC 市場規模と EC 化率

（出所）　経済産業省『電子商取引に関する市場調査』（各年版）より作成。

り，日本における EC 市場（B to C）の規模と，全市場に占める EC 市場のシェアを示している。読み取れる明らかな傾向は，市場規模・EC 化率ともに一貫して増加の一途をたどっており，2018 年には約 17 兆円・6.22% に達していることである。

**ネット小売業者の諸形態**

インターネット上に開設されているわが国のネット小売店舗数は膨大な数にのぼっているため，それら 1 つ 1 つの店舗を網羅的に把握することはできないが，現在ネット小売に取り組んでいる業者を概観すると，いくつかの類型を識別することができる。類型化の基準となる分類軸の第 1 は，小売ビジネスへの参加時期である。すなわち従来から小売ビジネスに携わってきた業者が開設しているネット小売店舗か，あるいは新規に小売業に参入した業者が開設し

**表 8-1　ネット小売業者の類型**

| | 既存小売ビジネス | 新規小売ビジネス |
|---|---|---|
| 店舗なし | 無店舗販売（カタログ販売，テレビ・ショッピング）<br>宅配業者 | メーカー系<br>卸売系 |
| | マーケット・プレイス<br>（ネット小売デベロッパー） | |
| 店舗あり | 単独系（中小小売商，総合スーパー，百貨店，専門店）<br>集積系（ファッション・ビル，SC，商店街） | ベンチャー小売商 |

　ているネット小売店舗かという軸である。第2は，当該企業が現実の世界で小売店舗を保有している企業か，そうでない企業かという軸である。この2つの次元から構成される4つの空間に，ネット小売は区分することができる（表8-1）。具体的にみてみよう。

　まず，店舗を保有せずに，すでにこれまで小売ビジネスを展開していた業者がネット小売を展開しているのが，第1グループである。その代表例は，無店舗販売業者である。通常，小売業者は店舗を開設し，消費者の来店を待って商品やサービスを販売するが，従来から店舗をもたずに小売業を営んできたのが無店舗販売業者である。代表的な販売方法はカタログ販売であるが，最近成長しているテレビ・ショッピングもこれに属する。店舗を保持しないで販売するという点ではネット小売と共通する特徴をもっているが，こうした業者が新しい販売方法としてネット小売を始めている。たとえば，通販会社のセシール（http://www.cecile.co.jp），千趣会（https://www.bellemaison.jp/），ニッセン（http://www.nissen.co.jp/）などがこれである。そのほか宅配業者のネット小売もこのグループに属する。

　第2の類型は，店舗を保有せずに，ネット小売をきっかけにして

はじめて小売ビジネスに参入したものである。当該企業の種類によって，この類型はさらに2つに分類することができる。

(1) メーカー系　メーカーがネット小売に乗り出すことによって直接消費者に販売しようとするもの。

(2) 卸売系　卸売業者（商社を含む）が小売ビジネスを開始するもの（たとえば日本アクセス〔食品卸〕のアマゾンでの独自商品販売，下着専門商社「すててこ」のネット通販など）。

第3の類型は，店舗を保有しながら従来から小売業に取り組んできたものである。このタイプに属する業者は伝統的な小売業者であって，新しい技術を利用しながら店舗におけるこれまでのビジネスを補完しようと意図しているものが多い。ここには単独系（中小小売商，総合スーパー，百貨店，専門店など）と集積系（ファッション・ビル，ショッピング・センター〔SC〕，商店街など）が含まれる。

第4の類型は，飲食業やサービス業などのように，もともと店舗を保有し，かつネット小売をきっかけにしてはじめて小売ビジネスに参入したものである。たとえば宿泊・交通チケットなどを予約から決済まですべてネットで完結するいわばサービスの通販化を進める例がこれに属する。

そして最後に表8-1の中央に示されているのは，ネット小売分野ではじめて登場した業者である。マーケット・プレイス系業者が多数のネット小売店舗が集積する仮想市場を立ち上げて，本格的な小売ビジネスの場を創造しようとするものである。自らは小売業に直接かかわるわけではなく，他のネット小売業者をコーディネートする役割を担っている（ただし最近はそれ以外の役割を果たす場合も生まれてきている）。いわばショッピング・センターを開発する業者であるデベロッパーに似ている（ネット小売デベロッパー）。これには，参入前の事業によっていくつかの系統がみられる（モール専業系——

楽天〈http://www.rakuten.co.jp/〉；ポータルサイト系——ヤフー〈http://shopping.yahoo.co.jp/〉）。

# 2 商業の発生とネット小売

## ●ネット世界と商業世界

商業以前の世界とインターネット

数年前には想像もできなかったことがいとも簡単に実現してしまうインターネットの世界。そこに見いだされた新しい小売ビジネス機会としてのネット小売。IT の最先端を活用した商業の世界と伝統的な商業の世界。一見似ても似つかないように思われる 2 つの世界であるが，商業の歩みとネット小売の動向を比較してみると，実は両者には類似点がある。すでに第 2 章の冒頭で，商業者が発生するまでの歴史的プロセスが説明された。行商から市（いち）の発生へと至る歩みにもう一度立ち返りながら，ネット小売の世界を少し詳しく覗（のぞ）いてみよう。

生産者と消費者の間に乖離（かいり）・隔たりが生まれているにもかかわらず，それをうまく解消する役割を担うはずの商業者が登場していない頃。このとき何かある商品——たとえばミカン——を食べたいと思った消費者は，大変な困難に直面してしまう。誰がミカンをつくっているのか。はたしてどこに行けばミカンが手に入るのか。うまくミカンのありかがわかっても，はたしてそのミカンが期待しているようにみずみずしいミカンであるのかどうか。一体いくら払えば譲ってもらえるのか……。こうしたことに関して消費者は何も知ることができない。一方，ネット小売の世界に生きる現代消費者も同じ悩みを抱えている。インターネット上には無数のサイトが開設されている。ネット小売業者のサイト数を誰も正確につかんでいない。

はたしてミカンを扱うサイトが存在するのか。自分が望むミカンはどのサイトにあるのか。それが誰によって運営されて，そこにアクセスするためのURLは……。きっとこのインターネット上のどこかに自分の望むミカンがあるに違いないという強い期待はあるものの，それが充足される保証はどこにもないのである。大昔の消費者と現代の消費者はあまりによく似た状況下に置かれている。

　かつて，この状況を少しだけ改善したのが行商人であった。ひょっとするとミカンを背負った行商人が通りかかるかもしれない。彼が携えているミカンが待ち望んでいたミカンである可能性はきわめて低いだろうけれども，ともかくミカンというものに遭遇することができる。現在，この行商人に相当するのは，検索サイトである。大海のなかの小舟を探し出す手助けをするのがこれである。現代の消費者は，キーワード——たとえば「ミカン」・「新鮮」——を入力することによって，自分の希望するミカンを取り扱うサイトを調べ上げることができるのである。

**市の機能とネット世界**　しかしながら大昔の消費者も現代の消費者も，ともにこれでは十分な満足を得ることはできない。もしかすると別の行商人がもっとおいしそうなミカンをもって現れるかもしれないし，自分が考えていたのとは違う種類のもっとおいしそうなミカンの存在を知ることができるかもしれない（比較購買）。さらにミカン以外にリンゴもイチゴも手に入れたくなるかもしれない（関連購買）。こうした問題を行商人はほとんど解決することができない。

　現代の消費者にとっても状況はよく似ている。たしかにキーワード検索によって無数のサイトのなかから，希望する商品に関するサイトを抽出できるかもしれない。しかしそれでもヒットするサイト数は数万にも及ぶであろう。しかもショッピングとは無関係のサイ

トも多数含まれているに違いない。現代の消費者は，これらサイトを1つ1つしらみつぶしに閲覧しては，自分の希望にかないそうな商品を提供するサイトを探し出さなければならない。また仮に運よくみつかったとしても，もっと根気よく探せばほかにみつかるかもしれないサイトと比較するには，なお大変な努力が必要である。もしリンゴもイチゴも購買しようと思ったら，何度も何度も同じことを繰り返さなければならない。やがて現代の消費者は，疲れ果てて妥協するしかないであろう。

大昔の消費者が抱えるこの課題を解決するために生み出された制度が，市であった。市には多数の生産者あるいはその委託を受けた行商人が集まってくる。ミカンを持ち込む人もたくさん存在するであろうし，リンゴやイチゴを持ち込む生産者もいる。相変わらずどこの誰だかはわからないが，そしてどんな種類のミカンがあるのかもわからないが，さらにいくらで手に入るのかもわからないが，ともかく市という場に出向けば，そこにはミカンもリンゴもイチゴも集められていることは確実なのである。市が不定期市から定期市へと常設化されるにつれて，ますます消費者にとって比較購買や関連購買ができる可能性が高くなっていく。

これと同様の意味で，現代の消費者の課題解決のための仕組みが，バーチャル・モールであり多数のネット小売店舗を集めた集積系モール（表8-1参照）である。ここにアクセスすれば，ミカンを取り扱う店舗のサイトが複数集まっている。リンゴやイチゴを扱うサイトも多数ある。それ以外にもありとあらゆる商品を扱う店舗のサイトが勢揃いしている。一度このサイトにアクセスしさえすれば，サイト内を探索するだけで自分の望む商品に出会える可能性がある。少なくともその可能性は飛躍的に高くなるし，そのための手続きやコストも低くなる。

ところが，それでもまだ不十分である。市ではたしかに比較購買や関連購買ができる可能性は高くなっている。しかしたとえば，寒冷地に住む消費者がサトウキビを欲しいと思ったとたん，市が何の役にも立たないことが判明する。なぜなら生産者も行商人も，そして消費者も徒歩で市に出かけるからである。温暖地でしか育たないサトウキビが寒冷地で開設される市に持ち込まれることは，ほとんど期待できないのである。それだけではない。市ができたとしても，それが大規模であればあるほど，消費者はミカンを求めて今度は市のなかをさまよい歩かなければならない。どの場所でミカンが売られているのか，別のミカンはどの場所にあるのか，ミカンはいくらなのか……。結局のところ市という制度は，大昔の消費者が抱えた困難をわずかに解消しただけで，根本的には何も変えることはできなかったのである。この困難を劇的に解消できたのは，やがて発生する商業者であった。

　現代の消費者にとっても同じである。たしかにバーチャル・モールや集積系モールには多種類のサイトが集まり，そのサイト内で比較購買も関連購買も可能である。だが，そのサイト内に自分の望む商品を扱うネット小売店舗が必ず存在するという保証はどこにもない。またそのサイト自体が信頼できるサイトであるのかどうか簡単には判別できない。そうなると今度は当該モールと他のモールとの比較が必要になる。モール内のサイトを巡回するだけでなく，モール間を巡回する必要が出てくる。こうなるとやはり現代消費者にとっても，困難は先送りされただけにすぎない。相変わらずサイト間の探索は必要であるし，そのコストも負担しなければならないのである。現実世界ではこの困難を解決するために商業者が登場した。はたして仮想世界では誰がこの困難を解決するのであろうか。まだ

救世主は現れていない。

# *3* ネット小売の特徴
### ●リアル世界とネット世界の違い

　小売業を営む小売業者も，小売業を研究する研究者も，小売業に関して考えるときには例外なく店舗で小売活動が行われることを暗黙に想定してきた。小売業者は店舗を構え，その店舗に消費者が足を運ぶ。店頭には商品が陳列され，さまざまな情報が提供され，消費者は商品を手に取り，気に入れば代金を支払ってその商品を購買し，家に持ち帰る。これがごく当たり前に考えられてきた小売店頭における買い物風景である。ところがネット小売における買い物風景は，これとはまったく異なっている。その差異の原因は店舗の有無にある。伝統的な小売業が店舗の存在を前提としているのに対して，ネット小売は無店舗を前提としている。はたしてこの違いはどのような側面に現れてくるのであろうか。以下では，店舗にかかわる4つの側面から両者を比較してみよう。

| 商圏の制約 |
| --- |

伝統的な小売業（以下リアル世界）では，店舗の存在は不可欠である。それゆえに消費者がある商品を購入しようと思った瞬間から，消費者にとっていささか面倒なことが始まる。それは，買い物をするためにはどうしても店舗まで足を運ばなくてはならないということである。店舗に出向くにはまず店舗の存在を知る必要がある。自分が欲しいと思った商品を扱う店舗がどこにあるのかを探索しなければならない。雑誌を買って関連記事を探さなければならないかもしれないし，友人に電話して聞かなければならないかもしれない。当然そのためには時間がかかるし，わずかであるとはいえお金もかかる。こうした費用

を負担して店舗の存在を知る。次にすることは実際に出向くことである。家の近くにその店舗があれば歩いて行けるかもしれない。しかし多くの場合，電車や車で移動しなければならない。ここでも時間費用や交通費・ガソリン代などといった購買費用が生じる。せっかく出向いてもそこには望ましい消費者のアソートメントが形成されていない場合もある。そのときには，別の店に移動しなければならない。このようにリアル世界の場合には，店舗に行き着くまでにさまざまな費用を負担しなければならない。

　ところがネット小売（以下ネット世界）では，消費者は店舗に足を運ぶ必要はまったくない。自宅に居ながらにして地球上のどこにでも出かけて行くことができる。スコットランドのモルト・ウイスキーやバリ島の籐製の椅子を買いに出かけるには飛行機運賃がかかるが，インターネットを利用すればひとっ飛びでアクセスできるうえに，コストもわずかしかかからない。

　リアル世界において消費者が店舗まで足を運ぶという事実は，別の特徴を生み出す。それは，店舗を中心にした一定範囲内の商圏がその店舗の成長を制約するということである。消費者は限りなく遠い道のりを移動して店舗に足を運んでくれるわけではない。どこまでならば来店してくれるかは，商品の種類によって異なるし，その店の魅力の程度によっても異なる。消費者は豆腐を買うために車で数時間かけて移動しないものである。豆腐を買うために移動する範囲が豆腐屋にとっての商圏である。さらに，日用必需品を購入するために移動する範囲も無限に広がりはしない。このように店舗が存在する以上，商圏は限定されることになる。その結果，リアル店舗は天井知らずに成長することはできなくなる。商圏内に居住する消費者を一定数確保した後には，それ以上の消費者の開拓は困難になるからである。

　「ネット小売は空間を超える」ことは事実であるが，しかし小売史上はじめて空間を超えたのは　ネット小売ではなくチェーン・ストアであった。すでに検討したように，ネット小売は無限に成長できる可能性をつくりだしたが，それは商圏による制約を取り除くことによって実現した。これとまったく同じように，商圏の制約を取り除くことで，19世紀後半に早くも無限の成長機会を獲得したのがチェーン・ストアである。

　小売業者が自分のビジネスの規模を少しでも大きくしたいと考えることは，当然である。だが，それは簡単なことではなかった。考えられる手段は2つしかない。

　1つは店舗の規模を拡大することである。現在の店舗規模を大きくして店舗の吸引力を高め，従来と比較してより広範囲からより多数の消費者を呼び寄せることによって，売上を増大させるのである。これによってビジネスの規模は確実に拡大する。だが店舗規模を拡大するといってもそれには限界がある。そしてその限界はそのまま，成長の限界を意味する。

　もう1つの手法を実現したのがチェーン・ストアである。それはすなわち，1つの店舗規模はそのままにして，たくさんの店舗を展開することである。個々の店の商圏は現状と変わらず，したがって売上も大きくは変わらない。しかしそのような店をたくさんつくればつくるだけ，トータルの売上は伸び続け，ビジネスの規模は大きくなっていく。1つの店舗の商圏の制約はそのままにして，数を稼ぐことによって全体としてビジネスを拡大する，この発想の転換によって無限の成長可能性を実現したのである。

　ところが，ネット世界においてはこの商圏の制約が取り払われる。ネット上の店舗にやってくる（アクセスする）消費者は，地球上の

ありとあらゆるところに居住している。一定の地理的な範囲を示す商圏という概念は意味をもたなくなってしまっている。距離が遠いから店に行かないということはありえないのである。しばしば「ネット小売は空間を超える」といわれるが，その意味がこれである。空間を超えるということは，ネット店舗の成長の機会は無限にあるということである。極論すれば，地球上のすべての消費者を顧客とするまで，限りなく成長することが可能なのである。

　商圏に関する以上の特徴は，もう1つ大きな違いを生み出す。それは競争単位の差異である。リアル世界では，競争が商圏範囲内に限定される。たとえばローソンのA店舗とファミリーマートのB店舗とが同一商圏内で競争し，A店舗が優勢であるとする。ところが隣町では同じくローソンのC店舗とファミリーマートのD店舗が商圏内で競争しており，D店舗が優勢であるかもしれない。このように商圏が異なれば，異なる企業の店舗が優勢に立てるのである。つまり，競争範囲は商圏内だけでほぼ完結している。

　ところがネット世界では商圏が存在しない（あるいは地球全体が1つの商圏）だけに，仮にローソンが優勢であるとすれば，どこでもローソンが優勢に立ってしまう可能性がある。あるいはまた，ネット小売の先端的企業で，もっとも成功している事例としてしばしば取り上げられるアマゾンが競争上の優位を確立してしまえば，アマゾンは世界中で優位となるのである。いわばネット世界では，勝つときにはあらゆる商圏で徹底的に勝利するが，そうでないときには徹底的に負けてしまうのであって，商圏ごとに勝ったり負けたりということは起こりにくい。

## 店舗規模の制約

　店舗は何のためにあるのか。行商人から不定期市，そして定期市へと続く商業の歩みから判断すればわかるように，店舗は「そこに商業者が常にいる。

そしてそこに行けば商品が存在する」ことを示すシグナルである。したがって当然ながらリアル世界においては，店舗に商品が並べられている。だがまさに店舗が物理的存在であるがゆえに，店舗の広さには限界がある。もちろん中小小売店から総合スーパー，百貨店まで店舗規模には大小があるが，それでも世の中のありとあらゆる商品のアソートメントをすべて網羅的に形成した店舗というのは，存在しない。つまり，店舗が取り扱うことができる商品の数には限界がある。さらに，いったん店頭に並べられた商品の顔ぶれはそう簡単には変化しない。売行き好調のサンドイッチは次々に補充されていつ行っても店頭にあるだろうし，売行き不振の 筍 の水煮缶詰は数ヵ月店頭に並んだままかもしれない。商品回転率は商品が店頭から消える頻度を示しており，その頻度は商品によってバラツキがあるが，それとはかかわりなく一般に，店頭アソートメントの変化は比較的ゆっくりとしている（コンビニがもっとも速いアソートメントの変化を実現している）。

　これに対してネット世界では，店舗が存在しないために取り扱う商品数は圧倒的に多い。物理的な陳列スペースは不要であり，すべての商品はサイト画面上に並べられているだけである。さらに画面に並べた商品の売行きが悪い場合には，即座に画面上から消去し，別の商品をその場所に登録することが可能である。サイト画面上の商品は見本品のようなものである。反応が悪ければ，いくらでも切り捨てることができる。ネット世界では機動的なアソートメント形成が可能となるのである。

　しかしここで注意しておくべきことは，アソートメントの広さやその変化のスピードの差異は，リアル世界とネット世界にまったく逆の意味を与えることである。すなわち，膨大な種類の商品が取り揃えられ，しかもその顔ぶれが頻繁に変化するということは，お目

当ての商品を探し出すのに時間を要することを意味する。どこに望む商品があるのだろうか，前にみたあの商品はどこへ行ってしまったのか。このようなときネット世界では，相当の時間と手間をかけないと商品を発見できなくなる可能性がある。

　一方リアル世界では，店頭を見渡しただけですべての商品の存在を目で確認することができる。「一目みるだけですべてがわかる（情報の一覧性）」が特徴である。しかも実際に目の前に商品が揃えられているために，商品の質感や手触り，大きさや立体感などがまさにリアルに把握できる。このように商品の提供と情報の提供は，消費者に異なった意味を付与するのである。

　ここまでは店舗で提供されるものを商品に限定してきた。だが現実に即していうと店舗で提供されるものとしては商品以外にもサービスがある。たとえば店の雰囲気や販売員の態度・商品知識・アドバイス，包装や配達・修理，便利な営業時間・立地場所などがサービスに含まれる。リアル世界の消費者はこれらサービスと商品から得られる満足度が最大になるであろう店舗を選択しているのである。

　一方ネット世界には販売員はいないし，店舗の雰囲気や施設の充実度もほとんど関係しない。消費者にとっての主たる評価項目はこれら一連のサービスよりもむしろ商品そのものである。この点は有名ブランドの購入を例にとるとわかりやすい。リアル世界では消費者はルイ・ヴィトン本店で買い物をしたいと思う。本物のヴィトンの店に足を踏み入れて感じるゴージャスな雰囲気や，束の間日常を忘れさせてくれるような丁重な店員の態度，ヴィトン本店で買ったという充実感。こうしたものをすべて含めて購入している。ところが，ネット世界ではこういったサービス要素はすべて割愛されてしまう。
「ヴィトンのどの品番がいくらするか」がネット世界では評価の第

1のポイントとなるのである。

| 機能の制約 |
| --- |

リアル世界においては，店舗でほとんどすべての流通機能が遂行されている。店舗には商品があらかじめ在庫されている。経営者あるいは販売員が商品を前にして消費者に商品情報や価格情報を提供し，消費者はニーズ情報を提供する。店頭でお互いが会話することで相互理解が進み，徐々に販売実現の気運が高まっていく。これが対面販売と呼ばれるものである。直接売り手と買い手が顔を合わせることによってコミュニケーションが成立し，それが取引を円滑に進めるのである。やがて購買決定した消費者は，支払いを済ませ，その場で商品を受け取ることになる（即時払い・即時引渡し）。もちろん配達を依頼すれば，店舗はそれに応じてくれる。

　ネット世界にはいうまでもなく販売員はいない。それゆえ店頭でのコミュニケーションは基本的には存在しない。誰がサイトを訪問しているのかはわからないし，商品を購入する気持ちがどの程度あるのかもわからない。もちろん消費者の心の動きもわからない。商品情報に関しては，ネットを利用する消費者の方がリアル店舗を利用する消費者よりも多くもっているだろう。そして情報の入手は消費者が購買のためにサイトを訪問する以前に終了していることが多い。なぜならばネット利用者は，多数のサイトを手軽に訪問することによって費用をかけずに簡単に情報を入手できるからである。ネット世界では情報を携えた消費者がサイトを訪問し，お目当ての商品をねらい撃ちすることが多いのである。

　こうして，商品購買決定をした消費者は次に支払いをすることになるが，けっして現金は介在しないし，即時引渡しもありえない。商品引渡しは，購買決定（消費者による発注）と別の時点で行われる。しかも，それを担当するのはネット店舗経営者（あるいは販売員）で

はなく，別の専門事業者であることが多い。このようにネット世界の商業者とリアル世界の商業者とでは，遂行する活動内容の広さに違いがある。

買い物時間の制約

消費者はわがままである。ある商品を欲しいと思ったら，そのときにすぐ商品を手に入れたいと思うものである。リアル世界では店舗の存在が前提であるから，消費者は思い立ったらすぐに店舗に出向けば，そこで商品を見つけて，入手することができると考えがちであるが，現実にはそう簡単ではない。なぜならば，買い物時間の制約が存在するからである。この制約は2つある。

　第1の制約は，店舗サイドからの時間的制約である。消費者が商品購買を思い立ったそのときに，店舗を訪問しようと思ったそのときに，店舗が営業しているという保証は現実には存在しない。深夜に体調が悪くなって，薬局に行こうと思ったとき，薬局は営業中であろうか。料理の最中に醤油を切らしたことに気がついたとき，スーパーは開いているだろうか。答えはいうまでもないだろう。つまり，リアル世界では，店舗を運営する企業や商店の営業方針として，営業時間が設定されている。この営業時間内であれば，問題は発生しない。思い立ったときに店舗に行きさえすれば，商品を入手することができるだろう。しかし，それは保証の限りではないのである。

　第2の制約は，消費生活サイドからの時間的制約である。消費者が商品購買を思い立ったとき，すぐに店舗に出向く時間をとれるだろうか。思い立ったけれども，もうすぐ出勤しなければならない，登校しなければならないとしたら，店舗に寄っている時間はない。あるいは仕事中に，ある商品を購入して帰るようにとの急ぎの連絡が家族から入ったとしても，残業予定のために対応できそうにないということもあるだろう。つまり，消費者が買い物に出かけること

ができる時間には、そもそも制約がある。買い物だけのために生活する人はいない。買い物は、仕事や学びや遊びなども含めた生活時間の一部を占めているにすぎない。いつでもすぐに店舗に出向くことができる状態にあることは、むしろ稀であるといえるのである。

リアル世界にみられるこの2つの時間的制約を、はじめて大幅に取り除いたのは、コンビニエンス・ストア（以下コンビニ）であった。コンビニは、24時間営業を謳った。便利さを提供するために、いつ思い立っても来店対応できる体制を24時間営業によって実現した。コンビニは、店舗サイドの制約を自ら解消し、それによって消費生活サイドの制約をも解消したのである。

ところが最近、消費者行動の変化や人出不足から、コンビニの24時間営業体制の見直しが進められようとしていることはよく知られている。リアル世界には、依然として買い物時間の制約が存在している。

この状況を一変させることができるのが、ネット世界である。ネット世界には、営業時間という概念がない。時間帯によって、ネット小売サイトにアクセスできたりできなかったりすることはない。24時間365日、アクセス可能である。アクセス可能という意味は、ネット上の店舗をいつでも訪問できるということであり、商品情報の収集もいつでも可能であり、さらに商品注文も可能であることを意味している。まさに思い立ったそのときが、買い物時なのである。

また、ネット世界では消費者は自分の生活時間にかかわらず、わざわざ店舗に出向く時間をつくりだす必要もなく、わずかな時間だけを買い物に割くことでそれが実現できる。それは自宅においてでも、場合によっては職場においてでも、パソコンを前に座ったときが買い物時となる。さらに最近では、スマートフォンやタブレット端末を使用すれば、自宅や職場という場所にとらわれず、あらゆる

生活の場において，あらゆるときに買い物が可能になる。こうして，ネット世界では，2つの買い物時間の制約がクリアされているのである。

# 4 ネット小売の展望と課題

### ●ネット商人は登場するか

**ネットとリアルの融合化**

ネット小売の成長は，おそらく今後も大いに期待できるところであろう。しかしネット小売がどのような形態で，どのような方向に進化していくのかについて，現時点で正確に見通すことはできない。ここでは，すでに見え始めているネット小売の新傾向について，みておくことにしよう。

かつてネット小売が注目され始めた頃には，「リアルか？　ネットか？」が議論の的となった。すなわち，店舗に出向いて購買する従来型の小売（リアル）は，店舗をもたない小売（ネット）に将来取って代わられるのか，という問題意識であった。消費者行動の変化，ITの進展を背景に，小売の世界はネット中心に再編成されるのではないかという強い危機感があったといえる。現実はどう推移してきているのだろうか。

現在のところ，リアルとネットの世界は二者択一ではなくて，相互の利点を生かしながら，併存する方向に進んでいるといえる。その例をいくつか指摘してみよう。

第1は，ネット小売がリアル小売に歩み寄る動きである。ネット小売の世界で圧倒的な地位を構築したことで有名なアマゾンは，世界最大の小売業であるウォルマートの売上高約57兆円には及ばないものの，2019年度には30兆円強の売上高に達するほどに成長を

遂げている。これまでリアル小売は，ネット小売の成長によって市場から駆逐されるのではないかとの危機感を覚えていた。その象徴的な動きが，ショールーミングである。ネット小売で商品購買しようとする消費者は，ネット小売では商品を手に取って現物を確認することができないというリスクを低減するために，リアルの店舗に出向いて商品を試してから，ネットで購入するという傾向をみせていた。このショールーミングによって，リアル世界の店舗は，単にネット小売のための商品陳列場所と化してしまうのではないかと考えられた。

　アマゾンは，こうした傾向をさらに一歩超越する新たな動きをしている。それが店舗開設である。ネット小売の雄は，いま積極的にリアルの世界に侵入しようとしている。まずアマゾンは2015年に書店チェーンのアマゾン・ブックスの展開を始めた。2017年にはスーパーマーケットのホールフーズ・マーケットを買収して生鮮食料品の取扱いを開始した。さらに2018年には無人コンビニのアマゾン・ゴーやアマゾン・4スター（ネット小売の口コミ評価の高い商品だけに限定して品揃えした実店舗），19年にはついにアマゾン・ゴー・グローサリーという食品スーパーを独自開発した。これらは，ネット小売とリアル小売間の顧客層の差異を克服し，ネットだけではなくリアルからも消費者を囲い込むための動きであろうといわれている。

　第2は，逆の動き，つまりリアル小売がネット小売に歩み寄る動きである。ショールーミングはネット小売による店舗のただ乗り利用のようなものである。これを防止するために，店舗では商品を販売しないという逆転の発想に立って，リアル小売が自らのネット販売サイトを立ち上げて，店舗を訪問した消費者に自社ネット・サイトで購入させようとしている。たとえばビックカメラは，小型店舗

を開発して，店頭商品につけた QR コードを読み込むことで自社サイトから購買できるようした。イケアでも同じような試みが始まっている。ショールーミングする消費者が店舗を訪問した時点で取り込んでしまおうという動きだと理解できる。

　もう1つのリアル小売からの動きは，実店舗をもつ企業がネット小売に積極的に取り組むものである。典型例は，アマゾンからの強い競争圧力を受けて苦闘しているアメリカのウォルマートである。ウォルマートは，2010年代中盤からネット通販企業を買収してネット小売に力を注いできた。全米に多数の店舗網を構築していることを強みにして，生鮮食品を含む多様な品揃えの商品を取り扱いながら，C ＆ C（click and collect）を武器にしてアマゾンに対抗している。C ＆ Cとは，自社のネット販売で購入してもらって自社店舗で商品を受け取る購買方法をいう。全国に数多くの店舗を展開するリアルの小売企業にとって，店舗をもつことの優位性を生かしながら，ネット小売とリアル小売の相乗効果を図ろうとするものである。欧米では宅配制度が日本ほど精密に構築されておらず，また宅配料金が高いことから，リアル店舗での商品受け取りがネット小売企業への有力な対抗策となっていると考えられている。

　こうしたリアル小売のネット小売への積極的な取組みの動きは，日本でもみられる。たとえば，スーパーの西友は楽天と共同で楽天西友ネットスーパーを開設し，同じくスーパーのライフはアマゾンジャパンと協業して，アマゾンのサイトを通じて生鮮食品等の販売を開始している。とりわけ熱心なのは，前述したビックカメラである。2018年に楽天とともに楽天ビックを立ち上げ，着実にネット小売の売上を伸ばしている。リアル小売との連携を意図する楽天とネット小売に力を入れようとするビックカメラの協調行動が，両者の融合に向かう典型例といえるだろう。

ネット小売のいま1つの新傾向は，越境化である。しばしば越境 EC と呼ばれるこの動きは，簡単にいうと，国の垣根を越えてさまざまな出自の商品の購買を可能にするための新しい動きである。すでに述べたように，そもそもネット小売は商圏の制約を取り払い，地球上のどこからでも商品購買を可能にする。そこでは，当然，国境を越える（＝越境）ことも含まれている。そのためあえて越境という言葉を用いることには，定義上の違和感が存在する。とはいえ，海外のネット小売を利用するためには，言葉の問題や輸入にかかわる手続き・コスト問題が発生するゆえに，実際には消費者にとって手の届きにくい方法であったことも事実である。加えて，海外からの訪日観光客が，気に入った日本商品を帰国後に手に入れようとする需要が高まったものの，それを現実化するのが困難であるという事態も生まれている。

こうした課題を解決し，より完全な形で商圏の制約を乗り越えようとするのが，ネット小売の越境化である。

たとえばインバウンド旅行客の主流を占める中国の人たちをターゲットに，その需要を満たそうとする場合に，日本の大規模小売業者がしばしば利用しようとするのは，中国のマーケット・プレイスに出店する方法である。それに伴って必要となる手続きについては，越境 EC を支援するサポート・ビジネスが数多く存在している。それらの助けを得ることで，中国の消費者に商品を販売することが可能になる。しかし，中小小売業者の場合には，国内販売に際して日本のマーケット・プレイスを利用することがほとんどである。越境のためにサポート・ビジネスを利用することももちろん可能ではあるが，彼らが期待するより簡便な方法は，日本のマーケット・プレイスを通じて中国市場へつながることである。

こうした期待に応える動きを活発化している日本のマーケット・

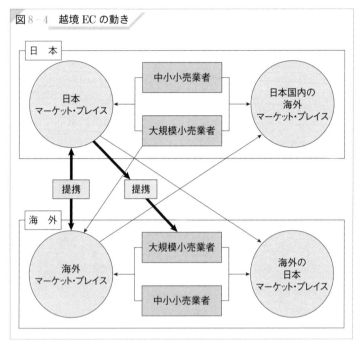

図8-4 越境ECの動き

日本

中小小売業者

大規模小売業者

日本マーケット・プレイス

日本国内の海外マーケット・プレイス

提携

提携

海外

海外マーケット・プレイス

大規模小売業者

中小小売業者

海外の日本マーケット・プレイス

プレイスの1つが楽天である。楽天は2019年，中国を代表するマーケット・プレイスや大規模小売業者と提携し，楽天の出店者が中国国内の通販サイトに出店できる体制を整えた。これによって，国内で楽天に出店することで，同時に中国のサイトにも出店することが可能になったのである。ほかにも，アメリカのEC企業であるイーベイの日本での通販サイトQoo10（https://directshop.qoo10.jp/）を通じて，韓国の通販サイトへの出店が可能になる実験が開始されている。

　一方で，これとは逆方向の越境ECも考えられる。つまり，日本の消費者が日本にいながら海外商品の購買を可能にする動きである。ところが，この動きは前者と比べるとあまり進んでいない。海外の

小売業者にとって日本市場は巨大かつ魅力的であるにもかかわらず，海外商品を直接購買しようとする場合には，言葉の問題を克服して消費者自ら直接海外の通販サイトにアクセスする以外に方法はない状態となっているためである。

　以上のように，地球上の消費者がどこに居住していても，望む商品を望むところから購買できるような仕組みの構築に向けて越境ECは動き始めているのである（図8-4は，このような動きを要約したものである）。

### ネット商人誕生の可能性

ネット小売を利用して買い物をしようとする消費者は膨大な数のサイトのなかから，求める商品を取り扱うサイトを探し出さなければならない。また求める商品に関する情報を収集しなければならない。だが，これは簡単な作業ではない。情報の洪水のなかからどのようにして意味ある情報を的確に取捨選択すればいいのか。どの情報を信じればいいのか。消費者からみると，ネット小売においては信頼できる情報をいかに効率的に獲得するかが鍵になる。ちょうどこれは，リアルの世界において小売店舗を買い回って望む商品を入手するために高コストを負担しなければならない状況と類似している。

　これをネット小売の立場からみると，いかに消費者の情報探索効率を高めるかが重要な課題であること意味する。この課題解決をサポートするサイトも登場している。たとえばサイトを開設している企業を評価する格付けサイト，マーケット・プレイスを評価するサイト，さらには消費者のさまざまな疑問に答えるサイト，もはやおなじみになった価格比較サイト，そして生活全般にわたる商品やサービスに関してプロによるアドバイスを読むことができる情報サイト（たとえば，オールアバウト〔http://allabout.co.jp/〕）などがある。

このようにネット世界では，直接ネット小売にかかわりはしないが，情報の流れに関する部分についてのみサポートしようとする動きが活発化している。

　しかしサポート・ビジネスは，情報に関する部分だけではない。かねてから存在する物流業務の代行ビジネスだけではなく，ネット小売サイトの立ち上げから決済・在庫管理・発送までを一括して受託するビジネスや，消費者行動分析を中心としたマーケティング支援ビジネス，さらにはネット小売システムを総合的に支援するビジネスまで，多様に存在している。やや極端に表現すれば，ネット小売に乗り出したいと表明し，後はすべて専門の代行業者に委託するだけで，ネット世界での小売商人になることもできるのである。はたしてそれが小売商人と呼べるかどうかは別であるが……。

　以上のことは，ネット世界では流通機能の分担関係が複雑化していることを示唆している。かつて小売業者は，流通機能の大部分を自ら遂行していた。やがて機能の一部は物流業者や倉庫業者，あるいは保険業者，リサーチ業者などに委ねられていった。いま起こり始めているのは，こうした流通機能分担関係のドラスティックな変化である。この変化は，機能ごとの水平的な分担関係（物流機能だけを遂行するのか，物流機能と情報伝達機能の両方を遂行するのか）にとどまらない。1つの機能に限定しても，垂直的にどの部分を担うのか，どのように担うのか，さらには誰と担うのかについてもさまざまなバリエーションが想定できる。このような流通システムにおける水平的・垂直的な機能分担関係の再構築の過程で，ネット世界に固有の商業者が登場することが見込まれる。おそらくそれは，これまでリアル世界に出現したどんな商業者とも違った特徴をもち，想像をはるかに超える革新的な行動をとるに違いない。

　ネット世界から当分目を離せない。

⇒練習問題

1　インターネットを利用したショッピングと，カタログ通販との違い
　を明らかにしてみよう。

2　消費者の立場からみたネット小売の魅力を，店舗を利用する伝統的
　な小売形態と比較しながら検討してみよう。

3　「今後ネット小売はますます成長し，やがて伝統的な小売業態を上
　回るまでに至る」という見解について，あなたの考えをまとめてみよ
　う。

## 第9章

*流通活動空間の広がり*

## 国際化の進展

---

**✦イントロダクション**

　小売業を始めようとして店をつくるとき，いうまでもなく店は日本に建てるし，取り扱う商品はほとんどが日本の商品であり，客は日本人である。これが一昔前の常識であった。ところが，かつての常識は今や非常識化しつつある。これが流通の国際化現象である。店はどこにあってもよいではないか，どんどん海外の商品を扱えばよいではないか，外国の人たちを相手に商品を販売すればよいではないか。これがグローバル時代の小売業の発想である。

　本章では，まず流通の国際化という概念を流通活動の空間的拡大として認識する枠組みが提示される。その枠組みに従って，国際商品調達，海外出店，外資進出を順次検討する。国際商品調達については，製品輸入が増加していること，インターネットを駆使した国際調達網が発達していること，有名ブランド企業が直営店化していることが示される。海外出店については，その歴史と特徴を検討したうえで，世界の先端的な国際小売企業と比較しながら日本の小売企業の動きとその特徴を検討することで，一部を除いて日本企業の国際化の程度はさほど高くないことが明らかにされる。また，積極的な流通外資の日本市場進出を次に取り上げ，流通外資の特徴と強みは何か，さらに進出後に何が起こったのかを検討する。

　最後に，一連の国際化現象がいかなる影響を流通に対して与えるのかが検討され，今後発生するであろう国際化の新現象を明確にして，グローバルな競争の意味を明らかにする。

# *1* 流通の国際化

●流通の空間的拡大

| 国際化とグローバル化 | 「経済のグローバル化」「グローバル時代」「国際化の進展」など，国際（化），グロー

バル（化）という用語が氾濫している。おそらく世界的なレベルでこれまでにない何らかの現象が広がっているのだろうと想像することはあっても，この2つの言葉の差異を厳密に理解している人はあまりいないに違いない。少なくとも両者が意味することは，これまでとは異なって，現在では世界の国々とのかかわりなくしていかなる活動も成立しえないという事実である。したがってこのことから，自国以外の国々と何らかのかかわりをもつことが国際化でありグローバル化であるということになる。

この2つの用語の区別については，いくつかの考え方がある。たとえば，グローバル化という用語に「世界的規模での共通化あるいは標準化の進行」という意味を付加しようとする考えもある。あるいは国際化はある国からある国への一方向的な活動であるのに対し，グローバル化はフィードバックを含む双方向的活動であることを強調する立場もある。さらに，グローバル化を国際化のレベルのより高いものというように連続的にとらえようとする立場もある。

しかしながら，両者の意味の違い自体をここで追求することは避けることにしよう。本章では一貫して国際化という用語を用いるが，基本的にはグローバル化と読み替えても大きな問題は生じない。むしろここで理解してもらいたいことは，流通において国際化という現象が具体的にどのような動きとして現れているかという現実理解である。

> **活動領域の拡大**

流通で活動する主体，たとえばその代表である小売企業を例にとると，これまでのわが国の小売企業の活動は，日本以外の国とほとんどかかわりをもつことがなかった。およそ小売企業の基本的活動は，仕入れと販売である。あるところ——通常は卸売企業——から商品を仕入れ，店頭に陳列して消費者の来店を待ち，訪れた消費者に商品を販売すること，これが小売企業の活動である。この仕入れと販売という2つの活動がともに外国とかかわることなく，日本国内とかかわることのみによって行われているときには，その小売企業は国際化とは直接的にはまったく無縁の存在である。これまでのわが国の小売企業は，この意味で国際化していなかったといえる。ところが近年，小売企業は外国とのかかわりをもつことなしに生き残ることができなくなりつつある。それではいかなる面で，外国とかかわり始めているのであろうか。それを示したのが，図9-1である。

第1は，国際商品調達である。つまり，小売企業の仕入活動において外国とのかかわりが発生している。たとえば百貨店の店頭を思い浮かべてみよう。1階売場には，グッチ，コーチ，ルイ・ヴィトンなどのショップが顔を揃えているであろう。これらのショップの商品は，日本企業が日本で生産した商品ではない。外国企業が外国で生産した商品が，日本の小売企業の店頭で販売されているのである。あるいはブティックへ行ってみるがいい。店頭に並んだブラウスの裏を返してタグをチェックしてみれば，そこに "Made in Taiwan" や "Made in China" の表示を簡単にみつけることができるであろう。このように小売企業は仕入活動の場を，国内から国外に拡大させている。

第2は，海外出店である。わが国の小売企業は仕入活動だけではなく，販売活動でも外国とのかかわりを深めている。これまで小売

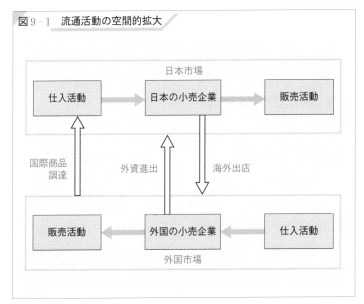

図 9-1　流通活動の空間的拡大

日本市場

| 仕入活動 | → | 日本の小売企業 | → | 販売活動 |

国際商品調達　外資進出　海外出店

| 販売活動 | ← | 外国の小売企業 | ← | 仕入活動 |

外国市場

企業は日本国内に居住する消費者を相手に販売してきた。もちろんそこには一部外国人が含まれているが，大部分が日本人消費者であった。ところが，今や小売企業は日本国内で販売するだけではなく，外国においても販売活動を行っている。それが海外出店である。外国に店をつくり，外国の消費者を相手に販売活動を積極的に展開している。

　第3は，外資の進出である。上で述べた販売活動の空間的拡大は，わが国小売企業だけに当てはまるものではない。外国の小売企業もまったく同様に販売活動を空間的に拡大させている。それが，外資の進出である。わが国にはこれまで日本の小売企業しか存在しなかった。ところが今や，私たちの周囲には外国籍の小売企業が氾濫している。イケア，コストコ，トイザらスなどはすべて外国出身小売企業たちである。これら企業の日本市場への参入は，日本の小売企

業との間の競争を激化させつつある。

　以下，本章では，こうした小売企業の空間的拡大について順次検討する。

## *2* 国際化する消費者

●目が肥える消費者たち

　流通活動の空間的な広がりによって，見知らぬ小売企業や海外商品がわが国市場にお目見えするようになってきた。ところが，もし日本の消費者がこうした新奇なものに対して拒絶反応を示すならば，海外の小売企業や海外商品は遅かれ早かれ姿を消すことになるだろう。近年の流通国際化の背後では，海外から進出してくる新奇なものに対する消費者の好意的反応の存在が大きな役割を果たしている。

消費者の海外進出

　何より顕著であるのは，日本人の海外渡航経験者の増加であろう。日本人の出国者数の推移をみると，高度成長期以降，一貫してその数は増加してはいたが，平成に入ってその増加ペースは飛躍的に上昇し，1990 年にその数は初めて年間 1000 万人に達し，その後，急速に増加を続け，2019 年にはその数は 2000 万人を超えている。また旅行者の年齢・性別構成比をみると，女性全体の 57.1% が 20〜40 歳代である。特徴的であるのは，女性の場合，年齢層が低いほど構成比が高くなっており（20 歳代の比率がもっとも高く 24.9% である），逆に男性では 20 歳代よりも 30 歳代が，さらに 30 歳代よりも 40 歳代の構成比が高くなっている。このように，「海外旅行を経験する消費者が激増し，旅行者のなかでも若い女性の比率が高い」という特徴は，消費者が旅行経験を通して各国の小売店やショッピング・センターに足を運び，さまざまな商品情報を入手し，また商品購買経験を積んでいる

ことを意味している。とりわけ日本人旅行者のお土産（みやげ）購入熱と若い女性たちのブランド購買力には目をみはるものがある。海外旅行に出かけた消費者は，未知なる店舗で大量の商品を購買し，海外でこそ可能となる買い物機会の魅力にとりつかれるのである。

　つまり消費者は，海外には購買意欲を刺激する商品や魅力的な小売店舗・小売サービスが山のように存在すること，しかもその価格が日本国内と比較して安価であること，を認知することになる。そしてこれが，海外商品や海外の小売店舗に対する親近感と信頼感を消費者の間に生み出すことになるのである。

| 消費者の目覚め |

海外旅行に出かけて消費者の購買意欲をかき立てるのは，欧米の有名ブランド品ばかりではない。たとえばヨーロッパに出かけて，小売店で衣料品を手に取る機会があったとしよう。その商品の原産地表示をみてみると，ポルトガルやギリシャ，スペインであったりすることが多い。もちろん日本国内のブティックで販売されている商品をみても，中国，ベトナムといった表示をしばしば目にすることがある。衣料品ばかりではない。家電製品に関しては，マレーシア，台湾，シンガポールなどの表示がすでにおなじみである。

　かつて東南アジア諸国が原産地となっている商品に対して消費者は，一種のマイナス・イメージを抱いていた。安いけれども，商品を信頼しきれないという印象があった。しかし現在は，かつてのようなマイナス・イメージは薄れ，"Made in Japan"や欧米有名ブランドだけが尊重されるような時代ではない。消費者は海外での経験やさまざまな商品購買経験を通じて，世界各地には見知らぬ魅力的な商品が多様に存在するという事実に目覚めるのである。経験に裏づけられたこのような情報の蓄積は，海外商品や海外の小売企業に対する消費者のイメージや反応を大きく変えていることは疑いな

い。

| 情報入手の同時性 |

上で述べてきたことは，消費者が海外旅行経験を積むことで直接ショッピングに関する情報を収集するという動きであった。しかし現代の消費者は，海外に出かけることなくさまざまな情報を収集できる機会に恵まれている。たとえばそれは，インターネットを通じての情報探索である。第8章で記したように，2018年末時点でおよそ9500万人がインターネットを利用している。このなかには電子メールのみの利用者も含まれているために，これら利用者のすべてがインターネットでウェブサイトを閲覧しているわけではないが，相当数のネット・サーファーが存在することは疑いない。しかも調査によれば，インターネット利用者の58％がオンライン・ショッピングを利用しているという。インターネットを通じて世界中から情報を得るだけでなく，実際に商品購買する消費者も増加しているのである。

これ以外にも，海外の情報を入手する手段は数限りない。たとえば，BS，CS，ケーブルテレビなどによって，流行，ニュース，文化など，あらゆる情報に手軽に接触可能である。書店に行けば，海外のファッション雑誌，音楽雑誌，スポーツ雑誌からビジネス雑誌まで，最新版が取り揃えられている。さらに海外通販のカタログも簡単に取り寄せることができる。情報過多ともいえるほど，消費者は情報入手機会をもっている。

そればかりではない。国際化にとってとりわけ重要な特徴は，それら情報がタイムラグを伴った情報ではないということである。情報には鮮度が求められる。古い情報はたとえ正確であろうとも，鮮度が悪い。まさに今を反映した新鮮な情報にこそ価値がある。とりわけインターネットに代表される新しいメディアは，圧倒的に新鮮である。そして消費者は，世界中どこにいても，世界中のどの消費

者と比較しても鮮度差のない情報を獲得することができるのである。わが国の消費者はこうして鮮度の高い情報を入手し，そして世界中で"旬"の商品や小売企業の受入れ体制を整えているのである。

# *3* 海外商品の流入

●国際商品調達の本格化

製品輸入の増加

わが国の小売企業がはたしてどの程度海外から商品を調達しているのかを正確に示すデータは，見当たらない。図9-2は，間接的ではあるが，その一端を理解することができるデータである。この図は日本の総輸入額のうち，「製品」として輸入される額がどの程度であるかの推移を示したものである。この図が示すことは，1985年以降ほぼ一貫して製品輸入比率が増加していることである。かつての原料を輸入して工業製品を輸出する加工貿易型の構造が，大きく変質していることがわかる。

ここで製品輸入とは，食料や原燃料（たとえば小麦・大豆などの食材，石油・鉄鉱石・ニッケルなどの工業原料やエネルギー資源）を除いた財の輸入を意味している。したがってそこには，耐久消費財（車・家電製品・家具など），非耐久消費財（洗剤・石けんなど），生産財などが含まれることになる。このうち，事務用機器・半導体等電子部品などの機械機器がおよそ製品輸入の半分を占めており，小売企業を含む流通企業の仕入活動として輸入される製品の比率はあまり高くはない。しかしながら，製品輸入の品目別の伸びをみてみると，繊維製品が高い伸びを示しており，また家具・バッグ類も確実に伸びている。東南アジア諸国で生産されたカジュアル衣料などが，私たちの身の回りに激増しているという生活実感にみごとに合致してい

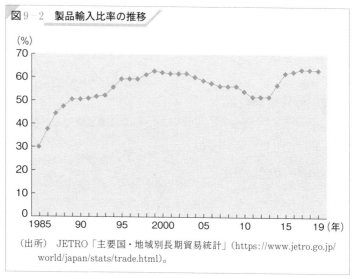

**図 9-2　製品輸入比率の推移**

(%)

（出所）　JETRO「主要国・地域別長期貿易統計」(https://www.jetro.go.jp/
　　world/japan/stats/trade.html)。

る。

**小売企業の海外委託生産**

このような繊維製品輸入の伸びと，第 **6** 章で紹介したようなアパレル新・専門店の成長とは，どのように関連しているのだろうか。

　一般に小売企業は，店頭に陳列する商品をメーカーが生産した既存製品のなかから選択するという商品調達方法を採用している。もちろん実際にはメーカーと小売企業の間に卸売企業が介在することが多いわけだが，ここで重要なことは，すでに存在する製品のなかから選び出すことによってアソートメントを決定しているという事実である。この調達方法には，問題がある。

　第 **1** は，メーカーが生産した製品は，その小売企業のためだけにつくられたものではないということである。当然の事実であるが，このことは小売企業にとって他社と商品面で差別化しにくいことを

意味する。すなわち，調達した商品が競合企業でも販売されている可能性がある。競合する企業の店頭に同じ商品が並んでいては，商品面で特徴を出すのが困難であろうことは想像できる。第2の問題は，同じメーカーが生産した商品は，各企業でほぼ同じ価格で販売せざるをえないことである。メーカーは自社のブランドがそれぞれ異なった価格で販売されることに抵抗を示すであろう。可能性としては，小売企業の規模に応じて仕入価格に若干の差が生じることがあるだろうが，そうだとしても，その価格差は商品の販売価格に直接反映されることはあまり考えられない。小売企業の立場からいうと，価格面で差異を出しにくくなるのである。

　こうした問題点を解決する手段の1つとして生み出されたのが，開発輸入である。開発輸入とは，「小売企業が自ら企画し，作成した仕様書に基づいて外国メーカーに生産を委託し，できあがった製品を日本に輸入して販売する手法」である。この手法は，1980年代に入って円高が急速に進行したことをきっかけに始まった。円高は輸入を促進する効果を発揮し，加えて外国の安い労働コストを利用することによって低コスト生産が可能である。しかも「価格破壊」ブームの到来と，それによる消費者の低価格志向という追い風を受けて，開発輸入は一躍注目を浴びることになった。総合スーパーはこの手法を活用して低価格型PBを開発し，さらに通信販売業者や専門店などが中心となって積極的に開発輸入手法を取り入れていった。この動きを象徴的に反映しているのが，先の繊維製品輸入の伸びというわけである。

　ところが開発輸入手法は，さらにいっそう精緻化されていく。それを推し進めたのが，アパレル新・専門店，その代表がユニクロである。ユニクロの商品の大部分は中国のメーカーに委託生産されている。商品は自主企画であり，生産から販売までを一貫してユニク

ロが手がけている。まさに開発輸入そのものである。ただ異なる点は，この手法を単なる低価格商品獲得手段とだけみなしているのではないということである。ユニクロは需要との適合性を厳しく追求し，需要の変化に対する商品供給のタイムラグを可能な限り削減し，需要適合的かつ適時・適量の商品供給体制を創造したのである。そのシステムがいわゆる SPA（第5章第4節参照）である。そしてこうした SPA 型専門店による開発輸入も，繊維製品輸入を牽引しているというわけである。

国際ネット調達網の登場

開発輸入への取組み経験の深まりとともに，小売企業にとって明確になってきたことは，商品の調達先はもはや国内企業だけに限らないということである。「最適地から最適な商品を調達する」ことが商品調達上のキーワードになってきたのである。これは，商品調達先の空間的範囲が従来とは比較にならないほど広域化することを意味する。そのねらいは，高マージンの確保とアソートメントの差別化である。こうした流れのなかで，大手小売企業は外国の大手小売企業を相手に商品調達にかかわる業務提携を結んできた。また，海外のメーカーとの間で共同商品開発を試みたり，外国小売企業のPB 商品の販売なども手がけてきている。ところが，いわばこうした一部の動きとはまったく異なった次元で，グローバルな商品調達を実現しようという動きもある。

それは，欧米の大手小売企業を中心にして立ち上げられたインターネットによる商品調達ネットワークである。第4章でも説明したように 2000 年に「ワールドワイド・リテイル・エクスチェンジ（WWRE）」（K マート，ターゲット，セーフウェイ，マークス＆スペンサー，テスコ，オーシャン，アホールド，ジャスコ，西武百貨店など 53 社），「グローバル・ネットエクスチェンジ（GNX）」（シアーズ，クローガ

ー，カルフール，メトロ，セインズベリーなど7社）が発足したが，2005年には両社はアジェントリクス（Agentrics）に統合された（その後アジェントリクスは合併により，社名をネオグリッド〔NeoGrid〕に変更）。

　ここで提供される商品調達ネットワークは，インターネット上に電子商取引市場を開設し，需給をマッチングさせるいわゆるBtoBビジネスであるが，それ以外にもサプライチェーン構築とそれにかかわるいっさいの取引支援をも行っている。こうした仕組みを利用することによって，商品面での国際化は，より広域に，よりコスト節約的に，より効率的に進展するであろうと思われる。

### 欧米有名ブランドの直営店化

海外からの商品調達手段のなかでもっとも古くから，そしてもっとも広く採用されてきたのは欧米有名ブランドの取扱いである。小売企業のなかでもとくに百貨店は，これらブランドを店舗内の一番目立つ場所に配置して，ブランドのプレステージを利用した店舗づくりを行ってきた。いかにして競合百貨店が保持していない欧米有名ブランドを排他的に確保するかが，百貨店のテナント管理の重要な要素であった。

　ところが，やがて欧米有名ブランド企業はいっせいに日本市場に直接進出して，直営路面店をオープンするようになった。日本の企業に販売代理権を与えて百貨店へテナントとして出店するという形式はあくまで間接的な進出であり，また百貨店内で確保できる売場スペースには限りもあるため，欧米有名ブランド企業は日本に子会社を開設して大型の直営店の展開を始めたのである。グッチ，エルメス，ルイ・ヴィトン，ソニア・リキエル，マックスマーラなどをはじめとして，続々と東京の青山・銀座や大阪の心斎橋周辺に出店を重ねている。さらに地方中核都市においても，欧米有名ブランド

店が立ち並ぶ風景が常態となっている。ブランド好きで，世界有数の経済力をもつ日本市場は，欧米有名ブランド企業の目には開拓余地の残る有望市場に映るのであろう。

# *4* 日本企業の海外出店

●進出と撤退の歴史

| 海外出店の歩み |

わが国における小売企業の海外出店の現状を理解するために，その歴史を把握することから始めよう。わが国小売企業の海外出店の起源は，第2次世界大戦以前にさかのぼることができる。戦後1950年代末から海外出店は再開するが，本章が対象としているような多面的な流通の国際化の一領域としての海外出店は，70年代以降に始まった。日本企業はどの程度海外に店舗展開しているのであろうか。残念なことに，その実態を継続的かつ包括的に把握するデータは今や存在しない。つまり，実態は正確にはわからないのである。したがってここでは，データの制約のなかで可能な限りその実態を明らかにしてみよう。

　まず表9-1は，『繊研新聞』が毎年継続的に実施していた海外店舗実態調査に依存して，わが国小売企業の海外店舗数の状況（2000年12月時点）を出店時期別にまとめたものである。調査時点は古いが，これが信頼できる時系列データであることを念頭において，日本企業の海外出店の歴史を理解しておこう。表中の，たとえば1970〜74年の百貨店の5という数値は，同期間に出店した店舗のなかで2000年12月時点で営業している店舗が5つあったことを意味している。表から，2000年末には総数で224店舗が海外に存在していたことがわかる。業態別にみると，量販店（総合スーパー，食品スーパー，衣料品スーパーなどを含む）がもっとも多く，百貨店，専

**表 9-1 業態別の海外店舗数**

| 出店時期（年） | 量販店 | 百貨店 | 専門店 | 合　計 |
|---|---|---|---|---|
| 〜1969 | 0 | 1 | 0 | 1 |
| 1970〜74 | 0 | 5 | 0 | 5 |
| 1975〜79 | 0 | 5 | 0 | 5 |
| 1980〜84 | 0 | 6 | 0 | 6 |
| 1985〜89 | 6 | 6 | 0 | 12 |
| 1990〜94 | 21 | 26 | 17 | 64 |
| 1995〜99 | 56 | 17 | 28 | 101 |
| 2000 | 13 | 2 | 15 | 30 |
| 合　計 | 96 | 68 | 60 | 224 |

（出所）『繊研新聞』2001 年 1 月 4 日付より作成。

**表 9-2 地域別の店舗数**

| アメリカ | ヨーロッパ | オセアニア | アジア | 合　計 |
|---|---|---|---|---|
| 9 | 36 | 2 | 177 | 224 |

（出所）表 9-1 に同じ。

門店がそれに続いている。また，百貨店の海外出店がもっとも早期に開始され，1980 年代後半から量販店が出店し始め，最後に 90 年代から専門店の動きが活発化したことがうかがわれる。

　それでは，店舗はどの地域に展開されていたのだろうか。表 9-2 はこれを示している。224 店舗中 177 店舗（80％弱）がアジア地域に立地している。アジア諸国が，海外出店する際の標的市場として位置づけられていることがうかがえる。その大きな理由は，アジア市場の成長性への注目である。当時，1997 年の通貨危機による経済の停滞があったとはいうものの，長い目でみれば世界でもっとも高い成長が期待できるのがアジア市場であり，企業成長を図ろう

とする小売企業はこの潜在市場をねらっていたのである。このこと
は日本の小売企業にだけ当てはまることではない。欧米の小売企業
にとっても状況は同じであった。アジア市場は当時も，そして現在
も世界が注目する地域であることに変わりはない。

　　　　　　　　　　　　　　　ところが1990年代に入ってしばらくする
　　日本企業の弱み　　　　　と，わが国小売業の海外ビジネスの調子が
思わしくなくなった。とりわけアジア地域における不振が目立ち，
撤退する企業も増加し始めた。

　図9-3は，1995年と2000年の海外店舗数を比較したものであ
る。ここから，①店舗総数で大きな落込みがみられること，②とり
わけアジア地域における落込みが激しいこと，がわかる。実は日本
の小売企業は，世界に先駆けて積極的にアジア市場に進出し，先発
者の利益を享受してきた。それにもかかわらず，アジア市場からの
撤退が目立ち始めたのである。この現象はその後どう推移したので
あろうか。

　表9-3は，1995年当時，積極的に海外展開していた主要小売企
業の海外店舗数の推移を示したものである。一見して明らかなよう
に，1995年時点の海外出店のリーダーであった百貨店が大幅に店
舗数を減少させていることが顕著である。

　その主たる理由は，①アジア各国における地価の上昇と賃貸料の
急激な値上がり，②人件費の上昇，③欧米小売企業進出による競争
激化，④国内市場の不振，などである。とりわけ第4の理由，すな
わち日本国内における業績不振の影響が大きい。1990年代に入っ
てバブル崩壊後の日本の消費市場は冷え切った状態が続き，業態を
問わず，売上高・利益は低迷を続けていた。「国内の不振を抱えな
がら海外でビジネスを継続することはできない。優先すべきは国内
事業である」というのが，撤退する小売企業が語るその理由である。

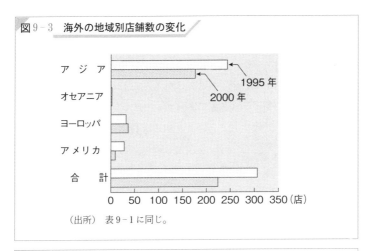

**図9-3　海外の地域別店舗数の変化**

（出所）　表9-1に同じ。

**表9-3　主要小売企業の海外店舗数の推移**

|  | 1995 年 | 2000 年 | 2010 年 | 2019 年 |
|---|---|---|---|---|
| 伊勢丹 | 20 | 19 | 13 | 19 |
| イオン* | 17 | 29 | 101 | 268 |
| 三　越 | 15 | 20 | 18 | 15 |
| そごう | 13 | 9 | 0 | 0 |
| 良品計画 | 13 | 21 | 134 | 497 |
| 大　丸 | 9 | 6 | 0 | 0 |
| 東　急 | 7 | 4 | 1 | 1 |
| 高島屋 | 6 | 6 | 2 | 4 |
| 西　武 | 2 | 3 | 0 | 0 |

（注）　＊総合スーパー，スーパー，ディスカウン
　　　　ト・ストア，モールのみ。
（出所）　『有価証券報告書』各年版より作成。

　しかし考えてみれば，日本の小売企業のそれまでの海外進出はい
ささかお手軽なものであった。海外に有望な成長市場が存在するか
ら出店してみよう，アジア諸国が感じている一種の憧れをうまく利

用して日本的小売経営方式を持ち込んでみよう，という発想での進出が大部分であったように思われる。だからこそ，わずかな計算違いが重くのしかかってくる。国内市場活況の余力を利用した進出は，国内がピンチに陥ったとたん見直される。これが，これまでのわが国小売企業の海外出店の実像であった。

世界のなかの日本小売企業

以上のことから，日本の小売企業は海外進出してみたものの，わずかな環境の変化に直面したとたん，国内市場重視に回帰したといえる。

　それでは現在，日本の小売企業は世界のなかで，どのようなポジションにあるのだろうか。

　表 9-4 は，2018 年度の世界の小売業ランキング 250 社のなかの，上位 10 社のリストである（売上高規模順）。これによると世界最大の小売企業はウォルマートであり，その規模は第 2 位コストコの約 3.6 倍である。また上位 250 社平均で，進出先国数は 10.8 カ国，海外売上高比率は 22.8% となっており，ウォルマートはそのどちらをも上回っている。つまり第 1 位のウォルマートは世界を代表する国際化した企業でもあることがわかる。また他の企業も，国際化の程度が高いことも読み取れる。このように国際化のレベルが高いことは，どんな効果をもたらすのかを示したのが，表 9-5 である。この表は，上位 250 社のうちで，まったく海外出店していない企業と 10 カ国以上海外展開している企業との間で，直近 5 年間の平均売上成長率を 2 時点で比較したものである。興味深いことは，海外展開レベルの高い企業の方が高い成長率を示していること，さらに両社の格差が大きく広がっていることである。つまり，今や海外展開することが成長に直結するという事実である。

　図 9-4 は，世界のトップ小売業 250 社にランク入りした各国小

表 9−4 2018 年度世界のトップ 10 小売企業

| 順位 | 企業名 | 本拠地 | 主な業態 | 2018 年度小売売上高（百万米ドル） | 事業展開国数 | 小売売上高に占める国外事業の割合（%） |
|---|---|---|---|---|---|---|
| 1 | ウォルマート | アメリカ | ハイパーマーケット／スーパーセンター／スーパーストア | 514,405 | 28 | 23.7 |
| 2 | コストコ | アメリカ | キャッシュ・アンド・キャリー／ウエアハウス・クラブ | 141,576 | 11 | 27.8 |
| 3 | アマゾン | アメリカ | 無店舗販売 | 140,211 | 16 | 31.2 |
| 4 | シュワルツ・グループ | ドイツ | ディスカウント・ストア | 121,581 | 30 | 65.0 |
| 5 | クローガー | アメリカ | スーパーマーケット | 117,527 | 1 | 0.0 |
| 6 | ウォルグリーン | アメリカ | ドラック・ストア／薬局 | 110,673 | 10 | 11.0 |
| 7 | ホームデポ | アメリカ | ホームセンター | 108,203 | 3 | 8.1 |
| 8 | アルディ | ドイツ | ディスカウント・ストア | 106,175 | 19 | 66.3 |
| 9 | CVC ヘルス | アメリカ | ドラック・ストア／薬局 | 83,989 | 2 | 0.8 |
| 10 | テスコ | イギリス | ハイパーマーケット／スーパーセンター／スーパーストア | 82,799 | 8 | 20.9 |
| 上位 250 社 | | | | 4,744,012 | 10.8 | 22.8 |

（出所） デロイトトーマツ『世界の小売業ランキング 2019』。

表 9−5 国際化の程度と売上高成長率

| | 直近 5 年間の年平均小売売上高成長率（%） | |
|---|---|---|
| | 2005 年 | 2018 年 |
| 母国のみ展開企業 | 8.0 | 8.0 |
| 10 カ国以上展開企業 | 10.2 | 19.4 |
| 上位 250 社平均 | 8.4 | 5.0 |

（出所） デロイトトーマツ『世界の小売業ランキング 2006』『世界の小売業ランキング 2019』より作成。

売企業が海外市場でどの程度の売上を獲得しているかをみたものである。一見してわかることは，2000〜18年の間に，すべての地域・国が海外で売上高比率が大きく増加していることである。また，2018年にはドイツやフランスを含むヨーロッパ企業が40%以上を海外で獲得しているのと比較して，日本企業は十数%しか海外市場で売上を獲得していないことに注目すべきである。

　また図9‐5は，同じく各国小売企業が平均何カ国で店舗を展開しているかを示している。海外売上高と同様に，ヨーロッパ企業は20カ国弱で展開しているのに対して，日本の小売企業は5カ国程度に留まっている。この事実は，国際化という点で日本の小売企業が大きく世界から遅れをとっていることを物語っている。地の利を生かして他国に先駆けてアジア市場を中心に海外進出した日本の小売企業ではあるが，現在その面影はほとんどないといってよい。

　しかしながら，この事実はけっしてわが国小売企業の海外進出がまったく途絶えたことを意味しているわけではない。それどころか逆に，海外市場に重点をシフトしつつあると思わせる企業が登場している。表9‐6は，現在，積極的に海外展開している小売企業の一覧である（これ以外では，コンビニエンス・ストア各社が海外に多店舗展開しているが，本章ではコンビニエンス・ストアの動きは検討対象外とする）。たとえば，ファーストリテイリングや良品計画は，海外出店に長期にわたって取り組んでいる日本を代表する国際化企業であり，100円ショップのダイソーやホームセンターのニトリは大型専門店としての強みを生かしながら，海外市場開拓を熱心に進めている。またイオンは，量販店としては唯一，東南アジアを中心に活発に海外展開している。

　これら企業のなかで，ファーストリテイリングおよび良品計画の長期的な国際化の推移を示したのが図9‐6と図9‐7である。ファ

図 9-4　海外売上高比率の比較

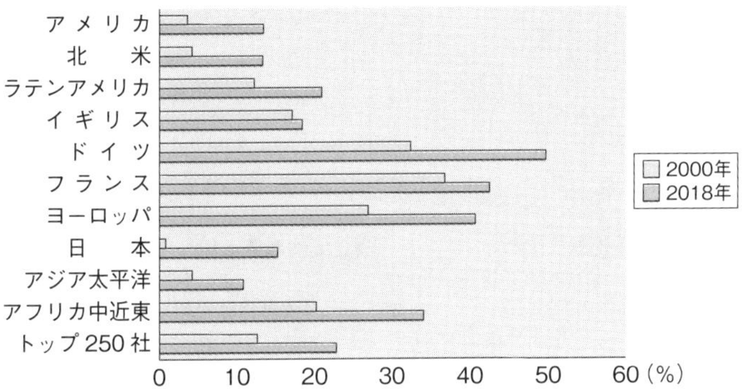
アメリカ
北　米
ラテンアメリカ
イギリス
ドイツ
フランス
ヨーロッパ
日　本
アジア太平洋
アフリカ中近東
トップ250社
0
10
20
30
40
50
60（%）
2000年
2018年

（出所）表 9-4 に同じ。

図 9-5　海外進出先国数の比較

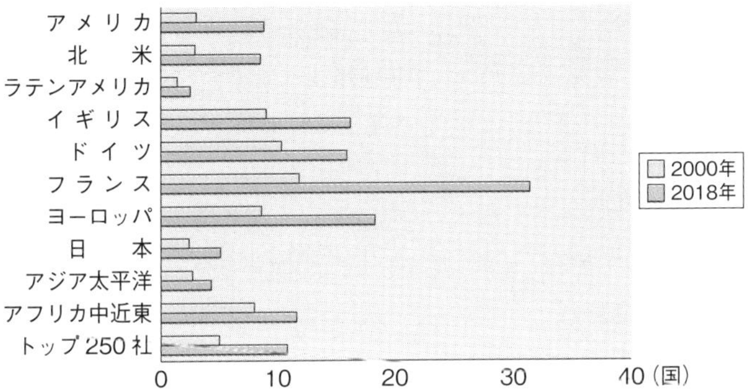
アメリカ
北　米
ラテンアメリカ
イギリス
ドイツ
フランス
ヨーロッパ
日　本
アジア太平洋
アフリカ中近東
トップ250社
0
10
20
30
40（国）
2000年
2018年

（出所）表 9-4 に同じ。

ーストリテイリングは 2010 年代に入って海外出店を急速に進める一方で，国内については店舗の統合・再編を進め横ばいで推移して

表9-6　国際化に積極的な小売企業

|  | 海外店舗数 | 進出先国数 |
|---|---|---|
| ダイソー | 2,175 | 27 |
| ファーストリテイリング | 1,379 | 19 |
| 良品計画 | 533 | 28 |
| イ　オ　ン | 330 | 7 |
| ニ　ト　リ | 66 | 3 |

（注）　イオン，ニトリ，良品計画の数値は 2020 年。
　　　他は 2019 年。
（出所）　『アニュアルレポート』『決算補足資料』な
　　　どより作成。

いる。その結果，2016 年には海外店舗数が国内店舗数を上回ることになった。

　一方，良品計画は 1991 年に香港とイギリスにはじめて海外出店したものの 2000 年にはいったん海外から完全撤退した経験をもつ。その後，海外進出を再開し，以降，図 9-7 にみられるように海外出店に力を入れると同時に，国内展開にも積極的であった。そしてファーストリテイリングより 1 年早く，2015 年には海外店舗数が国内店舗数を上回るに至っている。

　こうしたことから，日本の小売企業は，海外出店熱に取りつかれて何となくお手軽に海外に出かけていく段階を完全に脱し，国際化を成長戦略の中核に明確に位置づけることができた企業だけが積極的に海外を志向する，という本格的国際化時代に突入していると理解することができよう。

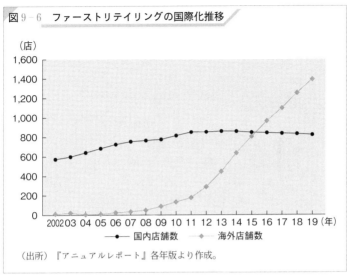

**図 9-6　ファーストリテイリングの国際化推移**

（店）

- ● 国内店舗数
- ◆ 海外店舗数

（出所）『アニュアルレポート』各年版より作成。

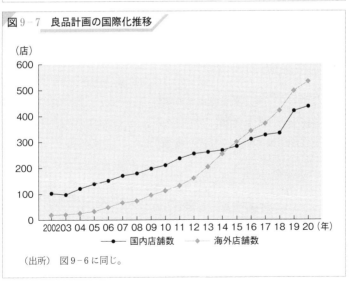

**図 9-7　良品計画の国際化推移**

（店）

- ● 国内店舗数
- ◆ 海外店舗数

（出所）　図 9-6 に同じ。

# 5 流通外資の進出

●外資小売企業のねらいと日本市場

なだれ込む外資小売企業

これまで難攻不落と思われていた日本市場へもたくさんの外資小売企業が参入した。

表9-7はこれまでに進出済みの主要な外資小売企業のリストである。今となっては，おなじみの顔ぶれが並んでいる。HMV，ボディショップ，ギャップ，ランズエンドなど，なじむまでに少々時間を要したこれら外資小売企業も，今では私たちの生活の一部に溶け込んだ存在となっている。

もちろんこれら外資小売企業は，日本市場だけに進出しているのではない。むしろ日本市場への進出に先駆けて，自国の周辺国，さらにはアジア諸国市場への参入経験をもつ場合が多い。一般に外資小売企業が海外市場をめざす背景には，①欧米各国市場の飽和，②自国市場における政策上の制約，③成長する魅力的な潜在市場の存在，などが考えられる。多数の外資小売企業が有望市場であるアジア，なかでも日本市場に参入する背景としては，上記の理由以外に，④大型店出店の規制緩和，⑤地価の下落，⑥先進諸国で最後に残された富裕な市場の魅力，などを指摘することができる。

外資小売企業の特徴

これまでに日本市場に参入した外資小売企業にはさまざまなタイプがあるが，おおよそ次の3種類に分類することができる。

(1) SPA型アパレル専門店——ギャップ，ザラ，H&Mなど。

(2) 専門（またはカテゴリー・キラー：特定業種に絞り込んで低価格訴求する業態）大型小売企業——タワーレコード，トイザらス，オフィス・デポ，イケアなどのわが国に初登場の業態。

**表 9-7　主な外資系小売企業**

| ショップ名 | 設立年 | 事業内容 |
|---|---|---|
| タワーレコード | 1981 | AV ソフト販売 |
| ローラアシュレイ | 1986 | インテリア・婦人衣料品販売 |
| トイザらス | 1989 | 玩具 |
| ボディショップ | 1990 | 化粧品 |
| H M V | 1990 | AV ソフト販売 |
| キンコーズ | 1991 | ビジネス・コンビニ |
| L. L. ビーン | 1992 | アウトドア衣料通販 |
| ランズエンド | 1993 | 衣料品通販 |
| エディーバウアー | 1993 | アウトドア用品販売 |
| ザ・スポーツオーソリティ | 1995 | スポーツ用品 |
| タイラック | 1997 | ネクタイ販売 |
| ギャップ | 1995 | 衣料品販売 |
| ティンバーランド | 1995 | アウトドア衣料 |
| オフィス・デポ | 1996 | 事務用品販売 |
| ザ・アスリートフット | 1997 | スポーツ靴 |
| ネクスト | 1997 | 衣料品 |
| ホームデポ | 1997 | ホーム関連用品 |
| コストコ | 1998 | 会員制倉庫型小売 |
| ザ ラ | 1998 | 衣料品販売 |
| ラッシュ | 1998 | 化粧品販売 |
| ブーツ | 1998 | 化粧品・雑貨販売 |
| カルフール | 1999 | ハイパーマーケット |
| セフォラ | 1999 | 化粧品 |
| メトロ | 2002 | キャッシュ・アンド・キャリー |
| ウォルマート | 2002 | ディスカウント・ストア |
| テスコ | 2003 | スーパーマーケット |
| イケア | 2006 | 家具 |
| H & M | 2008 | 衣料品販売 |
| フォーエバー 21 | 2009 | 衣料品販売 |

（出所）『外資系企業総覧 1999』,『日経在日外資企業ファイル 1999』,
　　　『日経流通新聞』より作成。

(3) 多製品品揃え型小売企業——ウォルマート，コストコ，メト
ロ，カルフールなどの幅広いアソートメントを提供する業態。

　これら3つのタイプのうち，日本市場に進出した企業数がもっと
も多いのがSPA型アパレル専門店であり，もっとも少ないのが多
製品品揃え型小売企業である。

　こうした一連の外資小売企業は，日本市場やアジア市場，さらに
は欧米市場においても店舗を多数展開している，いわば海外経験豊
富な企業群である。環境の異なる複数市場での店舗展開を可能にし
たこれら企業群には，共通する強みがある。それは，①独自の斬新
な商品企画力をもち，②卸を排したメーカーとの直接取引によって
コストを削減し，③効率的な物流・情報システムを駆使して，④世
界に広がる商品調達網を構築している，ことである。残念なことに，
日本の小売企業は外資小売企業が保有するこれらの強みをほとんど
といってよいほど保持していない。すなわち日本の小売企業は，商
品企画力や商品調達網を整備せず，日本独特の取引慣行に従いなが
ら卸依存的な経営方式を採用してきた。このような外資小売企業と
の異質性が，日本の小売企業の国際化の程度の低さをもたらしてい
ることは疑いない。世界市場で世界の小売企業と戦うとき，こうし
た点が日本小売企業の弱みとなっている。

### 流通外資の動向と日本市場の特性

　このように1990年代から2000年代にかけ
て，多くの流通外資が日本市場に進出した
が，その後の動きはどうなったのであろう
か。彼らは日本の小売企業にない強みをもっているにもかかわらず，
参入後思いのほか苦戦している場合が多く，表9-7にリストアッ
プされた流通外資のうち，かなりの数の企業がすでに日本市場から
撤退している。たとえばセフォラ，ブーツ，カルフール，テスコ，
オフィス・デポ，ザ・アスリートフット，ザ・スポーツオーソリテ

ィ，フォーエバー21，トイザラス，タワーレコード，HMVなどは，すでに日本市場から手を引いている。その多くはすでに店舗が存在しないが，一部は日本企業に事業売却したことによって店舗名をそのままに営業を続けている場合もある。なぜこれほど多くの流通外資が，日本市場から退出することになったのだろうか。その一番の理由は，彼らにとって日本市場は思った以上に手ごわい市場であったことであり，もう1つの理由は本国市場においての自社が経営破綻（あるいは経営不振）に陥ったからである（これについては後述）。

　流通外資の強みは，商品企画力をベースにしたグローバルな商品調達システムを備え，規模を背景として低価格で商品提供しながら世界中に店舗展開する力をもつ点にある。ところが，この強みを発揮するには，日本市場は他国市場と比べていささか勝手の違う特性をもっていたと考えられている。

　それは，たとえば次のような点においてである。

(1)　日本の消費者は，「新しい物」好きである。そのため，頻繁に新商品が発売され，店頭での商品の入れ替わりが激しい。

(2)　他の人との差別化志向が強い。人と大きくかけ離れたものは好まないが，まったく同じものは回避し，わずかな差異を好む傾向がある。

(3)　地域性や慣習に基づいて，季節や地域に応じた異なる商品が求められるなど，商品の多様性が高い。

(4)　特売による目玉商品の提供や売場の変化が消費者を吸引するのに有効である。

(5)　商品の品質に対して厳しい目をもち，また生鮮商品については鮮度や産地に対するこだわりが強い。

こうした特徴をもつ日本の消費者の存在は，"Every day low price"を標榜して常に低価格であることを訴求し，安定的な売場づ

くりをめざし，店舗の標準化を推し進めようとする流通外資には，大きな壁となって立ち塞がったのである。

# *6* 流通を変える国際化

## ●流通のグローバル・スタンダード

消える流通主体間の壁

これまで検討してきた流通の国際化の多面的な展開は，従来の流通を大きく変革させる可能性をもっている。それはまず，メーカー─卸売企業─小売企業間の境界があいまいになることである。これまでの常識では，メーカーは商品を生産する主体であった。ここでは消費者にとって意味をもたない素材の形を変え，組み合わせることによって消費者にとって意味のある別の商品を作り出すことがメーカーの基本的機能であった。他方，卸売企業・小売企業の役割は，消費者にとって意味のある商品の集合体を作り出すことであった。鞄だけでは生活できず，ミネラルウォーターだけでは満足できない消費者に，鞄やミネラルウォーター，衣服や食料，電気製品や車などからなるアソートメントを形成することが任務であった。単純化していうならば，メーカーは「生産する存在」であり，卸売企業・小売企業は生産された財を「流通させる存在」であった。

ところが，流通の国際化はこうした機能分担関係を再編成させる。たとえば，すでに検討したように小売企業であるユニクロは，常識的には「生産する存在」ではなく，「流通させる存在」である。ところが，ユニクロの強みは自ら海外で商品生産することにある。ユニクロは，「生産する存在」としての強みを発揮することによって，海外で活発に店舗展開している。もはやユニクロはメーカーであるのか，小売企業であるのか，断定的に答えることは難しくなってい

　グローバル・スタンダードとは何かについては，必ずしも統一された見解があるわけではない。いささか大ざっぱにいうと，グローバル・スタンダードというのは世界標準，すなわち特定の国や地域だけに通用する様式や手法ではなく，国や社会さらには文化を超えて「世界」レベルで通用する普遍的な性格をもった特徴を指していると考えることができる。たとえば，電気製品（ビデオや DVD）や携帯電話の規格などが典型的な例である。一度採用された規格は，それが製品化されるときの標準的な様式として世界中で認められ，その製品の普及に拍車がかかることになる。具体的な製品でなくても，「英語はグローバル・スタンダードである」などと表現されることもある。英語こそが世界中で使用可能な共通言語であるという認識が，そこにみられる。いずれにせよ，世界で通用する何か1つの様式や方式が存在し，それがグローバル・スタンダードであるという考えが根底にある。

　ところが流通におけるグローバル・スタンダードは，どうもこれとは少し性格が異なっているようである。すなわち，日本でも中国でもフランスでもアメリカでも通用するビジネス・システムは間違いなく存在するに違いない。たとえば，日本の百貨店は世界中で通用するかもしれない。また，フランスの百貨店も同じように世界で通用するかもしれない。しかし逆にある国の百貨店はその国でしか通用しないかもしれない。それだけではない。たとえば日本の百貨店は世界で通用するとしても，すべての企業が等しく通用するとは限らない。伊勢丹は世界で通用するが，髙島屋は通用しないかもしれないのである。

　こう考えると，流通の世界においては，たった1つの様式・方法だけがグローバル・スタンダードであると考えることは，いささか現実的ではないように思われる。少し極端ではあるが，「誰でもが

グローバル・スタンダードをつくりだすことができるし，それは必ずしも1つだけとは限らない」とでもいえるのが，流通の世界の大きな特徴であるととらえることができる。

る。

　別の例を示そう。かつてアメリカから玩具の大型店であるトイザらスが進出してきた結果，日本の玩具小売市場で中心的役割を担ってきた町のおもちゃ屋さんが競争に負け，淘汰された。町からおもちゃ屋さんが消えていくと，彼らにおもちゃを販売していた玩具卸売企業は，販売先を失うことになる。大規模な卸売企業であれば，トイザらスと取引できるかもしれない。だが，それほど規模が大きくない中小卸売企業にとって，事態は深刻であった。そこで彼らは生残りをかけて，自ら生産機能を遂行した。つまり，自ら商品を企画し，生産し，販売する企業へと変身を図ったのである。玩具店への販売よりも，自社ブランドを確立してメーカーとして「生産する存在」に生残りをかけたのである。これと同じように，近年ではイケアの進出が，日本の家具流通システムに大きな影響を与え始めている。

　以上のように国際化は，「生産する存在」と「流通させる存在」との区別がほとんど意味をもたない融業化を促進しようとしている。

**国際化の将来展望**　日本に進出している外資小売企業には3つのタイプがあることはすでに指摘したが，この3タイプは現在海外に活発に進出している日本の小売企業にも当てはまる。表9-6のうちファーストリテイリングはタイプ(1)，ニトリ・ダイソー・良品計画はタイプ(2)，そしてイオンはタイプ(3)である。

　日本の小売企業や外資小売企業を含めて，最近ではこれら3タイ

プで明暗が分かれ始めている。とりわけ世界市場で強みを発揮してきた外資小売企業において，それが顕著である。すなわち，タイプ(1)・(2)と比較して，多製品品揃え型小売企業（タイプ(3)）が海外市場で思うような成果をあげることができなくなってきているのである。このタイプの小売企業は，世界の小売企業トップ10にランクインするほどの大規模企業が多く，しかも流通国際化の動きに先鞭をつけ，グローバル・スタンダードを確立するのではないかと期待されていたはずなのに……。

そもそも小売企業が海外市場に進出しようと思ったきっかけは，端的にいうと自国市場の低迷や狭隘化に基づく将来リスクの軽減が動機であった。自国内市場での成長機会が減少しているために，新しい市場を求めて海外に出ようとしたのであった（国内市場の補完目的）。これが功を奏し，国外市場に着々と浸透してきたのがこれまでであった。ところが，このところ流通外資にとって，自国市場が危うい状況に直面し始めている。そしてそのもっとも大きな原因は，ネット小売の急成長である。アマゾン・ショック，アマゾン・エフェクトと呼ばれるような，ネット小売がリアル小売に与える影響が深刻化する一方である。これに対抗すべく，多製品品揃え型小売企業はいまその対応に追われている。ネット小売によって存亡の危機に立たされているリアル小売企業にとって，とりわけリアル小売の世界のリーダーである多製品品揃え型小売企業にとって，事態はことに深刻なのである。そのため，これまでのように海外市場に構っているときではないというのが実情である。

このような近年の動向をもとにして考えると，今後，流通の国際化は次の2点において，大きな変化に直面することになるであろう。

第1は，新国際化モデルの確立である。国際化をリードしてきた流通外資，たとえばイギリスのテスコは2020年3月に東南アジア

事業（タイとマレーシア）を売却すると発表し，今後は母国とその周辺国での事業に集中することになった。またフランスのカルフールは 1995 年に進出した中国から 2019 年 7 月に撤退すると発表し，さらにドイツのメトロは 1996 年に進出した中国での事業を売却することになった。このように海外での投資先を限定し，自国市場をネット小売の攻勢から防衛する動きが顕著となっている。その象徴がほかでもないウォルマートである。同社はアマゾンを追って，リアル事業への投資を大幅に抑制し，ネット通販事業に集中投資を始めている。そこで追求されているのは，ネット小売専業への転身ではない。リアル小売とネット小売を融合させて，従来にない事業モデルを創造することである。その実験がまずは国内市場で始まっていると理解すべきである。

　ところが，この動きは国内市場だけに留まるものではない。第 8 章では，ネット世界の越境化を指摘した。ネット小売は越境 EC といわれるような「国の境界を越えた EC」に向けて動き出そうとしている。それはどこの国にいても，障害なく自由にどこの国からでも，どんな商品をも居ながらにして手に入れることができる状態である。この両者の動きは，すでに重なり合っている。リアル小売はネット小売と融合しようとし，ネット小売は国を越える＝国際化しようとしているのである。そこでは何が起こるのだろうか。答えは明らかである。これまでのリアル世界に限定的な国際化ではなく，リアルとネットが融合した世界における新しい国際化の開始である。まだその姿を私たちはみることができない。とはいえ，そのときは目前に迫っているのである。

　第 2 は，新たな国際化リーダーの登場である。これまで国際化は流通先進国の小売企業が海外進出することと，暗黙に想定されてきた。現実の動きがそうであったことがその原因である。いわば，上

（流通の発展した国）から下（流通の発達が十分ではない国）への動きが国際化であった。ところが，この暗黙の想定は今や崩れようとしている。その象徴は，上で述べた国際化をリードしてきた流通外資の海外事業売却にみられる。実はテスコの東南アジア事業を買収したのは，地元タイのチャロン・ポカパン（CP）グループであり，カルフールの中国事業の買収は同じく地元の家電量販大手の蘇寧易購集団であり，メトロの中国事業を買収することになったのも中国大手小売の物美科技集団であった。この事実は，地元の小売企業はかつては先進的な小売企業の進出を受け入れるだけであったにもかかわらず，現在ではその事業を代替して，あるいはそれ以上にうまく運営する力を備えていることを示している。おそらく，欧米流通外資の参入は，地元の小売企業に十分な小売ノウハウ学習時間を与え，それを消化する能力の獲得を可能にしたように思われる。

　それだけではない。たとえばタイの地元財閥であるセントラル・グループは，イタリアやデンマーク，ドイツの百貨店を買収し，ベトナムでは現地小売企業を買収するなど，すでにヨーロッパ進出を果たしており，タイ周辺国への進出も実現しているのである。あるいは南米チリにおいても同様に，周辺国に進出する事例が現れている。

　かつては欧米流通外資の事業モデルが，グローバル・スタンダードの1つであった（本章 *Column* ❾ 参照）。日本の小売企業の事業モデルも，もう1つの事業モデルであると考えることができるだろう。さらにこれに加えて，明らかになりつつあるのは，両者とは異なるモデルである第3タイプの登場である。従来の上から下の動きとは正反対の下から上への国際化モデルという意味で，「逆進出型」事業モデルとでも呼べるような，新たなグローバル・スタンダードが生まれようとしている。今後の展開次第では，東南アジアの小売企

業が日本市場進出する日も近いかもしれない。以上の2点から判断して，流通国際化が新たなステージに突入したことは疑いない。

■本章で学んだキーワード

国際化　グローバル化　国際商品調達　製品輸入　開発輸入　SPA　外資小売企業　多製品品揃え型小売企業　グローバル・スタンダード

⇒練習問題

1 専門店などに出かけて，商品タグや原産国表示などによって商品がどこでつくられたものであるかを確認し，身の回りにどれだけ外国製商品が入り込んでいるかを調査してみよう。

2 日本に参入した外資系小売企業の強みはどこにあるのかを，具体例に即して検討してみよう。

3 日本の小売企業がつくりだした代表的グローバル・スタンダードとして，どのようなものを考えることができるだろうか。

SDGs との関連を中心に

⊕イントロダクション

　流通・商業は，私たちの生活にとって必要不可欠な存在である，社会とのかかわりという視点でみるとき，それは別の側面をもつことに気づく。すなわち，流通・商業は，そのあり方によっては私たちの生活に悪影響を及ぼしたり，逆に好影響を及ぼしたりする可能性がある存在でもある。これを流通・商業の外部性といい，マイナス方向の影響であれば外部不経済，プラス方向の影響であれば外部経済という。

　流通・商業の分野では，かつてはこうした外部性に関する問題が注目されることは比較的少なかったが，近年，社会的関心が高まってきている。そのため，流通・商業のあり方について，さまざまなルールが定められているのであり，その遵守がより強く求められるようになっている。本章では，その代表的領域として地球環境問題，小売業とまちづくり，公正競争確保を取り上げる。これらは，いずれも SDGs（持続可能な開発目標）との関連が深い課題である。

　地球環境問題については，メーカー，卸売業者，小売業者が「社会的ジレンマ」状況にあることを確認し，国・自治体・民間企業による循環経済型社会に向けた取組みを説明する。まちづくりについては，中心市街地活性化の取組み，都市計画による規制，コンパクト・プラス・ネットワークの視点に立つ立地適正化計画などの都市再生の取組み等を説明する。公正競争については，優越的な地位の濫用の規制に焦点を合わせ，それがデジタル・プラットフォーマーの行為の規制等に適用範囲が拡大されていることについて説明する。

# 1 流通・商業と地球環境問題

● SDGs が加速する取組み

コンプライアンスと外
部性への対応

流通・商業の役割は，第 1 章で学んだよう
に，生産と消費をつなぐことによって，最
終的に消費者が望む商品のアソートメント
を適正な価格・品質・条件で提供することにある。その意味で，流
通とその主要な担い手である商業者は，私たちの暮らしにとって不
可欠な存在ということができよう。しかし，流通・商業を社会との
かかわりという視点でみると，それは消費生活にとっての必要性と
は別の側面をもっていることに気づく。すなわち，流通・商業は，
そのあり方によっては，私たちの生活に悪影響を及ぼしたり，逆に
好影響を及ぼしたりする可能性があるという側面である。

たとえば，工場のような施設は，経済活動においてそれ自身必要
なものではあるが，近隣に生活する住民の立場に立つと，大気汚染
や騒音を発生させたり，トラックの出入りが絶えなかったりと，迷
惑な施設になってしまうかもしれない。こうした関係を外部性とい
う。つまり，ある主体（ここでは工場）の行動が，市場関係（ここで
は製品の生産とその取引）を経由しないで，他の主体（ここでは近隣住
民）に何らかの影響を及ぼすことである。その影響がマイナス方向
（悪影響）であれば外部不経済，プラス方向（好影響）であれば外部経
済という。上の例は，もちろん外部不経済に当たる。

このように，工場のような施設は公害や地球温暖化などの外部不
経済をもたらす可能性が大きいことから，これまでもその立地や操
業方法に種々の規制が課されてきた。これに対して流通・商業の分
野では，かつてはこうした問題が注目されることは比較的少なかっ

たが，近年，外部性に関連する問題に対する社会的関心が高まってきている。

そのため，流通・商業のあり方について，さまざまなルールが定められているのであり，その遵守すなわちコンプライアンス（法令遵守）がより強く求められるようになってきた。以下では，その代表的領域として，地球環境問題（以下，環境問題），小売業とまちづくり，公正競争確保を順に取り上げていく。これらはいずれも，近年，重要な課題となっているSDGs（持続可能な開発目標）との関連が深い問題であり，主として地球環境問題は目標12，13，14に，まちづくりは目標11に，公正競争は目標9にかかわる。こうしたSDGsとの関連に，ぜひ関心を向けてほしい。

**「消費者ニーズへの対応」に潜む問題**

消費者が望むアソートメントを適正な価格・品質・条件で提供することが流通の社会的役割の1つといえる。このことは，流通の担い手たちが消費者ニーズへの対応や消費者利益の実現という観点に立って行動すべきことを意味しよう。しかし，消費者ニーズに対応することが，常に社会的に最適な結果をもたらすとは限らない。

たとえば，わが国の多くの消費者は，できるだけ新鮮な食品を購入したいという欲求をもっている。そのため，生鮮食品や乳製品など日配品を買うときには，古い商品は避けて新しい商品を選ぶという購買行動をとりがちである。また，多くの消費者はすでに所有しているものについても，より高機能な製品，より便利な製品に買い換えたいという欲求をもっている。あるいは，たとえばペットボトル入りの飲料のような商品は，それが大量のごみの発生と資源の無駄遣いにつながることがわかっていても，その便利さ等のゆえに消費者の間で定着している。

このような消費行動や生活様式は，個々の消費者にとっては，正当な欲求であり合理的な行動といえるかもしれない。また，メーカーや商業者が消費者ニーズへの対応やさらなる需要創造のために展開するマーケティングによって——大量生産を背景にした供給圧力のゆえに，ときには過度に——喚起されたという側面があることも否定できない。いずれにしても，その結果もたらされているのは，次のような事態である。

　すなわち，食品の分野では生鮮品や乳製品だけでなく，ある程度保存可能な加工食品についてまで鮮度が重視されるようになり，場合によっては賞味期限が切れていないものまで廃棄の対象にされてしまっている。あるいは新製品への買換えに伴って大量の廃車・廃家電・廃パソコンなどが発生したり，ペットボトル，缶，紙パック，トレイなどが廃棄物として日々大量に排出されたりしている。

| 「社会的ジレンマ」と |
| しての環境問題 |

　こうした現象はいずれも，消費者（需要側）とメーカーや商業者（供給側）のそれぞれが，自らの利益にとって最適な行動をとったことに起因しているといえる。しかし，その結果もたらされたのは社会全体に共通する利益の損失——ごみの大量排出などの環境問題の発生——である。こうした状況は，一般に「社会的ジレンマ」と呼ばれる。ちなみに，1960年代に表面化した公害問題と環境問題は，一見似ている面もあるが，次の点で本質的に異なっている。すなわち，公害問題は特定の発生源が存在し，それによる社会的災害であるのに対して，現在の環境問題は経済活動や生活一般によって引き起こされているという点である。

　以上のような状況について，私たちはどう考えるべきであろうか。いうまでもなく，流通はそれ自体で自己完結しているものではなく，社会経済システム全体からみれば，その一部を構成するサブ・シス

テムに位置づけられる。さらに広くいえば，地球上の全生物を含めた生態系の一部でもある。そのため，上述のような社会的ジレンマ状況を打開するには，流通・商業の社会的役割について，消費者ニーズへの対応や消費者利益の実現という観点だけでなく，自然環境も含めた社会経済システム全体にとっての望ましさという観点から考える必要がある。そうしたなかで，消費者の環境意識もこの間全般的に高まってきており，価格の安さや利便性よりも環境への影響を優先的に配慮する消費行動も増加傾向にあることも重要である。

**SDGs と流通・商業**　このような観点に立って流通・商業のあり方をとらえるべきという考え方は，国連のSDGs（Sustainable Development Goals：持続可能な開発目標）によって広く普及していくこととなった。SDGs は，2015 年 9 月，150 超の加盟国首脳が参加した「国連持続可能な開発サミット」において採択された「我々の世界を変革する：持続可能な開発のための2030 アジェンダ」であり，人間，地球および繁栄のための行動計画として 17 の目標と 169 のターゲットが設定され，「誰ひとり取り残さない」ことが宣言された。

　17 の目標は，①貧困，②飢餓，③保健，④教育，⑤ジェンダー，⑥水・衛生，⑦エネルギー，⑧成長・雇用，⑨イノベーション，⑩不平等，⑪都市，⑫生産・消費，⑬気候変動，⑭海洋資源，⑮陸上資源，⑯平和，⑰実施手段からなり，地球全体が抱える問題を網羅するものとなっている。

　これらのうち，流通・商業とのかかわりがもっとも強い目標の 1つは（以下は外務省仮訳による），後述する循環経済型社会にかかわる目標12（つくる責任 使う責任／持続可能な生産消費形態を確保する）である。さらに，目標 13（気候変動に具体的な対策を／気候変動及びその影響を軽減するための緊急対策を講じる）は，石油・石炭などの化石

燃料から発生する二酸化炭素（$CO_2$）に代表される温暖効果ガスの排出削減等を対象としており，物流の効率化や店舗や倉庫の省エネといった点で，流通・商業との関係が深い。また，目標14（海の豊かさを守ろう／持続可能な開発のために海洋・海洋資源を保全し，持続可能なかたちで利用する）は，プラスチック製品の海洋投棄・流出，マイクロプラスチック化問題を対象に含んでおり，ペットボトルや，いわゆるレジ袋をはじめとするプラスチック製容器包装の取扱いとリサイクルといった点で，流通・商業との関係が指摘できる。

なお，SDGs を受けて，日本国内では日本経済団体連合会（経団連）が 2018 年 11 月，産業界の立場から Society 5.0 を提唱する一方で，政府は「SDGs モデル」と「SDGs 実施指針」において 8 つの優先分野を設定し，同年 12 月には SDGs アクションプラン 2019 を策定している。また，ビジネスや消費の現場では，これまでの CSR（corporate social responsibility：企業の社会的責任）を超える考え方として，CSV 2.0（creating shared value：共有価値の創造），パーパス・ブランディング，エシカル消費などが提唱・実行されるとともに，金融の分野では ESG 投資（環境〔environment〕，社会〔social〕，企業統治〔governance〕の要素を考慮した投資）がグローバルなレベルで広がりつつある。

### 循環経済型社会のための制度と活動

それでは，SDGs のうち流通・商業ともっとも関係が強い目標の 1 つである，循環経済型社会についてみていこう。その際，出発点となる考え方は，流通のフローはともすると生産者から消費者への一方向のみでとらえられがちであるが，消費者から生産者への逆方向のフローも社会への影響という点で同等かそれ以上に重要であり，両者をあわせて流通としてとらえるべきだという観点である。前者は流通の動脈部分に相当することから動脈流通と呼ばれ，後者

は流通の静脈部分に相当することから静脈流通と呼ばれる。

　こうした考え方に基づいてめざされているのが，循環経済（サーキュラー・エコノミー）の形成である。すなわち，動脈流通と静脈流通との両面にわたって，廃棄物の発生を抑制し省資源化を進めるリデュース，使用済みの製品を原材料として再資源化するリサイクル，部品等を再利用するリユースという，いわゆる"3R"と呼ばれる仕組みを整備・構築し，流通活動を展開することが求められている。そして，そうした制度や活動にかかわるコストについて，消費者を含む流通の担い手たちの間で分担することで，社会的ジレンマ状況の打開につなげることが期待されている。

　循環経済は，SDGs策定以前から，循環型社会形成として国や自治体等によるルール整備が行われ，それに沿って業界団体・企業などの取組みがなされてきた。主要な法制度は，表10-1に示す通りである。国の制度は3Rのうちリサイクルを中心課題としており，基本法で循環型社会形成の基本方針を，一般法で廃棄物処理とリサイクルに関する一般的考え方を示し，これらに基づいて個別法で容器包装や食品等の分野ごとにリサイクル等のルールを設定する，という三層構造になっている。

　これら制度の基本的な特徴は，製品のリサイクル等に関してメーカー自身が責任をもつべきであるとする，拡大生産者責任（EPR: expanded producer responsibility）が採用されているところにある。また，地方分権の観点から自治体がより大きな役割を担うべきとされるとともに，事業者だけでなく，消費者にもごみの分別やリサイクル費用といった社会的コストの分担を求めている。

　近年，注目されてきた課題に，スーパーやコンビニなど小売店が配布しているレジ袋の有料化問題がある。レジ袋は容器包装リサイクル法が関連しており，$CO_2$排出量削減の観点からも削減がめざさ

**表 10-1　循環型社会形成のための法制度**

| 位置づけ | 法律等の名称<br>（主務官庁） | 制定・改正等 | 備　考 |
|---|---|---|---|
| 基本法 | 循環型社会形成推進基本法（環境省） | 2001 年 1 月完全施行 | 生産者に物質循環の確保，天然資源消費の抑制，環境負荷の低減などの責任を課す。 |
| 一般法 | 廃棄物処理及び清掃法（環境省） | 2001 年 4 月完全施行，最近改正 2017 年 6 月 | 廃棄物の処理および清掃，産業廃棄物の処理施設の整備に関する基本方針を示す。 |
| | 資源有効利用促進法（リサイクル法）（経済産業省，環境省） | 2001 年 4 月完全施行，最近改正 2014 年 6 月 | 自動車，パソコン，携帯電話端末など10業種69品目を対象に，部品等の再使用が容易な製品設計・製造を行うことや，回収した使用済み製品から取り出した部品等の再使用を事業者に義務づける。 |
| 個別法 | 容器包装リサイクル法（環境省，経済産業省，財務省，厚生労働省，農林水産省） | 2000 年 4 月完全施行，最近改正 2019 年 4 月 | 紙製，プラスチック製の容器や包装を資源として再生利用するために，市町村が資源ごみとして収集し，そのリサイクルを容器や包装を製造したり利用したりする事業者に義務づける。 |
| | 食品リサイクル法（農林水産省，環境省） | 2000 年制定，最近改正 2013 年 12 月 | 食品メーカー，小売業，外食業など食品を扱うすべての企業に食品廃棄物の削減と肥料・飼料に再資源化するなどの再利用を義務づける。さらに，改正により廃棄物発生量などの国への報告が義務づけられるとともに，業種別リサイクル実施率目標を設定。 |
| | 家電リサイクル法（経済産業省，環境省） | 2001 年 4 月施行，最近改正 2011 年 6 月 | 使用済みの家電製品についてメーカーが回収，再資源化するよう義務づける法律で，まずはエアコン，ブラウン管式テレビ，冷蔵・冷凍庫，洗濯機の4品目が対象とされ，さらに液晶・プラズマテレビ，衣類乾燥機を追加。リサイクルの費用は消費者が負担。 |
| | 自動車リサイクル法（経済産業省，環境省） | 2005 年 1 月完全施行，最近改正 2012 年 8 月 | 自動車メーカーに使用済み自動車から発生するフロン類，エアバッグ類，シュレッダーダストの3品目を引き取り，リサイクルすることを義務づける。 |

れてきた。これまでスーパー等は，レジ袋辞退者へのポイント・サービスやマイバッグの配布等を行う一方で，事業者と自治体，住民間の自主協定によってレジ袋を有料化したり（この方法は2007年1月に京都で最初に実施されたことから"京都方式"と呼ばれる），スーパー等と環境省とがレジ袋削減の具体的目標を設定する自主協定を締結したりしてきた。そうした取組みを踏まえて，東京オリンピック・パラリンピック大会が開かれる予定であった直前の2020年7月，レジ袋有料化義務化（無料配布禁止等）に踏み切った。ただし，海洋生分解性プラスチックの配合率100％のものなど例外規定もある。

**活発化する食品ロス削減の取組み**　循環経済型社会の取組みで，SDGsがとりわけ加速したのが，3Rのうち主としてリデュースやリユースにかかわる食品ロス削減である。すなわち，SDGs 12.3（目標12のターゲット3）で「2030年までに小売・消費レベルにおける世界全体の一人当たり食品廃棄を半減させ，収穫後損失などの生産・サプライチェーンにおける食品の損失を減少させる」という具体的な目標が設定されたことから，国内でも具体的な目標設定と行動計画の策定が求められた。

　日本は，摂取カロリー・ベースで食料自給率37％（2018年度）と先進国中最低水準にあり，大量の食料を輸入し，生産に多量のエネルギーを使用している。そうしたなかで，農林水産省の2016年推計値によると，粗食料および加工用食料が食品関係事業者や一般家庭に8088万トン投入されたのに対して，事業系で772万トン，家庭系789万トンの食品廃棄物が発生した。そのうち可食部分を日本では食品ロスと呼び，その量は事業系352万トン，家庭系291万トンの合計643万トンに上った。これは，国民1人1日当たりおよそ茶碗1杯のご飯を捨てていることに相当するといわれる。

これに対して，自治体が負担するごみ処理費用は上昇傾向にあり，埋め立て処分場のキャパシティも限界に近づいている。また，世界には栄養不足の人口が，アジアやアフリカを中心に世界人口の9人に1人の割合で存在する（FAO2015年推計値）。

　そのため，SDGs 12.3を受けて，家庭系食品ロスについて，循環型社会形成推進基本法の基本計画を改定し（2018年6月），2030年度までに20年度の433万トンから半減（およそ216万トン）させるという目標が設定された。また，事業系食品ロスについては，食品リサイクル法の基本方針を改定し，2030年度までにサプライチェーン全体で2000年度の547万トンから半減（およそ273万トン）させるという目標が設定された。自治体レベルでも，京都市，横浜市，東京都をはじめとする多くの都市で「2030半減」をどう実現するかの検討や取組みが活発に行われている。

　さらに，2019年5月には，食品ロス削減推進法が制定された（同年10月施行，消費者庁が所管）。その趣旨は，食べ物をむだにしない，まだ食べられる食品は廃棄せずに，食品として活用する，そのための国民運動を推進する，といったことにある。そこで，国は食品ロス削減の基本方針を策定し，地方自治体は具体的な推進計画をつくる努力義務が課された。また，事業者にとっては，食品ロス削減は「努力義務」となるとともに，まだ食べられる食品を廃棄前に有効活用するために，フードバンク等を支援することが明記された。ここでフードバンクとは，「安全に食べられるのに包装の破損や過剰在庫，印字ミスなどの理由で，流通に出すことができない食品を企業などから寄贈していただき，必要としている施設や団体，困窮世帯に無償で提供する活動」（全国フードバンク推進協議会）に取り組む団体を指す。

　行政サイドが設定した「2030半減」目標は，現在の単純な延長

上では達成が難しいとみられている。そのため，企業等の事業者および消費者の取組みの加速が求められている。食品ロスの主要な発生要因は，農林水産省食品産業局バイオマス循環資源課によると，事業系では「規格外品，返品，売れ残り，食べ残し」，家庭系では「食べ残し，過剰除去，直接廃棄」といわれる。これらに対処するため，事業系においては，AI（人工知能）を含む ICT 活用とサプライチェーンにおける情報共有による，需要予測の精度向上，返品・過剰在庫削減，さらにはフードバンク等への寄付が共通した課題となっている。また，家庭系においては，家庭内の在庫管理や計画的な買い物が挙げられるが，これも IoT（internet of things：モノのインターネット接続）による冷蔵庫の在庫管理など ICT 活用が期待されている。

　製造段階に特徴的な取組みとして，賞味期限の延長と年月表示化が挙げられる。賞味期限は加工食品等を対象とし，おいしく食べることができる期限（best-before）を意味し，この期限を過ぎても，すぐに食べられないということではないのに対して，消費期限は弁当・惣菜等を対象とし，期限を過ぎたら食べない方がよい期限（use-by date）を意味する。賞味期限延長は，保存料等によるのではなく，主として生産や包装にかかわる技術革新に基づいて実現されていることに注意が必要である。賞味期限の年月表示化は，もともと賞味期限 3 カ月超の食品は年月だけの表示も可能であったが，消費者の鮮度志向に配慮してほとんどが年月日まで表示されていたのに対して，年月表示への転換が図られた。従来，小売業への納品は日付順でなされ，日付の逆転は原則許されず返品・廃棄によるロスの要因の 1 つとなっていたが，年月表示化によりロス削減がめざされた。

　また，サプライチェーン全体にかかわる商慣行として，大手小売

企業の多くが納品期限として採用してきた，いわゆる「3分の1ルール」の見直し問題も注目されてきた。これは，小売が製造日から賞味期限までの期間を三等分して納品期限と店頭での販売期限を設定するという商慣行で，期限切れ商品の返品がロス発生要因の1つとなっているのではないかと指摘されてきた。そのため，食品ロス削減の効果や取引に対する影響の調査を踏まえて，納品期限の「2分の1残し」への緩和の動きが広がっている。

以上の賞味期限延長，年月表示化，「2分の1残し」への緩和による小売の売上高への悪影響は，ほとんど出ていないといわれる。

**地球環境問題への取組みの意義**

ここまでみてきたように，流通・商業における地球環境問題への取組みは，SDGsによって加速され，より多くの企業に広がるとともに，消費者の環境意識もますます高まっている。そのため，かつてはある企業が環境への配慮に注力することは，他社とは異なる独自性を訴求するポイントとなることもあったが，現在では，すべての企業が社会的存在として市場で評価されるために，当然行うべき必要条件であり，企業業績を左右する重要要素の1つとみなされるようになっている。

とりわけ消費者と直接的な接点をもつ小売業において，より積極的な展開がなされている。なかでも先行している業態は，コンビニエンス・ストアと総合スーパーであり，食品スーパーが後を追っている。小売業の取組みの特徴は次のように整理できる。第1に，小売業は，メーカーが生産過程において環境問題と直接的な関係をもっているのとは異なり，それ自らが環境汚染・悪化の主要な発生源となっているというよりも，メーカーや卸売業，物流業者，あるいは消費者や地域社会との関係において環境問題を引き起こしている。第2に小売業，とりわけ大規模小売組織は，メーカーから消費者に

至るサプライチェーンの結節点の位置にあるとともに，サプライチェーンにおいてリーダーシップを発揮できるパワーを有している。そのため，小売業はメーカーや卸売業者，物流業者などに対して主導権を発揮して，内部プロセス，組織構造，組織間関係の再編成を軸にした環境問題への対応を進めていくことができる立場にあるとともに，社会的責務を負うべき立場にあるといえる。

また，消費者においては，循環経済型社会における 3R に代表される環境配慮行動に積極的に取り組むことをきっかけにして，SDGs の課題全般について，自らのライフスタイルや価値観を見直すことが求められている。

## *2* まちづくりと小売業
### ●地域商業の衰退と「まちづくり」関連法制

都市にとっての小売業の役割

流通・商業と社会とのかかわりに関連する，もう 1 つの課題領域として挙げられるのが「まちづくり」である。ここでは，小売業の立地や営業形態が都市の生活環境の悪化を引き起こす可能性があるという外部不経済の側面と，小売業が都市ににぎわいをもたらすという外部経済の側面とがある。

なお，「まちづくり」は，SDGs では目標 11（住み続けられるまちづくりを／包括的で安全かつ強靭〔レジリエント〕で持続可能な都市及び人間居住を実現する）に該当している。

さて，そもそも都市は地域の経済活動や市民の生活の基盤，言い換えれば地域や市民の共通財産としての「社会的共通資本」（宇沢弘文［2000］『社会的共通資本』岩波書店）として位置づけられる。あるいは，社会的ネットワークとそこから生まれる規範，価値，理解，

信頼としての「ソーシャル・キャピタル」（宮川公男・大守隆編
［2004］『ソーシャル・キャピタル』東洋経済新報社）の基盤ということ
もできる。そして，小売業はそうした都市の重要な構成要素の1つ
として直接の買い物客以外に，多様な人々を引きつける存在である
といえる。そうしたさまざまな人々を集めることによって，小売業
は都市ににぎわいをもたらし，地域社会の活力・存続力の源となる。

　都市の規模はさまざまであり，そこにおける小売業のウェートや
対象とする顧客の地域的な広がりは異なっていよう。しかし，ごく
一般的にいうならば，小売業やその集積としての商店街とショッピ
ング・センターは，交通・通信ネットワークや，行政，教育，文
化・芸術，医療，レジャーなどの諸施設と並んで，都市や地域社会
の重要な構成要素の1つとなっているのである。

　都市や地域社会に活力・存続力があれば，そこに立地する小売業
の経営にもプラスに作用するし，それがまた都市や地域社会の活
力・存続力を高める。逆に都市や地域社会に活力・存続力がなけれ
ば，小売業の経営にもマイナスになり，それがさらに都市や地域社
会の活力・存続力を損なう。このように両者はお互いに影響しあう
関係にあり，地域商業が活性化されれば，その地域そのものの活
力・存続力も高まるし，それによってさらに地域商業の活性化につ
ながるといった相乗効果が生じることになる。そのため小売業は，
地域やまちの活性化のための活動の重要な担い手となるとともに，
そのための諸施策の対象ともなっている。

　さて，地域の小売業が個々の事業者として，あるいは集積として，
まちづくりに果たしうる役割は多方面にわたっている。まず真っ先
に思い浮かぶのは，地域経済の振興や雇用の創出といった経済的側
面である。しかし，それだけでなく，地域の環境対策や安全性・清
潔性の確保，地域社会の交流の場の提供，お祭りなどに代表される

地域の伝統や文化の継承・発展，都市デザインや景観の維持・改善などにおいても，小売業は重要な役割を果たすことが期待されている。また，現在の超高齢社会においては，地域のバリアフリー化や商品の宅配，高齢世帯のケア，住民間の交流などといった点でも，小売業が地域社会に貢献しうる余地は大きい。

## 地域商業の衰退と都市問題

それでは，地域における商業の担い手たちは，どのような状況に置かれているのであろうか。かつて地域における商業の一方の担い手は，中小小売商を中心に自然発生的に形成された商店街であった。しかし，1970年代以降，交通体系の変化や人口の郊外化，大型店，ショッピング・センターの郊外出店といった外部要因と，消費者ニーズとのミスマッチ，後継者難などの内部要因によって，多くの商店街は衰退傾向にある。また，これまで商店街と並んで地域商業を担ってきた都市中心部立地の百貨店や総合スーパーをはじめとする大型店も，郊外型の大型店，ショッピング・センターや専門店等に押されて厳しい経営状態にあり，倒産や店舗閉鎖に追い込まれるケースが少なくない。

こうした状況は，都市や地域社会そのものの活力の低下をもたらし，さらにそれが商店街の衰退や大型店の不振・撤退に拍車をかけることにつながる。近年，こうした悪循環が，地方都市を中心に各地でみられるようになっている。しかも，これに追い討ちをかけるように，県庁や市役所をはじめとした官公庁，総合病院，美術館等の文化施設など，これまで都市の核として機能し，不特定多数の人々の来街を促してきた大規模施設もまた，都市中心部から郊外に転出するケースが増えた。要するに，都市に外部経済を及ぼしてきた小売業をはじめとするさまざまな施設が，都市から流出してしまったのである。

こうした状況の大半は，消費者・住民の選択の結果もたらされた
ものであり，逆にいえば企業の合理的な市場対応行動の結果もたら
されたものといえよう。しかし，このような状態が継続し，さらに
拡大するようであれば，社会的な快適さや安心，安全といった生活
基盤が脅かされる事態を招く可能性もある。また，都市の経済活動
の停滞は，当該地域の自治体の税収減につながることから，市民や
企業に対して必要な政策を実施することもままならなくなる。

　しかも，都市は——農村も同様であるが——いったん壊滅的な打
撃を受けると，元の状態に戻すことはきわめて困難な存在である。
これを都市の非可逆性という。そのため，問題はいっそう深刻とい
える。

　こうしたことから，地域商業の衰退傾向は，都市中心部にとって
だけ，あるいはそこに立地する商業者にとってだけの問題としてと
らえるべきでない。つまり，地域商業の衰退は，それがもっていた
外部経済の低下という観点からとらえるべきであり，都市や地域社
会そのもののあり方にかかわる問題として理解すべきなのである。

**まちづくり関連法制の整備**　こうした状況に対処し，地域の社会的・経
済的な活力を高めるための取組み等を政策
的に支援するために，1998年，いわゆる
「まちづくり3法」が制定された。これは，まちづくりにおける活
性化の側面にかかわる中心市街地活性化法と，規制的側面にかかわ
る大規模小売店舗立地法および改正都市計画法からなる。

　これらのうち，中心市街地活性化法（1998年施行）は，従来，行わ
れていた中小小売商や商店街の支援という限定的な枠組みを越えて，
まちを面としてとらえ，総合的な政策を展開することがめざされて
いる。その際，市町村といった基礎自治体が基本計画を定め，主体
的に政策を実施することとされている。なお，ここで注意すべきは，

政策的な支援対象とされているのは，あくまでも社会的機能としての地域商業であり，都市中心部に立地している既存の中小小売商や商店街をそのまま支援・保護しようとしているわけではない点である。

大規模小売店舗立地法（2000 年施行）は，店舗面積 1000m² 超の大型店を対象に，その出店等が周辺の生活環境に与える悪影響を規制するという制度である。この法律は，かつての大規模小売店舗法（大店法）が周辺の中小小売商や商店街に悪影響が及ぶかどうかという競争関係の調整という観点から大型店を規制していたのに代えて，制定された。

都市計画法は，国土のうち都市的に利用する区域について用途上のルールを定めるもので，1998 年改正では，すでに同法上で制度化されていた特別用途地区について，種類の多様化と指定の柔軟化を図ることで，大型店等の立地について，自治体が規制しやすくすることをめざすものであった。

しかし，当初の「まちづくり 3 法」は期待された効果をなかなかあげることができなかった。とくに，大型店やショッピング・センター等の郊外開発規制が都市計画法によってほとんどなされなかったため，中心市街地活性化法によるまちづくり支援が成果につながりにくくなった。そこで 2006 年に，少子・超高齢化・人口減少という社会構造の変化への対応という問題意識のもと，スプロール的（無秩序）な郊外開発を規制し，都市機能の集約化によってコンパクト・シティの実現をめざすことを理念として，中心市街地活性化法と都市計画法の改正が行われた。

とくに注目すべきは，都市計画法の改正で，延べ床面積 1 万 m² 超の大規模集客施設の立地規制が強化された（2007 年 11 月施行）。従来，3000 m² 以上の大規模商業施設が，市街化区域のなかで 6 つ

の用途地域で立地可能であったが，この改正で，延べ床面積1万m²超の大規模集客施設は，商業地域，近隣商業地域，準工業地域の3つの用途地域に限定することとされ，郊外に行くほど規制が厳しくなる制度体系となった。なお，大規模集客施設とは，大規模小売店舗に加えて，広域的に都市構造に影響を及ぼす飲食店，劇場，映画館，演芸場，観覧場，遊技場，展示場，場外馬券売り場等を幅広く含む施設とされている。

　また，中心市街地活性化法に関しては，市町村の基本計画を内閣総理大臣が認定する制度に改める一方，自治体の側では商工会・商工会議所，まちづくり会社等，民間事業者，地権者など地域の関係者を結集して，まちづくりを総合的にコーディネートするために中心市街地活性化協議会を組織することとされた（2006年8月施行）。さらに，2014年には，中心市街地における空き店舗，未利用地の増加に歯止めがかかっていない状況への対応を強化するため，重点支援制度として民間投資の喚起を通じた中心市街地の活性化を主眼とする改正が行われた。

　なお，2009年には，地域商店街活性化法が制定され，商店街が地域コミュニティの担い手として行う地域住民の生活の利便を高める取組みを支援することによって，地域と一体となったコミュニティづくりを促進すること等がめざされた。

### 都市再生とまちづくり

　いわゆる「まちづくり3法」のうち中心市街地活性化法は，2014年から内閣府の地方創生および内閣官房の「まち・ひと・しごと創生」といった政策が展開されるとともに，そこに包摂された。このうち地方創生とは，東京圏一極集中を是正し，地方の人口減少・衰退に歯止めをかけ，日本全体の活力向上を図る一連の政策を指す。そこでは，それまでの中心市街地活性化法に比して，地方のより広い範囲の都市を対象

にして都市再生を掲げる政策が展開されることとなった。

　都市再生は，急速な情報化・国際化・少子超高齢社会化等の社会経済情勢の変化に対応して，都市機能の高度化および都市の居住環境の向上という方向で，民間主導による「都市の再生」を国が後押しするために，2002年に制定された都市再生特別措置法を14年に改正して展開されることとなった。この改正の主目的はコンパクト・シティ化の推進にあり，自治体が医療施設，福祉施設，商業施設，その他の「都市機能増進施設」を誘導すべき区域として「都市機能誘導区域」を設定することができることとされた。そして，それらの施設を誘導するための支援策として，民間事業者に対する国からの直接的な補助制度や，自治体等が実施する事業への交付制度等が設けられるとともに，容積率や用途制限を緩和する特定用途誘導地区を定めることができるようになった。

　ただし，自治体がこうした支援策を活用するには，都市全体の観点から，居住機能や都市機能（福祉・医療・商業等）を誘導するための施策，公共交通の充実に関する施策等について記載した立地適正化計画を作成し，住宅および都市機能の適正な立地に向けた，方針や区域の設定（居住誘導区域および都市機能誘導区域）等を定める必要がある。これは，過度なコンパクト・シティ化が都市中心部への一極集中，郊外や農村部の切り捨て，高齢者や子育て世代をはじめとする住民の生活利便性の低下等の加速をもたらすといった批判に対応するものといえる。すなわち，コンパクト・プラス・ネットワークという考え方に基づいて，医療・福祉・商業等の生活機能を確保し，高齢者等が安心して暮らせるよう，環境に優しいLRT（light rail transit：次世代型路面電車）をはじめとする公共交通機関でつなぐことによって，これら施設にアクセスできるなど都市全体の構造を見直す方向での計画立案を求めるものとなっている。

この立地適正化計画のなかで，自治体は中心拠点区域および生活拠点区域を定め，それぞれにおいて商業施設を含む中心拠点誘導施設と生活拠点施設を交付金によって誘導したり，都市・地域交通等の整備，居住環境整備のための空き家再生等，都市公園の機能や配置の再編等を補助金等で支援したりできる。さらに，地方都市でのコンパクト・シティ化を加速するために，2018年度から都市機能誘導区域を市街化区域の10%以下に凝縮している自治体を対象にして，補助金や規制緩和による支援を強化することとされた。

　地方創生および「まち・ひと・しごと創生」のもう1つの目玉として取り組まれているのが，地域再生の政策である。これは東京圏一極集中を是正し，地域経済の活性化，地域における雇用機会の創出等の地域の活力の再生を総合的かつ効果的に推進することを目的とするもので，地域が行う自主的かつ自立的な取組みに対する支援が行われている。自治体は，地方版総合戦略として，地域再生法（2005年制定，直近の改正は19年）に基づく地域再生計画を作成し国から認定を受けることで，その計画に盛り込んだ事業の実施に対して，地方創生関連の交付金等を受け取ることができる。

　これに関連する制度として，総務省の地域おこし協力隊が挙げられる。これは地域力の創造・地方の再生を目的に，人口減少・少子高齢化等の進行が著しい地方に，都市住民等の地域外の人材を派遣し地域協力活動を行ってもらい，その定住・定着を図る制度である。また総務省には，人口5万人程度以上の中心市と近隣市町村との定住自立圏構想への支援策もある。

　こうした制度を活用する自治体の多くは，中心市街地活性化に取り組む自治体に比して，人口規模が小さく，人口減少や少子超高齢社会化の進展度合いが強く，まちづくりの課題においても商業のウェートが低いという傾向が指摘できる。しかし，自治体によっては，

　コンパクト・シティという用語は、「持続可能な開発」の重要性が国連等で指摘されるようになった 1980 年代後半から国際舞台で使われるようになった。国内では，2006 年のまちづくり 3 法見直しの基本理念として掲げられて以降に，多くの場面で用いられている。

　その具体的な目的は論者によってさまざまであり，「生活利便性の確保，環境負荷の削減，社会基盤の有効活用，行政運営の効率化，地域活性化，健康まちづくりの促進，自然環境の保全，公共交通の経営基盤の改善，交通弱者への配慮」などを挙げることができる（谷口守編［2019］『世界のコンパクトシティ』学芸出版社，13 頁）。

　地域活性化・まちづくりの観点では，欧米において，大規模な都市中心部再開発の施策が，必ずしも成果をあげられなかった経験から，都市中心部の既存資源の有効活用や再利用を重視し，それらを軸にまちを集約する方が活性化につながりやすいとの主張が形成されてきた。こうした主張の背景には，スプロール的な開発には過度な社会的費用がかかるという事実が関連している。すなわち，人口が減少するなかで，市街地の広がりを維持したり，郊外開発をさらに進めたりするならば，それに伴う人口 1 人当たりの公共投資等の市街地の維持費用が，スプロールの社会的費用として過重な負担となって市民にのしかかってくるということである。

　コンパクト・シティをめざす動きは，すでに欧米の多くの都市に広がっている。たとえば，イギリスのレディング，ドイツのベルリンやアーヘン，スペインのビルバオ，フランスのストラスブール，アメリカのポートランドやシアトルなどが，ケースとして取り上げられることが多い。また，日本では「高齢者が歩いて暮らせるコンパクト・シティ」を標榜する富山市や青森市が，先行モデルといわれてきた。

さらに近年では，本文でも述べたように，高齢者等の生活という観点から医療・福祉・商業等の生活機能を，LRTをはじめとする公共交通機関でつなぐというコンセプトのコンパクト・プラス・ネットワークが注目されている。このコンセプトのもとでは，交通政策を含めた総合的なアプローチによって都市構造を見直すことが課題となっている。

　以上のようにコンパクト・シティ化をめざす方向が打ち出されているにもかかわらず，現実にはまちの集約化は進まず，むしろ居住地は拡大しており，その増加面積はここ10年で大阪府の規模に匹敵しているという。その結果，それらを支えるための行政コストも膨張しているという（『日本経済新聞』2019年12月27日付）。都市再生特別措置法に基づく立地適正化などによるコンパクト・シティ化の取組みは，本格化したばかりであり，短期で成果が望める問題ではないので，長期的な視点から持続的な取組みが期待される。

これらをうまく組み合わせて，まちづくりの取組みに活用しているところもある。

　このように主として地方都市のまちづくりは，地方創生の観点に基づく政策に大きく影響されてきている。そうしたなかで，大規模小売企業の多くは少子・超高齢社会化，人口減少・都心回帰という社会の変化，さらにはネット販売との競争激化等を踏まえて，出店戦略を練り直してきた。その結果，都市中心部の既存店の強化と新たな小型店フォーマットでの出店という方向性が打ち出されている。

# 3 流通・商業と公正競争

### バイイング・パワー問題を中心に

**公正競争と独占禁止法**　流通・商業と社会とのかかわりについて，最後に取り上げるのは，公正な競争を維持・促進するためのルールに関するコンプライアンスの問題である。公正競争のルールは，わが国のような市場経済社会においてもっとも基本となる制度に位置づけられる。その中心を担っているのは独占禁止法であり，公正取引委員会がこれを管轄している。

　なお，「公正競争の維持・促進」は，SDGs では主として目標9（産業と・技術革新の基盤をつくろう／強靭〔レジリエント〕なインフラ構築，包摂的かつ持続可能な産業化の促進およびイノベーションの推進を図る）に含まれ，社会基盤（インフラ）の形成にあたる。

　さて，独占禁止法が，公正かつ自由な競争を促進するために具体的に規定しているのは，私的独占の禁止，不当な取引制限の禁止，不公正な取引方法の禁止の3つである。これらのうち私的独占の禁止は，競争相手を市場から排除したり，市場を独占したりする行為や，他の事業者の事業活動に制約を与えて市場を支配しようとする行為を規制するものである。不当な取引制限の禁止はカルテルや入札談合等のような事業者間の水平的な共同行為等を規制するものである。これら2つは公共の利益に反して，一定の取引分野における競争を実質的に制限する行為として禁止されるのであるが，それには至らないものの，公正な競争を阻害するおそれ（公正競争阻害性）がある行為が存在する。それらを規制する規定が，不公正な取引方法の禁止である。その対象は，主として垂直的（取引）関係にかかわる行為であることから，流通・商業・マーケティングとのかかわ

りが深い規定といえる。

**不公正な取引方法の禁止**
不公正な取引方法については，2009 年の独占禁止法改正によって 5 つの行為類型が法定化され，課徴金（違反行為を行った者に対する刑事罰とは別の行政上の措置としての金銭的負担）の対象とされるようになった。その行為類型とは，共同の取引（供給）拒絶，差別対価，不当廉売，再販売価格の拘束，優越的地位の濫用である。

第 1 の共同の取引（供給）拒絶は，競争関係にある企業が，正当な理由がないのに，共同で特定の企業，たとえば安売店との商品または役務（サービス）の取引を拒んだり（直接の拒絶），第三者に特定の企業，たとえば新規参入業者との取引を断わらせたりする行為（間接の拒絶）を指す。これによって，拒絶される側の事業者は取引の機会を奪われ，市場から締め出されるおそれが強くなり，消費者はそれら事業者から商品・サービスを購入する機会等が奪われること等から，不公正な取引方法として違法となる可能性がある。

第 2 の差別対価は，事業者が販売店によって販売価格に差をつける行為である。市場における有力なメーカーが，特定地域における競争相手を排除するために，その地域の販売店等に向けてのみ低価格で販売する場合，あるいは合理的理由のない価格差によって，差別を受ける販売店に悪影響を与える場合に，関連する諸要因を考慮して違法性が判断される。ただし，価格差が取引上の合理的な理由，すなわち取引数量の相違による生産費用や物流費用の差に基づく場合や，市場の需給状況や競争状態を反映している場合においては，一般に違法とはならない。

第 3 の不当廉売は，原価を著しく下回る価格で継続して安売りすることを指す。しかし，そうした行為そのものが違法となるわけではなく，廉売を行う事業者と同等またはそれ以上に効率的な事業者

の事業活動を困難にさせるおそれがある場合に違法となる可能性がある。その他の場合は，それぞれの意図・目的，態様等を総合的に考慮して違法性が判断される。

以上3つの行為類型については，小売段階において大規模規模事業者と中小事業者との間に大きな規模格差が存在する酒類，家電製品，ガソリンといった業界で事件が発生しやすい状況にある。

第4の再販売価格の拘束は，メーカー等（以下では，総代理店などの商品の発売元にあたる企業を含む）が，販売先である卸売業者や小売業者の再販売価格（仕入販売価格）について，指定した価格に維持・拘束することや，指定した価格で販売しない小売業者等に出荷停止等によって指定した価格を守らせること，あるいは卸売業者を通じてそうした行為を行うことを指す。メーカー等が希望ないし推奨する価格，参考価格として示す限りは問題ないとされるが，それを守らせる場合に原則違法となる。

メーカー等が小売業者等の販売価格を拘束し，安売りをしようとする業者には商品を卸さないようにすると，当該メーカーの商品の小売価格が一定となり，消費者は価格によって小売業者等を選べなくなる。そのため，再販売価格の拘束は，ブランド内競争，すなわち同一メーカーの流通チャネル内での卸売業者や小売業者の間の競争を抑制し，消費者利益を損なうということで，厳しく違法性が問われることとされている。ただし，欧米では，再販売価格が拘束されていても，ブランド間競争，すなわち異なるメーカーの流通チャネル間での卸売業者や小売業者の競争が維持・促進されていれば，違法となるとは限らないという考え方が主流となっている。

なお，独占禁止法には，再販売価格の拘束が例外的に許容される適用除外制度，すなわち再販制度が設けられており，現在その対象は「著作物」とされている。ただし，その範囲が問題で，公正取引

委員会は書籍，雑誌，新聞，レコード盤，音楽用テープ，音楽用CD（発売後2年に限る）を著作物としている。著作物を再販制度の対象とする理由は，主として文化の振興・普及の観点から，市場における競争になじまないからとされているが，この点は常に議論の対象となっている。

第5の行為類型は，近年，違反事例が増えているとともに，適用範囲拡大が検討されているため，項をあらためてみていく。

**優越的地位の濫用**　優越的地位の濫用は，取引上優越した地位にある企業が，取引先に対して「正常な商習慣に照らして不当に」不利益を与える行為を指す。そうした行為は，自由な判断によって取引が行われるという自由競争の基盤を侵害するおそれがあることから違法性が問われる。かつては，メーカー等が小売業者に対して取引上優位な地位に立つ傾向にあったが，1990年代頃からの大規模小売業者の成長・上位集中化に伴って，小売側がメーカーや卸売業者等の納入業者に対して取引上優位な地位に立つことが増えた。こうした状況を背景にして，大量仕入れ・大量販売の購買力に基づくいわゆるバイイング・パワーを行使することで，納入業者に対して仕入価格など，より有利な取引条件を要求するようになった。

大規模小売業者のこうした行動は，大手メーカーに対する拮抗力（カウンタベリング・パワー）となることから，市場における競争を促進すると肯定的に評価できる側面がある。しかし，小売業者が納入業者に対して取引上優越した地位にある場合，取引条件にかかわる要求が公正競争を阻害し，優越的地位の濫用行為の問題が生じやすくなる。

公正取引委員会では，何が違法行為となるのかを具体的に示すために，2010年11月，ガイドラインとして「優越的地位の濫用に関

**表 10 − 2　大規模小売業者による優越的地位の濫用事件に対する審決**

| 年月日 | 企業名／〔業態〕 | 対象行為と課徴金 |
|---|---|---|
| 2013 年 12 月 13 日排除措置命令・課徴金納付命令<br>2015.6.4 審決 | 日本トイザらス〔子ども・ベビー用品の専門店〕 | 取引の相手方の責めに帰すべき事由がない返品および取引対価の減額。<br>2011 年の課徴金納付命令（3 億 6908 万円）のうち，2 億 2218 万円を超えて納付を命じた部分を取り消す。 |
| 2011 年 6 月 22 日排除措置命令・課徴金納付命令<br>2019.2.22 審決 | 山陽マルナカ〔スーパー〕 | 従業員等の派遣，協賛金等の負担の要請，返品，取引対価の減額，押し付け販売。<br>2011 年の課徴金納付命令（2 億 2216 万円）のうち，1 億 7839 万円を超えて納付を命じた部分を取り消す。 |
| 2013 年 7 月 3 日排除措置命令・課徴金納付命令<br>2019.3.28 審決 | ラルズ〔スーパー〕 | 押し付け販売，協賛金等の負担要請，従業員等の派遣。<br>2013 年の課徴金納付命令（12 億 8713 万円）の取消請求は棄却。 |
| 2012 年 2 月 16 日排除措置命令・課徴金納付命令<br>2019.10.4 審決 | エディオン〔家電量販店〕 | 従業員等の派遣。<br>2012 年の課徴金納付命令（40 億 4736 万円）のうち，30 億 3228 万円を超えて納付を命じた部分を取り消す。 |

（出所）　公正取引委員会のウェブサイトより作成。

する独占禁止法上の考え方」を公表した。そこでは，まず，優越的地位の濫用規制の基本的考え方として，自己の取引上の地位が相手方に優越していることを利用して，正常な商習慣に照らして不当に，取引の相手方に不利益を与えることは，公正な競争を阻害するおそれがあることから，規制の対象となることが確認されている。ただし，どのような場合に違法となるかについては，個別の事案ごとに判断される。

優越的地位の濫用にあたる行為として法定化されたのは3つあり，それらはガイドラインで次のように整理された。第1は，継続して取引する相手方に対して，当該取引にかかわる商品または役務以外の商品または役務を購入させることである（購入・利用強制，いわゆる押し付け販売など）。第2は，継続して取引する相手方に対して，自己のために金銭，役務その他の経済上の利益を提供させることである（協賛金等の負担の要請，従業員等の派遣の要請，その他経済上の利益の提供要請など）。第3は，取引の相手方に不利益となるように取引の条件を設定・変更することなどである（PB等の特別契約商品の受領拒否，返品，支払遅延，取引の対価の減額，取引の対価の一方的決定，取引のやり直しの要請など）。

　近年の違反事件に対する公正取引委員会による排除措置命令および審決は，表10-2に示す通りである。なお，独占禁止法の違反事件については，公正取引委員会がウェブサイト上で公表しているので，ぜひ，そちらを参照してほしい。

　また，元請事業者と下請事業者との取引，すなわち下請取引においても優越的地位の濫用問題が発生しやすいことから，独占禁止法の補完法として下請法が制定されている（下請代金支払遅延等防止法，1956年制定で直近の改正は2009年）。流通・商業の分野では，PB等の下請事業者への生産委託などが，本法の対象となることがある。

「優越的地位の濫用」
の適用範囲拡大

　近年の注目すべき動きとして，公正取引委員会がICT業界における巨大なデジタル・プラットフォーマー（以下プラットフォーマー），すなわちグローバル企業のGAFA（Google. Apple, Facebook, Amazon）や，日本企業の楽天やZホールディングス（ヤフーとLINEが経営統合し，ZOZOを子会社化した持株会社）等の行為に対し，優越的地位の濫用の観点から監視の目を強めていることが挙

げられる。注目されている行為は，プラットフォーマーと出品者などの事業者との関係（B to B 取引）と，プラットフォーマーと消費者との関係（B to C 取引）という 2 つの側面に及んでいる。従来，大規模小売業者や大規模メーカーの行為を主要な適用対象としてきたが，新たな分野に適用範囲の拡大が図られているといえる。

　まず B to B の側面では，アマゾンジャパンが，2019 年 2 月，アマゾン マーケットプレイスの出品者との間のアマゾン ポイントサービス利用規約を変更し，出品されるすべての商品について最低 1% のポイントを付与する一方，その原資を出品者に負担させることとしたことに関して，公正取引委員会は，優越的地位の濫用の懸念があったことから，調査を行った。そうしたなかで，アマゾンジャパンは，同年 4 月，規約変更を修正，商品をポイント・サービスの対象とするかどうかを出品者の任意としたため，公正取引委員会は上記調査を継続しないこととし，その旨を公表した。

　また，楽天が，2019 年 1 月，通販サイト「楽天市場」で一定額以上購入した利用者への送料を出店者の負担で無料にするという方針を明らかにしたことに対して，同年 10 月，出店者の一部が送料無料化に反対する立場から「楽天ユニオン」を結成し，2020 年 1 月，公正取引委員会に対して楽天への調査を求めた。これを受けて公正取引委員会は，同年 2 月，優越的地位の濫用の容疑で楽天を立ち入り検査した。

　B to C の側面では，プラットフォーマーが利用者の個人情報の収集・活用に積極的に取り組むなかで，その不適切な収集・利用が行われることが懸念されていることから，それを防止するためのガイドラインとして，「デジタル・プラットフォーム事業者と個人情報等を提供する消費者との取引における優越的地位の濫用に関する独占禁止法上の考え方」が策定された（2019 年 12 月 17 日）。そこで

は，ウェブサイトでの購買履歴や位置情報などを含めて，個人データを本人の同意なく利用すると優越的地位の濫用にあたることが明示されている。

さらに，以上と並行して個人情報保護法についても，個人が企業に対して自身のデータ利用をやめさせたり，企業によるデータの不適切な利用を禁止したりできる権利（利用停止権）することを盛り込んだ改正が検討されている。海外でも，EU が 2018 年 5 月，「一般データ保護規則」（GDPR）を施行し，基本的人権の保護という観点から，企業が個人データを処理・保管する際の安全管理措置や，個人が企業から自分のデータを取り戻すことができる権利，違反に対する制裁金などが導入されている。

**表示に関する規制**　最後に，消費者保護の観点から実施されている表示に関する規制について簡単にみておこう。表示の規制は，主として独占禁止法の特別法として制定（1962 年）されている景品表示法が関連している。景品表示法は，不当な景品や懸賞付販売によって顧客を誘引したり，誇大広告や不当な価格表示などの不当表示によって顧客を誘引したりすることを，業種横断的に禁止している。具体的に何が不当な景品や表示になるのかの基準は，公正取引委員会による指定によって示されており，表示に関する基準は，概略，以下の通りとなっている。

(1)　商品または役務の品質，規格その他の内容についての不当表示（優良誤認表示）

(2)　商品または役務の価格その他の取引条件についての不当表示（有利誤認表示）

(3)　商品または役務の取引に関する事項について，一般消費者に誤認されるおそれがあると認められ，公正取引委員会が指定する表示（商品の原産国に関する不当な表示など）

表示に関する法制度には，景品表示法のほかに，いくつもの法律があり，それぞれ別の省庁が管轄していた。そのように縦割りに細分化された制度体系では十分な消費者保護政策が行えないとして，2009年9月，消費者庁が創設され，関連する法律の所管が同庁に移された。こうして同庁は，消費生活用製品安全法を所管する消費者安全部門，景品表示法や家庭用品品質表示法，住宅品質確保法を所管する表示対策部門，食品表示法（2013年6月に食品衛生法，JAS〔日本農林規格〕法，健康増進法の表示に関する規定を統合して制定）を所管する食品表示部門，訪問販売や通信販売，連鎖販売取引などに関する特定商取引法，特定電子メール法を所管する取引部門などからなることとなった。

---

■**本章で学んだキーワード**

外部性　外部不経済　外部経済　コンプライアンス　SDGs（持続可能な開発目標）　循環経済型社会　動脈流通　静脈流通　リサイクル　3R　食品ロス削減　まちづくり3法　中心市街地活性化法　大規模小売店舗立地法　都市計画法　立地適正化計画　コンパクト・プラス・ネットワーク　独占禁止法　公正取引委員会　不公正な取引方法の禁止　優越的地位の濫用

---

⇒練習問題

1　メーカー，卸売業，小売業が，いかなるSDGsの課題にどのように取り組んでいるかについて調べてみよう。

2　あなたが住んでいる地域における「まちづくり」について，現在，抱えている課題はどのようなものであり，それに対していかなる主体がどのような取組みを行っているかについて調べてみよう。

3　デジタル・プラットフォーマーのいかなる行為が，優越的地位の濫

用として規制対象となっているか，実際の摘発事例はどのようなもの
かについて，B to B，B to C 両面について調べてみよう。

　**流通・商業を考える視点**

### ✦イントロダクション

　日本の流通や商業は非効率だとよくいわれる。しかし，流通や商業が効率的か否かということは，どのようにして測定できるのだろうか。また，同じ商品なら価格が安いに越したことはないように思えるが，はたして安ければ安いほどいいといえるのだろうか。

　実は，流通・商業における効率という概念は，簡単には定義できない。また，小売価格が安くなればそれでいいというほど，問題は単純ではない。

　たとえば，各小売店がどのようなアソートメントやサービスを提供しているのかということを考慮しないで販売価格の比較をしても意味がないし，消費者が負担する購買費用のことも計算に入れなければならない。考察対象となる小売店等の活動が，周囲の人々や広い意味での社会・環境に悪影響を及ぼしていないかどうかということも考えてみる必要がある。また，公正・公平といった視点からの評価も求められる。

　一般に効率の論議では，安定的な通常時での効率（生産性）ばかり議論される傾向にある。しかし，環境が変化する際の対応度合いを測る応答性や柔軟性をも含めた，有効性という視点からこそ論じられるべきだろう。

　さらに，そうした経済的な側面だけでなく，文化・コミュニティの担い手としての商業といった，非経済的な側面からの商業・小売業の再評価も求められている。

　いずれにしても，流通・商業に対する評価には，総合的・複眼的な視点が必要なのだ。

# *1* 流通・商業活動とコスト

　前章まででみてきた日本の流通や商業を，私たちはどのように評価すればいいのだろうか。この問いに答えるためには，そもそも流通や商業が消費者に提供するものは何か，ということが明確になっていなければならない。流通や商業が提供するものは商品ではないか，といわれるかもしれない。しかし，ことはそれほど単純ではない。

　小売店で販売される商品は，あくまで生産者が生産したものである。流通，とくに商業がかかわるということは，生産ではなしえなかった何かが商品に付け加えられているはずである。だから，小売店では生産にかかった費用以上の価格で販売されている。ものによって異なるが，多くの商品で，消費者が購入する価格のうち，生産そのものにかかった費用は35〜45％くらいである。つまり，購入する価格の半分以上は，流通や商業の活動に要した費用である。そのなかには，生産地から消費地までの輸送など物流にかかった費用もある。しかし，それだけではない。

　卸売商や小売商がアソートメントを形成するためには，いろいろなところの生産者と交渉し，取り寄せた商品を管理し，消費者の動向をみながらアソートメントの変更をし，といったような活動が不可欠になる。もし，小売店における商品管理を簡略化し，何でもいいからまず集めて，ある商品が売り切れてしまってもすぐには補充しないでそのままにしておくというのであれば，その分コストは減少するだろう。しかし，店舗に行くたびに棚に商品が抜けている箇所があったり，並んでいる商品が生産者や商業者の一方的な都合で

しばしば変わったりして，必要なもの，欲しいものが揃わないということになると，消費者は満足するだろうか。

また，大型の電気製品や家具などは，消費者は自分で持ち帰ることができない。そこで，小売店で注文をし，配達をしてもらいたい。こうしたサービスには，当然コストがかかる。

コストがかかっているのは，アソートメント形成や配達サービスなど目にみえるものだけではない。商業の社会性ということで強調した，個々の消費者の条件に適した商品の選択ということを含めて，いろいろな商品についての情報を提供し，消費者がより豊かな消費生活をつくりあげていくためのアドバイスをすることも，流通・商業の役割である。当然，そのためにはコストがかかる。

また，消費者からすると，できる限り近くに店舗があった方が便利である。しかし，すべての消費者がそのことを望むなら，店舗数は限りなく多くなる。それは，流通に要する費用を増大させることになる。もし，消費者が身近な小売店に最大限の関連購買や比較購買の機会，さらには家庭における在庫の代役を要求したとしたら，ますます費用は増大してしまう。

つまり，消費者が必要としているものを，適切な組合せ・アソートメントで，かつ適切な時に適切な場所で，必要なサービスを付け加えて，できる限り効率的に，すなわち流通に要する費用をできる限り少なくして提供することが望ましいのだが，それはいうほどに簡単なことではない。

## *2* 効率ということ

まず，流通や商業は効率的であるべきだということに異を唱える

人はいないだろう。しかし，ここで効率的とはどういうことなのだろうか。

　一般に，効率もしくは効率性とは，ある活動をするために使われる資源（労働や資金等で投入といわれる）と活動の結果としてできた成果（製品等のことで産出といわれる）の比率とされている。つまり，

$$効率（性）＝\frac{産出}{投入}$$

と表される。生産活動でいえば，労働と設備・原材料等を購入するための資金をどれだけ投入し，自動車なりテレビといった製品がどれだけつくられたか，という比を表している。

　そこで，流通・商業の効率（性）を考えようとすると，まず第1に，流通や商業が産出するものとは何だろうかという，冒頭の問題に行き当たってしまう。これでは話が前に進まないから，仮に，同じ商品を販売している2つの小売店A店とB店を比較したとき，A店の方がB店よりも安く販売しているなら，A店の方が効率的だと考えることにしてみよう。

　さて，A店は安いけれどもアソートメントがはなはだ不十分であったり，サービスがきわめて悪かったとしたらどうだろうか。その結果，A店に買いに行く消費者はほとんどいないかもしれない。それでも，A店は効率的だと評価することができるだろうか。

　それでは，A店もB店も同じようなアソートメントとサービスを提供し，なおかつA店の方が安かったとしたらどうだろう。その場合でも，もしかしたらB店は消費者のすぐ側にあり，消費者にとって購買費用がほとんどかからないのに，A店は人里離れたところにあるため，どの消費者にとってもA店で購入するには著しい購買費用がかかるかもしれない。つまり，消費者にとって重要なことは商品の価格そのものではなく，それに購買費用をプラスし

たものだから，小売店の活動（および生産者から小売店に至るまでの流通活動）だけで効率（性）というものを考えたのでは不十分である。個別企業ごとの評価ならともかく，社会全体として効率（性）を評価しようとするなら，少なくとも消費者の購買行動に伴う費用まで含める必要がある。

　社会全体の評価ということになると，実はこれだけではすまない。

　たとえば，今度はＡ店とＢ店とがほぼ同じ場所にあるが，Ｂ店には十分な駐車場や駐輪場が用意されているのに，Ａ店にはそうした設備が用意されていないために，買い物に来た消費者は近くに違法駐車や駐輪をしている場合として比較したら，どうなるだろうか。もし違法駐車で反則金を課されるということがなければ，アソートメントもサービスも同じ，購買費用もほぼ同じなのにＡ店の方が安いということになる。その場合，Ａ店の方が効率的だと評価していいのだろうか。

　この場合，Ａ店に来た消費者は，違法駐車などで周辺の住民あるいは道路を通りかかった歩行者や自動車に迷惑を及ぼしていることになる。駐車場や駐輪場を用意するためには土地代等の費用がかかるから，それは駐車代として利用者が負担するか，商品の価格に反映することで買いに来た消費者全員で分担するかしなければならないものである。それをしないで，その分，安く販売しているとしたら，Ａ店やそこに来る消費者にとっては効率的にみえるとしても，社会全体にとっては何ら効率的といえないし，不公正な行為である。

　次に，同じようなアソートメントとサービスを提供しているＡ店，Ｂ店について，郊外にあるＡ店は十分な駐車場もあり，ほとんどの消費者がマイカーで来るのに対して，市の中心部にあるＢ店にはほとんどが徒歩か電車やバスで来る，という場合はどうだろ

うか。この場合には，Ａ店での駐車費用はきちんと負担されている。そのとき，購買費用を考慮してもＡ店の方が安いとしたら，Ａ店の方が効率的だといえるだろうか。

　こうした場合，最近まで，Ａ店の方が効率的であるということで，かなり見解が一致していた。しかし，近年，そうした見方に対する批判が強く主張され始めている。というのは，マイカー利用ということは，石油の消費を増大させるとともに排気ガスによる大気汚染や地球温暖化等の環境破壊につながる危険性があるからである。そのために，マイカー中心の購買行動は，今の世代はいいとしても，次の世代あるいはその次の世代にエネルギーの不足，環境の浄化や復元等のために多額のコストを負担させることになるのではないか，それまで含めて評価すべきなのではないか，といった批判である。

　この問題は，ネット小売が普及すると悪化しかねない。ネット小売を利用すると，消費者の購買に伴うマイカーの利用は減るかもしれない。しかし，消費者の家庭まで配送してくれる宅配便の台数や走行距離は大きく増大する。結果として，自動車の利用を増やすことになるかもしれないからである。

　いずれにしても，効率（性）というものを考えようとすると，どの範囲，どのレベルで考えるのかということが問題になる。個々の企業，あるいは個々の消費者にとっての効率（性）が必ずしも社会全体の効率（性）であるという保証はない。さらに，社会全体で考えても，今の時代，今の世代だけで考えていいのかという問題がある。今の世代にとって効率的なことが，将来の世代にとってマイナスとなることがありうるからである。

# *3* 有効性という視点

　長い時間軸で考えるとなると，もう1つ別の視点が必要となる。

　1995年1月の阪神・淡路大震災や2011年3月の東日本大震災を知っていたり，覚えている人も多いと思う。こうした災害のときには，普段からあちこちに分散して小規模に，しかし合計では大量の在庫をしているような流通システムの方が，必要な物資の供給などという点で容易に対応できる。なぜなら，もし1カ所が破壊されても，別の場所それも比較的身近なところに在庫があるはずだからである。しかし，それは逆に，通常時における流通コストを上昇させてしまう。

　また，1973年の第1次石油ショックをきっかけに発生した物不足パニックについて，体験はしていなくても，歴史で習ったり，聞いたことがあるだろう。あのとき，いろいろな商品の価格が暴騰しただけでなく，日本中のほとんどの小売店から姿を消してしまった商品もあった。そうした商品のなかには，一部の企業が値上がりを見込んで買い占めたというものもある。しかし，不足するのではないかという不安から，消費者が買いだめをした結果，不足してしまったというものも少なくない。そのなかには，合成洗剤などのように，当時もっとも効率的な流通とされていた商品も含まれていた。

　ここで効率的というのは，工場で生産されてから卸売業者を経て小売店に並び，消費者が買っていくまでの日数，すなわち流通に要する時間（流通時間）がきわめて短い，逆にいえば，流通過程で在庫される量（流通在庫）がきわめて少なくてすむ，ということである。極端にいえば，つくる端から消費されていくということであり，

通常時ならきわめてコストのかからない流通システムである。しかし、石油ショックのときのように、普段は1個しか買っていなかった消費者が、近いうちになくなってしまうかもしれないという不安感などから、5個なり10個なりまとめて買うということが起きると、たちまち対応できなくなってしまう。なぜなら、どこにも余分な在庫はないし、工場でもすぐには増産ができないからである。

　こうしたとき、もしかなりの流通在庫があれば、消費者の不安が収まるまで、あるいは工場での増産ができるまで、流通在庫を提供していくことで対応できるはずである。ただし、それは通常時のコストを割高にしてしまう。

　アメリカの経営学者モット（P. E. Mott）は、組織を評価するのに、生産性（productivity）、応答性（adaptability）、柔軟性（flexibility）の3つを複合した有効性（effectiveness）という概念を用いている。ここで、生産性とは、安定した刺激に対して組織が安定した形で効率よく反応する度合いであり、通常いわれる効率性とほぼ同じである。応答性とは、徐々に変化する刺激に対して自らも徐々に変化しながら効率よく反応する度合いであり、柔軟性とは、大きく一時的に発生する刺激に対して一時的に自らを変化させて対応し、その一時的な刺激が終わると自らも元に戻るという方法で効率よく反応する度合いである。このモットの有効性という考え方は、企業のような一組織についてだけでなく、日本の流通システムといったような社会全体に及ぶものにも適用できる概念である。つまり、石油ショックのときの合成洗剤などにおける流通システムは、生産性という点では優れていたけれども、著しく柔軟性に欠けていたということである。

　今日、POSシステムをはじめとする情報システム化・ネットワーク化の進展などによって、ほぼすべての商品について、石油ショ

ックのときよりも流通時間ははるかに短くなり，流通在庫は大幅に減っている。それは，何もない平穏なときには効率的ということになるが，石油ショックのような異常事態や大地震のような災害が発生した場合，ほとんど対応できないという危険性を意味している。一般の人々の間にもインターネットなどの情報ネットワークが普及しているということは，またたく間に流言飛語・風説・デマなどが流れてしまうということであり，かつてよりもパニックは生じやすくなっている。そうなったとき，効率的な流通というのははなはだ脆弱である。

　近年のわが国の流通や商業は，モットのいう生産性という視点からは以前に比べて非常に改善されてきているかもしれない。しかし逆に，柔軟性と応答性，とくに柔軟性に欠けるシステムになってきている可能性が強いのである。

## **4** 公正・公平という視点

　第2節で述べた駐車場を設置しているB店と設置していないA店の関係を考えるためには，効率性以外の視点も必要となる。そこでも指摘したように，公正・公平という視点である。

　A店およびそこへの来店客は，周囲の人々に迷惑を及ぼしている。迷惑とは，経済的に表現すればコストである。つまり，A店は，周囲の人々が本来負担する必要もないはずのコストを負担させることで自らの低価格を実現し，それによって多数の消費者を集めていることになる。もし，そうしたことが許されるとしたら，とても公正・公平とはいえない。

　一般に市場における自由な競争は経済を発展させる推進力となる

が，そこに不公正があってはならない。競争はあくまで公正でなければならない。公正ということと効率あるいは流通費用とに関連して，ここでは2つだけ指摘しておこう。

1つ目は，バイイング・パワーの問題である。バイイング・パワーもしくは購買力とは，第5章第2節等でもみたように，大型百貨店や大手チェーンなどの大規模小売組織が，仕入れる数量や金額の大きさをバックにして，仕入先の卸売業者やメーカーに圧力をかけることである。圧力の内容としては，仕入価格の引下げやリベートの要求，店舗での販売業務等に対する無償の手伝い（手伝い店員の派遣）要請，販売残品の引取り要求など多岐にわたるが，いずれも，本来，小売商が負担すべきコストを仕入先に転嫁していることになる。その結果として，表面上，小売商のコストが削減されたからといって，それはけっして効率がよくなったということではない。それだけでなく，そうしたバイイング・パワーを発揮しうる大規模小売組織と発揮できない中小業者という小売商相互間，および大規模小売組織と仕入先との間という両面で，不公正・不公平を生じていることになる。

なお，このバイイング・パワーによる不公正問題については，第10章第3節でみたように，かなり不十分ではあるものの，独占禁止法による規制がなされている。

2つ目の問題として，フリーライダー問題というものがある。フリー（free）とは無料のことであり，ライダー（rider）とは乗り物の乗客のことである。つまり，フリーライダーとはただ乗りする人，そこから転じて，負担すべき費用を負担しないで，他の人に負担してもらっている人のことを意味する。

たとえば，ある商品がネット小売などの通信販売で非常に安く販売されていたとしよう。しかし，消費者は現物に触れてみたり，そ

れが自分に適しているかどうか店員のアドバイスが欲しい。そこで，小売店Xまで出かけていって，現物に触り，店員とも相談する。しかし，通信販売より高いので買わずに帰ってきて，通信販売に申し込む。この場合，消費者が必要とした展示品や店員のアドバイスのコストは，すべて小売店Xが負担し，通信販売は負担していない。その分，通信販売の方が安く販売していたとしたら，それはけっして公正・公平とはいえない。

このフリーライダー問題は，ネット小売の普及などに伴って増加しかねない。公正・公平な競争が保証される社会的な仕組みが必要なのである。

## *5* 文化・コミュニティの担い手としての商業

これまで，商業とは生産と消費とを結びつける流通活動の一部であると説明し，効率性問題などもその側面から考えてきた。しかし，商業，とくに小売業はそれ以外の社会的な役割も果たしていた。それは，商業者が意図していたかどうかはともかくとして，彼らが地域の文化や都市・コミュニティを担っていたということである。

たとえば，かつて商店街はその地域の人々にコミュニケーションの場を提供していたし，多くの地域でお祭りなどのイベントを中心になって担っていたのは地元の小売商たちであった。さらにいえば，各地域での自然風土，歴史などに根ざした地域文化というものは，消費生活と密接に関連している。消費者と一緒になって，あるいは消費者をリードして，そうした地域文化を育て，支えてきたのは，地元の中小の生産者と商業者たちであった。

今日，多くの地域で，地域文化やコミュニティがすでに崩壊して

しまったり，崩壊しつつあるが，いずれが原因で結果なのかはともかくとして，地元中小小売業の衰退と無縁ではない。

　日本よりもはるかに合理性・効率性志向が強いアメリカでは，日本以上に，小売業の中心が全国チェーンなどの郊外店になり，まちの中心部にあった地元の小売店が衰退してしまった。しかし，そのアメリカで，中心部の衰退こそがコミュニティ崩壊などの大きな原因であるとして，コミュニティ再生などのために商店街を活性化しようという取組みがあちこちでなされ出し，活性化に成功するというケースも出始めている。郊外のディスカウント・ストアでは商品の価格は安いかもしれないが，地元の少年野球チームやいろいろな公共施設などを維持する活動や費用のかなりを提供してくれていた地元中小小売店がつぶれていったら，消費者（市民）にとってはかえって損になってしまう，といった主張までなされている。

　たしかに，日本の中小小売店のなかには，こうした社会的役割を担おうとせず，アソートメントやサービスも不十分で，なおかつ高いというものもいる。しかし，他方でコミュニティを維持しようと必死になっている小売店も少なくない。アメリカでも主張されているように，文化・コミュニティの担い手としての商業・小売店が育っていくか否かも，最終的には消費者の選択次第なのである。

　いずれにしても，流通や商業については，価格が安ければいいといった短絡的な判断ではなく，総合的・複眼的な視点からの評価こそ必要とされている。

---

**■本章で学んだキーワード**

効率・効率性　　生産性・応答性・柔軟性・有効性　　バイング・パワーの問題　　フリーライダー問題　　文化・コミュニティの担い手としての商業

1 　流通あるいは商業が消費者・市民に提供するものとは何だろうか，考えてみよう。

2 　①徒歩や公共交通機関で行ける繁華街や身近な商店街でほとんど買い物をする場合，②買い物先がマイカーでしか行けないような郊外型のショッピング・センターや大型ディスカウント・ストアだけで購入する場合，③ネット小売でほとんど購入する場合，という3つの状況を想定し，それぞれ私たちにとってどのようなプラス・マイナスがあるのか，考えられることをすべて挙げてみよう。

　以下で紹介する文献のなかには，出版元品切れなどのために，現在では入手しにくいものもある。しかし，それらについても，是非読んで勉強してほしいということから案内しておくので，図書館，電子出版（オンデマンド出版）等で探してチャレンジしてもらいたい。

### (1)　流通・商業全般について

　本書で，流通・商業についての基礎的な理解を得て，興味・関心も覚えられたことと思う。ただ，本書はあくまで基礎的な入門書なので，ここから先，小売業の経営問題とか流通における情報システム化の実態と問題などといった個別領域・個別テーマに進む前に，流通や商業全般について，もう一段階進んだ学習を是非してほしい。そのためには，

　　田島義博・原田英生編著［1997］『ゼミナール流通入門』日本経済新聞
　　社

が最適である。また，いささか難度は上がるが，体系的かつ包括的に流通を論じた，

　　田村正紀［2001］『流通原理』千倉書房

　　田村正紀［2019］『流通モード進化論』千倉書房

も挑戦するに値する。

　　日経 MJ 編［各年］『日経 MJ トレンド情報源』日本経済新聞出版社
　　（2004 年版までは『流通経済の手引』）

も，前年の流通・商業における動向やデータを詳しくまとめてくれているので，参考資料として是非活用してほしい。

　他方，流通・商業の歴史に関して学習する場合，欧米とくにアメリカにおける小売業の発展過程を中心とした歴史についてまず学んでおくのがよい。それには，

　　佐藤肇［1971］『流通産業革命』有斐閣

　　徳永豊［1992］『アメリカの流通業の歴史に学ぶ（第 2 版）』中央経済社

がお勧めである。また，アメリカの食品小売業の歴史に限定されるが，

中野安［2007］『アメリカ巨大食品小売業の発展』御茶の水書房
はやや難しいかもしれないけれども，取り組んでほしい文献である。

日本における歴史については，

石原武政・矢作敏行編［2004］『日本の流通 100 年』有斐閣
がある。また，

佐々木聡［2007］『日本的流通の経営史』有斐閣
は，経営史の立場からではあるが，よくまとまっている。また，第 2 次世界大戦前のことを中心にして，日本のメーカーによるマーケティングの展開をまとめた，

小原博［1994］『日本マーケティング史』中央経済社
も参考になる。さらに，第 2 次世界大戦以後に限定されるが，

日経流通新聞編［1993］『流通現代史』日本経済新聞社
が，卸・小売という商業だけでなく，メーカーのマーケティング，消費者，国の政策など，流通にかかわる動向を幅広くまとめている。また，日本の小売業のうち百貨店について，その生成過程を丹念に分析した，

藤岡里圭［2006］『百貨店の生成過程』有斐閣
も勧められる。

なお，江戸時代から近年まで商業の発展についてまとめた，

廣田誠・山田雄久・木山実・長廣利崇・藤岡里圭［2017］『日本商業史』
有斐閣
も入門書として手ごろである。

さらに，社会経済史，文化史的な観点から，主としてヨーロッパが対象ではあるが，商業の成立を具体的な実例を挙げながらわかりやすく説明した，

ゲルト・ハルダッハ／ユルゲン・シリング（石井和彦訳）[1988]『市場
の書』同文舘出版
もおもしろい。最近のネット小売と商業の発生史との関連を知るためにも参考になる。

### (2) 物流・情報システム化について

本書では詳しく論じることができなかった物流に関しては，まず，物流の概念・機能から物流業の実態，公的政策まで平易に解説している，

齊藤実・矢野裕児・林克彦［2020］『物流論（第 2 版）』中央経済社

が入門書として適しているだろう。その先，ロジスティクスの新しい動向について学習していくには，

　小野塚征志［2019］『ロジスティクス 4.0』日本経済新聞出版社（日経文庫）

が適しているだろう。

　また，ロジスティクスの重要性について都市の発展史の観点からまとめた，

　苦瀬博仁［2016］『江戸から平成まで ロジスティクスの歴史物語』白桃書房

もおもしろい。

　本書を通じて，情報システム化・ネットワーク化が流通・商業に大きな影響を及ぼしつつあることを強調してきた。流通・商業における情報システム化の基礎を構成しているのは，本文中でも述べたように，POS システムや EDI などであるが，その技術や活用方法は日進月歩の勢いで変化している。そうした動向について伝える本は多数存在するが，ここでは基本的動向を毎年整理している，

　流通システム開発センター［2020］『流通情報システム化の動向 2020-2021』流通システム開発センター

のみを押さえておきたい。


### (3)　流通チャネル再編成について

　本書のなかで，流通チャネルの再編成が進んでいることを繰り返し指摘してきた。再編成の実態やその背景にある論理をさらに学ぶには，生産段階と流通段階との分業関係の変化がもたらす流通システム全体への影響を多面的な視点から解説した，

　崔相鐵・石井淳蔵編著［2009］『シリーズ流通体系〈2〉流通チャネルの再編』中央経済社

が適している。

　こうした流通チャネルの動態を理論的な側面から，よりつっこんで学習しようとするなら，「取引コスト経済学」や「延期と投機の理論」などを学ぶ必要がある。そのためには，

　矢作敏行［1996］『現代流通』有斐閣

　渡辺達朗・原頼利・遠藤明子・田村晃二［2008］『流通論をつかむ』有

斐閣

渡辺達朗・久保知一・原頼利編［2011］『流通チャネル論』有斐閣
が参考になるだろう。

### （4）　卸・小売業について

　小売業に関しては，すでに紹介した流通・商業全般に関する文献を読む
ことで十分理解が進むと思われる。ここでは目を通してほしい興味深い議
論を追加しておくことにしよう。

　林周二［1999］『現代の商学』有斐閣

　石井淳蔵［1996］『商人家族と市場社会』有斐閣

は，小売企業を経営する主体である商人とはどのような特徴をもつのか，
商人は社会においていかなる役割を演じているのかを分析したもので，商
業の奥深さを感じさせてくれる。また，

　田村正紀［2008］『業態の盛衰』千倉書房

　石井淳蔵・向山雅夫編著［2009］『シリーズ流通体系〈1〉小売業の業態
　革新』中央経済社

は，激しい競争にさらされてきた小売業態の実態を歴史的な観点から考察
したもので，小売業の変遷を理解するのに適している。

　さらに，小売経営について体系的にまとめたものとして，

　髙嶋克義・髙橋郁夫［2020］『小売経営論』有斐閣

が挙げられる。

　他方，卸売業については，もともとテキストも研究書も数が少ないため，
ここで紹介できるような文献はほとんどないに等しい。そのため，まずは
すでに紹介した『ゼミナール流通入門』や『日経 MJ トレンド情報源』
などの該当箇所を学習すべきであろう。そのうえで，卸売業の機能・役割
に関する理論について学習しようとするなら，

　西村順二［2009］『卸売流通動態論』千倉書房

が適しているだろう。

　また，生鮮食品の卸売市場流通のみに焦点を合わせたものであるが，

　木立真直編［2019］『卸売市場の現在と未来を考える』筑波書房

が興味深い。

　卸売業と好対照なのが，現在，社会的に非常な注目を集めているネット
小売である。この分野では，多くの出版物がある。ただし，ネット小売に

まつわる現象は激しく変化しているために，それに合わせて内容も時々刻々変化している。したがって，今現在，書店で見かける本がもっとも新鮮な情報を掲載していると判断できる。そうした理由から，絶対的な必読文献というものは提示できないが，たとえば，

　　ダグ・スティーブンス（斎藤栄一郎訳）［2018］『小売再生』プレジデント社

　　劉潤（配島亜希子訳）［2019］『事例でわかる新・小売革命』中信出版日本

は，リアル小売とネット小売の関係について示唆に富んでいる。

　次に，流通の国際化については，

　　向山雅夫［1996］『ピュア・グローバルへの着地』千倉書房（新装版，2009 年）

　　矢作敏行［2007］『小売国際化プロセス』有斐閣

が理論的な道標となり，事例研究によって国際化の現状を理解するためには，

　　向山雅夫・崔相鐵編著［2009］『シリーズ流通体系〈3〉小売企業の国際展開』中央経済社

が役に立つ。

　また，欧米先端企業の分析を通じた最新研究成果として，

　　向山雅夫／J. Dawson 編著［2015］『グローバル・ポートフォリオ戦略』千倉書房

欧米小売企業と新興国の現地小売企業の競争について論じた，

　　白貞壬［2019］『小売業のグローバル・イノベーション』中央経済社

が示唆に富んでいる。


### (5)　流通・商業と社会とのかかわりについて

　流通・商業と社会とのかかわりは多面的であるが，本書では環境問題とまちづくり，公正競争問題に注目した。このうち環境問題についてさらに学習を進めるには，その基本的な考え方や企業の取組みについてまとめられている，

　　フィリップ・コトラーほか（松野弘監訳）［2019］『コトラーのソーシャル・マーケティング』ミネルヴァ書房

が参考になる。また，本書で言及した SDGs と現実のビジネスとのかか

わりについては，

　モニター デロイト編［2018］『SDGs が問いかける経営の未来』日本経
　済新聞出版社
が参考になる。

　まちづくりについてさらに学ぶには，日本各地の商業者を主体にしたま
ちづくりの事例を紹介しながら，まちづくりの理論問題の検討を行ってい
る，

　石原武政［2000］『まちづくりの中の小売業』有斐閣

　石原武政［2006］『小売業の外部性とまちづくり』有斐閣

　加藤司・石原武政編著［2009］『シリーズ流通体系〈4〉地域商業の競争
　構造』中央経済社

　石原武政・渡辺達朗編著［2018］『小売業起点のまちづくり』碩学舎
が適している。

　もう一歩進めて，欧米におけるまちづくりを学ぶことを通じて，日本の
将来を考えようとするならば，アメリカの状況を詳しく紹介し，そこから
得られる示唆を解説している，

　原田英生［1999］『ポスト大店法時代のまちづくり』日本経済新聞社

　原田英生［2008］『アメリカの大型店問題』有斐閣
が適している。

　流通や商業に対する公的政策については，本書では，紙幅の関係もあっ
て，環境問題やまちづくりに関連する範囲でしか論じていない。是非，各
人で学習してもらいたい。その際，注意する必要があるのは，1990 年代
以降，規制緩和によって政策が急激に変わってきたため，少し古いテキス
トでは現実と異なってしまうということである。そうしたなかで，中心市
街地活性化法や都市計画法の改正など近年の主要な政策まで解説している，

　渡辺達朗［2016］『流通政策入門（第 4 版）』中央経済社
は最適なテキストであろう。

　さらに，より詳しく学ぶためには，

　石原武政・加藤司編著［2009］『シリーズ流通体系〈5〉日本の流通政
　策』中央経済社
が適している。

　最後に，世界最大の小売企業であるウォルマートについて，配送システ
ムをはじめとする経営革新によってコスト・ダウンを図ってきた一方で，

出店をめぐって，あるいは途上国からの開発輸入などに際して，多くの社会問題が生じていることも詳細にレポートした，

　ボブ・オルテガ（長谷川真実訳）［2000］『ウォルマート』日経 BP 社は，わが国でもかなり共通するであろう大規模小売組織の光と影を知るのに最適な書である。分厚いものだが，是非一読するようお勧めしたい。

　また，次のようなルポルタージュは成長企業の現場の一面に触れるという意味でも，コロナ禍であらためて重要性が指摘されたエッセンシャル・ワーカー（生活維持に欠かせない職業に従事する人々）の現場を知るという意味でも有益であろう。

　横田増生［2019］『潜入ルポ amazon 帝国』小学館

　ジェームズ・ブラッドワース（濱野大道訳）［2019］『アマゾンの倉庫で絶望し，ウーバーの車で発狂した』光文社

# 索　引

## 【事項索引】

### ◎ アルファベット

B to B　112, 211
B to C　211
C & C　230
CPFR　138
CSR（企業の社会的責任）　274
CSV2.0（共有価値の創造）　274
DCM　→ディマンドチェーン・マネ
　　ジメント
EAN　98
ECR　103, 136, 137, 139, 180
EC 事業　120
EC 市場　211
EDI　103, 139, 198
EOS（電子的受発注システム）　100
ESG 投資　274
E コマース　211
e マーケット・プレイス　112
e リテイル　110
GMS　→総合スーパー
HHI（ハーフィンダール・ハーシュ
　　マン指数）　122, 194
ICT 活用　29, 119, 133, 136, 142, 181,
　　200, 279
JAN コード　98
JAS（日本農林規格）法　299
NB　→ナショナル・ブランド
PB　→プライベート・ブランド
POS システム（販売時点情報管理シ
　　ステム）　96, 125, 164
Q　R　103, 136, 137, 139
QR コード　76, 229

SCM　→サプライチェーン・マネジ
　　メント
SDGs（持続可能な開発目標）　273
SPA　141, 167, 246
　　——型アパレル専門店　258
UPC　98
VAN　101
W/R 比率　31

### ◎ あ　行

アイテム　20, 97
アウトソーシング　108, 110, 204
アウトレット・ストア　165
アウトレット・モール　165
アソートメント　9, 223
　　——の奥行き　20
　　——の拡大　202
　　——の形成　302
　　——の幅　20
　　——の深さ　20
粗利益　50
依存度　125, 126
市　37, 217
一括供給型物流センター　180
一括納品　179, 180
一店一帳合制　83
一般環境　147
衣料品スーパー　63
インターネット　209, 242
売上高営業利益率　187
売上高総利益率　187
売上高物流費比率　189
売れ筋　97, 178

エシカル消費　274
越境 EC　230, 232, 266
越境化　231
エレクトロニクス・ショッピング
　　211
延期化　141, 142
延期と投機の理論　141
応答性　308
大型店　283
大手卸売業者　197
押し付け販売　296
オープン・プライス化　132
オペレーション・コスト　203
卸　売　23
卸売業　39
　食品──　189
　日用雑貨──　191
卸売業者　23, 197
　──のベンダー化　179, 180, 201
卸売市場　196
卸売商　23, 38
卸集約化　180
卸中抜き　180
温度管理　200
オンライン・ショッピング　211, 242
オンライン発注　101

◎　か　行

海外市場売上　254
海外出店　238, 248
外資小売企業　258
外資の進出　239
改正都市計画法　284
改正薬事法　194
回　転　50
開発輸入　245
開発力　205
外部経済　270, 284
外部性　270

外部不経済　270
買回品　17
価格破壊　245
価格比較サイト　233
各種商品卸　185
革新業態　158
拡大生産者責任　275
格付けサイト　233
掛売り　42
加工食品卸　199
カタログ販売　44, 213
家庭用品品質表示法　299
カテゴリー　20
カテゴリー・キラー　258
カテゴリー・マネジメント　132
環境問題　271
間接環境　147
間接流通　7, 11
関連購買　12, 216
機会ロス　138
企業結合審査基準　122
危険負担機能　28
機能・活動の統合化・総合化　108
機能分担関係　234, 262
規模効率　45
規模の経済性　45, 142
規模の不経済性　45
逆オークション　112
「逆進出型」事業モデル　267
業　種　40
業種店　152
行　商　36
行商人　37, 216, 217
競争商品　12
業　態　40
協調戦略　134
共同商品開発　246
共同の取引（供給）拒絶　292
共同配送　164, 179, 180

京都方式　277
近代的経営手法　158
金融機能　28
空間的分業　18
クレジットカード　99
グローサリー・ホールセラー　200
クロス・マーチャンダイジング　132
グローバル化　237
グローバル・スタンダード　263, 265,
　　267
計画的ショッピング・センター　53
経済構造実態調査　182
経済センサス　187
　　──（活動調査）　182
　　──（基礎調査）　182
景品表示法　298
決済機能　27
決済チャネル　32
決済の電子決済化　76
現金販売　42
健康増進法　299
原産地　241
コア・コンピタンス　205
公害問題　272
公正競争　291
公正取引委員会　122, 291, 296
公的規制　74
購買（購入）　6
購買圏　17, 89
購買行動　305
　　──の変化　89
購買費用　16, 220
後方支援型物流センター　203
小　売　23
小売企業　61
小売業　39
　　──の植物性　147
小売業界の構造変化　116
小売業者　23, 61

　　伝統的──　170
小売商　23, 37, 61
効　率　304
効率性　304
小売店　62
小売店舗　16
小売の輪理論　55
国際化　237
国際小売企業　236
国際商品調達　238
個人消費の低迷　116
コスト・プラス・マージン方式　132
コーペラティブ・チェーン　48
コーポレイト（会社）・チェーン　49
小間物屋　85
コミットメント　135
ごみの大量排出　272
コンパクト・シティ　285, 289
コンパクト・プラス・ネットワーク
　　287
コンビニエンス・ストア（コンビニ）
　　54, 55, 121, 163-165, 227, 280
　　──の寡占的状態　123
コンプライアンス　271, 291

◎　さ　行

在　庫　27
在庫ロス　138
再販制度　293
再販売価格の拘束　293
サードパーティ・ロジスティクス
　　107, 110, 205
サプライチェーン　137
サプライチェーン・マネジメント
　　（SCM）　103, 137, 139, 142, 180,
　　201, 205
差別対価　292
3　C　88, 121
産業財　65

産業財卸　65, 185
三種の神器　88, 121
仕入依存度　125, 199
市街化区域　285, 288
時間費用　220
資源ベース理論　125
資源有効利用促進法　276
自社物流方式　178
私的規制　75
品揃え形成活動　13
死に筋　97, 178
指名購買　80
社会的共通資本　281
社会的ジレンマ　272
社会的な制度・制約　73
社内物流　105
収　集　71
囚人のジレンマ　134
集積系モール　217
住宅品質確保法　299
柔軟性　308
需給接合機能　25
需要創造機能　26
循環型社会形成推進基本法　275
循環経済　275
循環経済型社会　274
準工業地域　286
商　業　7
　——の中立性　15
　——の役割　11, 270, 273
　文化・コミュニティの担い手として
　　の——　312
商業者　7, 218, 234, 270
　——の発生　37
商業集積　21
商業統計調査　181, 187
商業の社会性　13, 15, 303
　——の否定　83
商　圏　17, 18, 220, 231

　——の拡大　89
常設市　37
商店街　21, 156, 282-284
商人マインド　172
消費行動の変化　87
消費財卸　185
消費市場特性　147, 148
　——の変化　164
消費者庁　299
消費者向け電子商取引　119
消費生活サイドからの買い物時間の制
　　約　226
消費のサービス化　117
商　品　7
　——の原産国に関する不当な表示
　　298
商品企画力　260
商品調達　246
商品別分業　20
商物分離　204
情報機能　29
情報サイト　233
情報資源　127
情報システム化・ネットワーク化　77,
　　95, 106, 111
情報チャネル　32
情報伝達機能　29
情報の一覧性　224
賞味期限の延長　279
賞味期限の年月表示化　279
静脈物流　106
静脈流通　30, 275
食品衛生法　299
食品スーパー　62, 280
食品表示法　144, 299
食品ロス削減　277
食品ロス削減推進法　278, 299
ショッピング・センター　53, 282, 283
所有権　6

――移転機能　25
ショールーミング　229
真空地帯理論　55
新・専門店　167, 171-174
　アパレル――　244, 245
新問屋無用論　67, 112, 181
信頼関係の構築　135
垂直的分業　23
垂直統合　140-142
スーパー　62
スーパーマーケット　50, 62
スプロール的郊外開発　285
スプロールの社会的費用　289
3　R　275
生産財卸　185
生産者　73
　――と消費者（使用者）の乖離　5
生産性　308
生鮮食料品流通　104
生鮮品　196
製配販連携　133, 136, 139, 141-143
製品輸入　243
絶対単品　97
セルフサービス方式　51, 60
専業店　40
全国卸　178
全体最適　137, 142
センター・フィー　179
専門店　121, 167, 283
専門品　17
専用物流センター　204
戦略構想力　149, 170
戦略推進力　149, 171
騒　音　270
総合商社　185, 190
　――の川下戦略　190
総合スーパー（量販店，GMS）　63,
　　121, 158, 161, 171, 280, 283
総代理店　293

即時払い　225
即時引渡し　225
組織（型）小売業　61
組織能力　149, 171
ソーシャル・キャピタル　281

◎　た　行

第1次卸売商（1次卸）　23, 129
大気汚染　270, 306
大規模小売企業　170, 171
大規模小売組織　61
　――主導の流通再編成　129
　――の上位集中化　122
大規模小売店舗法（大店法）　164, 285
大規模小売店舗立地法　284, 285
大規模集客施設　285, 286
対抗戦略　134
第3次卸売商（3次卸）　24, 129
大衆消費社会　60
代替商品　12
大店法　→大規模小売店舗法
第2次卸売商（2次卸）　23, 129
対面販売　51, 225
代理店　128
多角化戦略　162
タスク環境　147
多製品品揃え型小売企業　260, 265
建値制　130
多頻度・小口・指定時間配送　180
多頻度小口配送　164
単品管理　178
地域卸　199
地域商業　283
地域別代理店制度　191
チェーン　61
チェーン・オペレーション　75, 131,
　　178
チェーン・ストア　46, 64, 221
地球温暖化　270, 306

地球環境問題　271
地方卸　178, 199
チャネル・リーダー　127
中間アソートメント　13
中小卸売業者　195
中小（零細）小売商　152, 170
中心市街地活性化　288
中心市街地活性化法　284-286
調達物流　105
直接取引　260
直接流通　7, 11
地理的分業　18
通信販売　44
提案型営業　132
提案力　205
低価格型プライベート・ブランド　245
低価格高回転販売　50
定価販売　42
定期市　37, 217
ディスカウント　170
ディスカウント・ストア　52
ディスカウント・ハウス　52
定番商品　132
ディマンドチェーン・マネジメント
　（DCM）　137
ディーラー　83
デパートメント・ストア　41
デパートメント・ストア宣言　57
デビットカード　100
テリトリー制　83
テレビ・ショッピング　213
電子決済の拡大　77
電子小売取引　211
電子商取引　102
電子マネー　76, 99
店　舗　16, 61
　　──サイドからの買い物時間の制約
　　226
店舗別仕分け　200

投　機　142
同期化　137, 140, 141
投資財卸　185
動脈流通　30, 274
独占禁止法　291, 297
特定商取引法　299
特定用途誘導地区　287
特別用途地区制度　285
特約卸（制度）　130
　　──の再編成　131
都市計画法　285
　　──改正　285
都市の非可逆性　284
ドラッグストア　62, 168, 192
トラックの普及　75
取引依存度　125
取引数削減の原理　12
取引チャネル　32
取引特殊的資産　135
トレーディング・アップ　56, 174
問　屋　65
問屋無用論　65, 177

◎　な　行

中継ぎ　71
中抜き　112
ナショナル・ブランド（NB）　143,
　168
2次元バーコード決済　76
2030半減目標　278
ネット小売　112, 211, 306
　　──・デベロッパー　214
　　──とリアル小売の融合化　228
　　──による店舗開設　229
　　──の急成長　265
ネット商人　233
ネット世界　220
ネット通販　211
納品期限の「2分の1残し」への緩和

280

### ◎ は 行

バイイング・パワー　67, 124, 294, 310
排気ガス　306
廃棄物処理法　276
排除措置命令　296
配　送　26
配送センター　179
売　買　6
薄利多売　50
バーチャル・モール　217, 218
パーパス・ブランディング　274
ハーフィンダール・ハーシュマン指数
　　→HHI
パレートの法則　184
パワー源泉　126
パワーシフト　124, 127, 128
販社制度　85
販　売　6
販売依存度　125, 133, 199
販売業者　83
販売時点情報管理システム　→POS
　　システム
販売物流　105
比較購買　13, 216
ビジネス・システム　174, 263
ビジネスモデル　191
100円ショップ　169
百貨店　57, 158, 171, 247, 283
　　呉服系——　58
　　電鉄系——　58
ファクトリー・アウトレット　166
不公正な取引方法　291
　　——の禁止　291
プッシュ戦略　80
物的流通　26
物　流　26, 105
物流インフラ　204

物流機能　26
物流チャネル　32
不定期市　37, 217
不当な表示　298
不当廉売　292
フードバンク　278
部分最適　137, 142
プライベート・ブランド（PB）　136,
　　167, 168, 245
　　——食品の製造者情報原則表示
　　144
　　——の共同開発　143
プラットフォーマー　296
プラットフォーム　120
フランチャイザー　49
フランチャイジー　49
フランチャイズ　49
　　——・チェーン　49
ブランド　78
ブランド間競争　130
ブランド内競争　83, 130
プリペイド・カード　99
フリーライダー問題　310
ブルウィップ効果　138
プル戦略　80
フルライン・一括供給　199, 202
分業化社会　4
分　散　71
ベンダー一括方式　179
ベンチャー精神　172
保　管　27
補完商品　12
ボランタリー・チェーン　48
　　卸主宰——　49
　　小売主宰——　49
本部一括仕入れ　178

### ◎ ま 行

マイカーの普及　75

マークアップ率　50, 51
マーケット・プレイス　112, 120, 214, 231
マーケティング　78, 272
マーケティング・チャネル　79, 81, 86, 88
　　──の形成　84
　　開放的──　82
　　選択的──　82
　　排他的──　81, 83
マージン　130
マージン率　50
まちづくり　271, 281, 284
まちづくり３法　284, 285
窓口問屋制　179
見込み生産　25
無店舗販売業者　213
メーカー　73
メーカー販社　84
目玉商品（ロス・リーダー）　51, 86
ものづくり　173
最寄品　17

◎　や　行

優越的地位　294
　　──の濫用　294, 297
融業化　109, 264
有効性　308
有利誤認表示　298
優良誤認表示　298
輸　送　26
容器包装リサイクル法　275
万　屋　39, 152

◎　ら・わ　行

リアル小売とネット小売の融合　266
リアル小売によるネット小売事業　230
リアル世界　219

リサイクル　275
リーダーシップ　171, 172
立地規制　285
立地適正化計画　287
リテイル・サポート　200, 201
　　──能力の高度化　202
リデュース　275
リベート（制）　80, 130
　　──廃止　132
流　通　5
　　──の社会的役割　270, 271
　　太くて短い──　65
　　細くて長い──　65
流通 BMS　139, 140
流通外資　260
流通革命　60, 161
流通機構　30
流通系列化　80, 81, 127
　　メーカー主導の──　128
流通経路　31, 32
流通圏　38
流通在庫　307, 308
流通時間　307
流通システム　30
流通・商業の機能　24
流通情報ネットワーク　198
流通チャネル　32
　　──の再編成　113
リユース　275
冷凍技術等の発達　76
レギュラー・チェーン　49
レジ袋有料化義務化　277
ロジスティクス　106, 181, 203
　　──能力の高度化　200, 202
ロス・リーダー　→目玉商品
ロット　65
ワンストップ・ショッピング　22, 156, 161

# 【企業名・人名等索引】

## ◎ アルファベット

A ＆ P　48
A. T. スチュアート　43
GAFA　296
GNX　→グローバル・ネットエクス
　　チェンジ
H ＆ M　141, 258
HMV　258, 261
J. フロントリテイリング　160
J. ワナメーカー　43
K マート　112, 246
LINE　296
PPIH　170
Qoo10　232
WWRE　→ワールドワイド・リテイ
　　ル・エクスチェンジ
ZARA　141, 258
ZOZO　296
Z ホールディングス　296

## ◎ あ 行

アイワイバンク銀行　→セブン銀行
アジェントリクス　113, 247
アスリートフット　260
アホールド　246
アマゾン　120, 214, 222, 228–230, 265,
　　266
　　――・ゴー・グローサリー　229
　　――ジャパン　230, 297
　　――マーケットプレイス　297
あらた　193
アリスティド・ブーシコー　43
アリババ（阿里巴巴）集団　120
イオン（ジャスコ，マイカル）　60–
　　62, 112, 122, 143, 144, 161–163, 181,
　　246, 254, 264
イケア　230, 239, 258, 264
イズミヤ　60
伊勢丹　160
伊藤雅俊　172
伊藤忠商事　190, 191
伊藤忠食品　190
イトーヨーカ堂　60–62, 108, 109, 161,
　　162, 164, 172, 179, 181
イーベイ　232
ウォルマート　112, 136, 163, 228, 230,
　　252, 260, 266
エイチ・ツー・オーリテイリング
　　160
越後屋呉服店　57
エルメス　247
オーシャン　246
オフィス・デポ　258, 260

## ◎ か 行

花　王　192
カルフール　112, 163, 247, 260, 266,
　　267
紀ノ國屋　60
ギャップ　141, 258
キング・カレン　50, 51
クオカード　99
グッチ　238, 247
クローガー　246
グローバル・ネットエクスチェンジ
　　（GNX）　113, 246
国分グループ本社　189
ココカラファイン　169
コストコ　177, 239, 252, 260
コーチ　238

## ◎ さ 行

シアーズ・ローバック　44, 246
資生堂　85, 193
ジャスコ　→イオン
ジョン・ワナメーカー　43
スポーツオーソリティ　260
西武百貨店　159, 246
西　友　60, 161, 162, 164, 172, 230
セインズベリー　113, 247
セシール　213
セーフウェイ　246
セフォラ　260
セブン＆アイ・ホールディングス
　109, 122, 143, 144, 160, 163
セブン-イレブン　55
　――・ジャパン　99, 108, 109, 162,
　164
セブン銀行（アイワイバンク銀行）
　108-110
セブンプレミアム　143
千趣会　213
そごう　159
ソニア・リキエル　247

## ◎ た 行

ダイエー　60, 62, 143, 161-164, 172,
　178
ダイソー　169, 172, 254, 264
大　丸　58, 160
髙島屋　58, 160
ターゲット　246
タワーレコード　258, 261
チャロン・ポカパン　267
堤清二　172
テスコ　112, 246, 260, 265
天猫（Tmall）　120
トイザらス　239, 258, 261, 264
東急ストア　60

東急百貨店東横店　58
淘宝（Taobao）　120
トップバリュ　143
ドン・キホーテ　169, 170, 172

## ◎ な 行

中内㓛　172
長崎屋　162, 169
ニッセン　213
ニトリ　254, 264
日本アクセス　190, 204, 214
ネオグリッド　247

## ◎ は 行

パルタック　193
阪急百貨店　58, 160
阪神百貨店　58, 160
ビックカメラ　229, 230
ビッグベア　51
ファーストリテイリング　141, 158,
　167, 254, 256, 264
ファミリーマート　164, 222
フォーエバー21　261
ブーツ　260
ボディショップ　258
ホールフーズ・マーケット　229
ボン・マルシェ　43, 57

## ◎ ま 行

マイカル　→イオン
マイケル・カレン　50, 52
マークス＆スペンサー　246
マーケットシーン・リバーモール
　165
マックスマーラ　247
松坂屋　58, 160
松本和那　172
マツモトキヨシ　168, 169, 172, 174
松　屋　58

丸　紅　190
丸和フードセンター　60
三井財閥　57
三井食品　190
三井物産　190
三　越　57, 58, 62, 160, 162
三越呉服店　57
三菱商事　190, 191
三菱食品　189, 203
ミレニアムリテイリング　159
無印良品　167, 168, 172
メーシー　43, 57
メディパルホールディングス　194
メトロ　112, 247, 260, 266, 267
モンゴメリー・ワード　44

◎　や　行

安田隆夫　172
柳井正　172, 173
矢野博丈　172

ヤフー　215, 296
ユニー　60, 170
　　──・ファミリーマートホールディ
　　ングス　191
ユニクロ　141, 167, 172-174, 245, 246,
　　262

◎　ら・わ　行

ライフ　230
楽　天　215, 230, 232, 296, 297
　　──Edy　99
　　──市場　120, 297
ランズエンド　258
リテールリンク　112
良品計画　168, 174, 254, 256, 264
ルイ・ヴィトン　224, 238, 247
ローソン　164, 191, 222
ワールド　141
ワールドワイド・リテイル・エクスチ
　　ェンジ（WWRE）　112, 246

ARMA

有斐閣アルマ

ベーシック流通と商業〔第3版〕
——現実から学ぶ理論と仕組み

*Basic Distribution and Commerce,* 3rd ed.

2002 年 2 月 25 日　初　版第 1 刷発行
2010 年 2 月 10 日　新　版第 1 刷発行
2021 年 3 月 10 日　第 3 版第 1 刷発行
2024 年 3 月 10 日　第 3 版第 3 刷発行

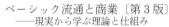

著　　者　　原　田　英　生
　　　　　　向　山　雅　夫
　　　　　　渡　辺　達　朗

発 行 者　　江　草　貞　治

発 行 所　　株式
会社　有　斐　閣
　　　　　　郵便番号　101-0051
　　　　　　東京都千代田区神田神保町 2-17
　　　　　　https://www.yuhikaku.co.jp/

印刷・株式会社理想社／製本・牧製本印刷株式会社
© 2021, S. Harada, M. Mukoyama, T. Watanabe. Printed in Japan
落丁・乱丁本はお取替えいたします。

★定価はカバーに表示してあります。

ISBN 978-4-641-22171-0